湖南省社科基金项目《目的犯基础理论研究》(07YBB214)

武汉大学刑法博士文丛(14)

目的犯研究

欧阳本祺 著

中国人民公安大学出版社
·北 京·

图书在版编目（CIP）数据

目的犯研究/欧阳本祺著. —北京：中国人民公安大学出版社，2009.4

（武汉大学刑法博士文丛；14）

ISBN 978-7-81139-520-4

Ⅰ. 目… Ⅱ. 欧… Ⅲ. 目的（法律）—犯罪—研究

Ⅳ. D914

中国版本图书馆 CIP 数据核字（2009）第 047954 号

目的犯研究

Research on the Crime Including Intention

欧阳本祺 著

出版发行：中国人民公安大学出版社
地　　址：北京市西城区木樨地南里
邮政编码：100038
经　　销：新华书店
印　　刷：北京市泰锐印刷厂

版　　次：2009 年 4 月第 1 版
印　　次：2009 年 4 月第 1 次
印　　张：8.75
开　　本：880 毫米×1230 毫米 1/32
字　　数：235 千字
印　　数：1~3000 册

书　　号：ISBN 978-7-81139-520-4/D·428
定　　价：24.00 元

网　　址：www.cppsup.com.cn　www.porclub.com.cn
电子邮箱：cpep@public.bta.net.cn　zbs@cppsu.edu.cn

营销中心电话（批销）：（010）83903254
警官读者俱乐部电话（邮购）：（010）83903253
读者服务部电话（书店）：（010）83903257
教材分社电话：（010）83903259
公安图书分社电话：（010）83905672
法律图书分社电话：（010）83905637
公安文艺分社电话：（010）83903973
杂志分社电话：（010）83903239
电子音像分社电话：（010）83905727

武大刑法博士文丛

总　序

依法治国、建设社会主义法治国家已成为我国的基本治国方略，而刑事法治是社会主义法治的重要组成部分。因此，以刑事法治为研究内容的刑法科学也一直受到国家和社会的重视。改革开放以后，我国的刑法学研究取得了长足的进步，研究领域日益扩展，研究层次不断提高，呈现出空前繁荣兴旺的景象。这一大好局面的取得，离不开几代刑法学人的奋斗，其中也包括刑法学博士研究生们的努力。他们风华正茂、思想活跃、勤于探索、刻苦钻研，所撰写的博士论文一般说来选题合理，资料翔实，思路开阔，论证充分，精品迭出，为刑法理论的完善与发展作出了贡献。

武汉大学刑法学科从 1987 年开始招收博士生。在将近 20 年的时间里，为社会输送了一批又一批高质量的人才，同时也使博士点本身得以不断发展壮大。武汉大学刑法学的博士生们关注刑法基础理论的研究，重视学位论文的撰写，他们的论文大多具有真知灼见，理论水平较高。一部分论文出版之后，在社会上得到颇好的评价。进入新的世纪，由于博士生招生规模的扩大，每年毕业的博士生数量大增，优秀博士论文的数量也相应增多，以往每年出版两本毕业论文的规模已经跟不上形势的发展变化。而如果优秀的博士论文因各种原因不能付梓，研究成果无法与读者见面，既不利于理论成果的社会共享，也不利于年轻学者的脱颖而出。有鉴于此，我们与中国人民公安大学出版社洽商，设立“武大刑法博士文丛”，出版社慨然允诺，给予支持。这样每年出版一批优秀的刑法学博士论文，形成规模效益，可以凝聚成一股学术力量，为刑法学界增添较有分量的学术成果。

“武大刑法博士文丛”，由武汉大学法学院刑事法研究中心的教授组成编委会，负责编辑出版事宜，以每年答辩的刑法学博士论文为选题范围，审慎选择其中优秀的博士论文逐年编辑出版。“武大刑法博士文丛”的质量，取决于入选论文的水平。它的社会评价的高低，是检验武大刑法学博士点教学研究水平的试金石。希望我们的博士研究生，能够潜心治学、求真务实、重视创新、锐意进取，写出高质量的博士论文，使这套文丛不断有优秀著作问世。

最后需要提出的是，多年来中国人民公安大学出版社给予了武大刑法学科大力的支持，“武大刑法博士文丛”的顺利出版正是这种支持的又一具体体现。借此机会，我本人并代表编委会谨向中国人民公安大学出版社表示由衷的感谢！

马克昌

2006 年夏于珞珈山

目录

引　言

陈兴良教授曾经说，刑事法学专业槽的建构和学术功底、问题意识、研究方法休戚相关：学术功底是专业槽建构的基础；问题意识是专业槽建构的关键；研究方法是专业槽建构的保证。[1] 确实，对于刑事法学中的每一个问题，学术功底、问题意识和研究方法都是决定研究成败的关键。本书的写作也源于对目的犯中一些基本问题的困惑与思考。

一、*问题所在*

我国刑法学目的犯之研究一直被一些基本问题所困惑：

第一个问题是目的与故意之关系以及目的犯之概念。目的与故意之关系和目的犯之概念是两个紧密相连的问题：对目的与故意关系的不同理解会导致对目的犯概念的不同理解。

早期的通说认为，目的是直接故意的内容，因此目的犯是直接故意犯罪中的一种。所有的目的犯都是直接故意犯罪；但并非所有的直接故意犯罪都是目的犯。现在的通说认为，目的可以分为两种——作为直接故意意志要素的目的和作为主观超过要素的目的。而目的犯仅限于以目的作为主观超过要素的犯罪；目的犯之目的是直接故意意志要素之外的主观超过要素。

---

① 陈兴良：《学术功底·问题意识·研究方法（代总序）》，载陈兴良主编：《刑事法学研究丛书》，中国政法大学出版社 1998 年版。

可见，关于目的犯之目的与故意的关系，我国刑法学研究的“钟摆”已经从一端摆到了另一端。然而，目的犯之目的与故意的关系，是“非此即彼”（目的犯之目的不是在故意之内就是在故意之外），还是“或多或少”（有的目的犯之目的是故意的意志要素，有的是故意之外的主观超过要素）呢？这个问题是本书研究的出发点。

例如，我国刑法第 152 条规定的走私淫秽物品罪要“以牟利或者传播为目的”，该目的确实与走私淫秽物品的犯罪故意没有关系，是故意之外的主观超过要素；第 239 条规定的绑架罪要“以勒索财物为目的”，该目的也与绑架的犯罪故意没有关系，是故意之外的主观超过要素。但是，刑法第 243 条规定的诬告陷害罪要求行为人具有“使他人受刑事追究的意图”。“使他人受刑事追究的意图”难道与故意全然没有关系而成为故意之外的主观超过要素？事实上并不是这样。例如，行为人意图使他人受刑事追究而诬告他人通奸的行为并不构成诬告陷害罪；“使他人受刑事追究的意图”应该对于明确诬告陷害罪的故意起着某种作用。再如，盗窃罪的犯罪故意离开非法占有的目的也无法认定。

可见，有些目的犯之目的是故意之外的主观超过要素；有些目的犯之目的是故意的内容。目的犯并不完全是以目的为主观超过要素的犯罪。笔者认为，目的犯是指以行为人主观上具有某种特定的目的作为构成要件的犯罪；该目的要么有助于明确犯罪故意的内容，使此犯罪故意能够很容易地区别于其他犯罪故意，要么能够对犯罪行为的法益侵害性产生影响。

第二个问题是非法定目的犯之法律解释问题。对于非法定目的犯，一方面法律并没有规定特殊目的；另一方面刑法理论和实践又认为其是包含了特定目的之目的犯。那么，该特定目的从何而来？这实际上涉及刑法解释的问题。有的学者认为，对于非法定目的犯，尽管刑法没有明文规定，但可以通过限制解释将某些犯罪确认为目的犯；有的学者认为，非法定目的犯中法律没有规定特定目的，属于隐藏的法律漏洞。而隐藏法律漏洞的适用方法是目的性限缩。所以，对于作为隐藏的法律漏洞的目的犯当然就是通过目的性限缩的方法来进行漏洞补充。

但是，限制解释和目的性限缩是两种完全不同的解释方法：限制解释是狭义的解释方法；目的性限缩是漏洞补充方法。两种不同的解释方法背后隐藏的是对于非法定目的犯构成要件结构的不同理解。如果认为非法定目的犯不是刑法漏洞，则适用限制解释；如果认为非法定目的犯是刑法漏洞，则适用目的性限缩。笔者认为，对于不真正的非法定目的犯适用限制解释；对于真正的非法定目的犯适用目的性限缩。

总之，如何理解目的犯之概念及目的与故意之关系，以及如何解释非法定目的犯是本书写作时所面临的两个基本问题，也是本书试图解决的两个基本问题。

二、研究方法

我国刑法学对于目的犯的研究方法总体而言没有太大的创新。一般学者都囿于“非此即彼”的概念思维：不论是对于目的与故意关系的理解，还是非法定目的犯的法律解释，都没有跳出概念思维的圈子。以这样的研究方法很难认识目的犯之真相。正如拉德布鲁赫所说：“生活现象的认识只是一种流动的过渡，但概念却强硬地要在这些过渡中划分出一条明确的界线。在生活现象仅仅显得‘或多或少’（模糊）地带，概念却要求须作出‘非此即彼’的判断。”[①] 如果我们利用类型思维方法就会获得一些豁然开朗的见解。

“类型”是拿来与“抽象概念”作对比的，二者通常被认为是

---

① 转引自吴从周：《论法学上之类型思维》，载《法理学论丛——纪念杨日然教授》，月旦出版社股份有限公司 1997 年版，第 307 页。

两种不同的思维方式。概括起来说，它们的不同点有：[①]

（1）概念是封闭的，只有所有特征都具备时概念才存在；类型是开放的，其特征中的某一个或几个可以舍弃，并不会影响类型的存在。

（2）概念与类型在其对事实对象的“归类程序”上也不同。前者只能够以“either... or”（是或者不是）的方式，将某一事实涵摄（Subsumtion）于概念之下；后者则可以“more or less”（或多或少）的方式，将某一事实归类（Zuordnen）于类型之下。

（3）概念适用于事实时，要求概念特征具有同一性；类型适用于事实时，只要求彼此具有相似性即可。

（4）概念具有可定义性，即透过穷尽地列举对象特征的方式加以定义；类型则无法加以定义，只具有描述性，即通过描述一连串具有不同强度的特征来加以描述。

（5）概念特征之数目与概念范围成反比例（概念的内涵特征越少，概念的适用范围越广；内涵特征越多，适用范围越小）；类型概念则不能够适用该逻辑法则。

本书利用类型思维将目的犯分为四类：非法定的断绝结果犯（不真正的非法定目的犯）→法定的断绝结果犯→法定的短缩二行为犯→非法定的短缩二行为犯。这四种类型目的犯中，目的与故意之关系、目的之功能、法律解释方法都具有差异。

---

① 参见吴从周：《论法学上之类型思维》，载《法理学论丛——纪念杨日然教授》，月旦出版社股份有限公司1997年版，第306页。

第一章

目的犯概述

第一节　目的犯理论之发展

一、德日刑法学目的犯理论之发展

（一）德国刑法学目的犯理论之发展

德日刑法学中所谓“目的犯（Absichtsdelikte），是指以特定目的作为主观构成要件要素的犯罪”。[①] 因此，目的犯理论是伴随着主观构成要件要素理论的发展而产生和发展的，目的犯理论离不开构成要件理论。根据日本学者西原春夫先生的看法，德国构成要件理论可以分为第二次世界大战前和第二次世界大战后两个阶段来考察。第二次世界大战前所关注的问题是：是否可以将所谓的主观要素、规范性要素作为构成要件要素？刑法学的趋势是对此持肯定态度，将构成要件作为违法类型来把握。第二次世界大战后所关注的问题主要有三个：一是是否可以将故意、过失导入构成要件中；二是如何考虑构成要件符合性与违法性的关系；三是是否可以将违法

① 张明楷著：《外国刑法纲要》，清华大学出版社2007年版，第134页。

阻却事由作为消极的构成要件要素。[①] 目的犯的概念和理论则在第一阶段随着主观构成要件要素的发现而被提出，并在第二次世界大战后随着构成要件理论的发展而发展。

1. 目的犯理论产生的前提——构成要件理论的形成

目的犯作为一种特殊类型的犯罪，是以构成要件理论为前提的，没有构成要件理论就不会产生目的犯理论。因此，从这个意义上说，贝林的构成要件理论是目的犯产生的前提。

（1）贝林（BeLing）的构成要件理论。

贝林的构成要件理论有两大特色：第一个特色是首次将构成要件符合性作为犯罪概念的独立要素。在贝林之前学者一般将归属性概念或者行为概念作为犯罪论的中心课题，而贝林从罪刑法定原则出发，认为只有符合刑法分则所规定的构成要件（犯罪类型）的行为，才能够归属于行为人，从而第一次将构成要件符合性作为犯罪成立的第一个阶层。第二个特色是将构成要件作为纯粹客观的、描述性概念来把握。贝林一直认为构成要件只包含客观的、描述性要素，而将主观要素和规范性要素排除在外。他说，人们过去使用的“主观的构成要件”之类的概念，本身就是矛盾的。因为1871年德意志刑法第59条（关于错误问题）就已明确规定，不知属于“法律上的构成要件”的事实时，不能追究其责任。这一规定表明，构成要件只包括客观的事实，不包括主观要素。因此，行为的主观方面应作为责任问题来看待。贝林的这一观点从未改变，只不过在前后不同的时期对这一观点的解释方法有所改变。

在贝林前期的著作《犯罪论》（1906年）中，贝林认为：“构成要件应当被定义为犯罪类型的轮廓，构成要件是确定可罚行为的基础，舍此便没有犯罪。非类型化的行为不具有犯罪的特征。但是，相反的，所有符合构成要件的行为也并不都构成犯罪。为了成

① 参见［日］西原春夫著：《犯罪实行行为论》，戴波、江溯译，北京大学出版社2006年版，第35页。

立犯罪，必须使实现构成要件的行为具有违法性和有责性，并且该行为必须同与该行为相应的刑罚的预告及处罚条件相符。构成要件是犯罪概念的核心，但其周围又集中着其他犯罪要件。根据构成要件，可以将复杂的生活过程中具备所谓犯罪特征的行为辨别出来。”① 很明显，贝林将构成要件理解为刑法分则所规定的抽象的犯罪行为的类型或犯罪类型的轮廓。并且为了贯彻罪刑法定精神，排除法官在构成要件符合性判断中的主观判断和价值判断，贝林将主观要素和规范要素排除在构成要件要素之外。这样，构成要件中就只剩下客观的和记述的要素，包括行为（含行为主体、行为客体、行为的附随情况）；法益侵害的结果；行为和结果的因果关系。所有的主观要素，包括故意、过失、目的、动机以及其他内在思想、意识等均排除出构成要件范畴，而属于罪责的范畴。②

但是，贝林的这种理论存在着明显的自相矛盾之处，一方面认为构成要件是犯罪类型，另一方面又认为构成要件仅包含客观的、记述的要素。而一个犯罪类型区别于另一个犯罪类型，除了客观方面外还必须联系主观方面来判断，如故意杀人罪类型与过失致人死亡罪类型的区别，离开了主观罪过，根本无法判断。所以，犯罪类型中应该包括客观要素和主观要素。但是，贝林却认为作为犯罪类型的构成要件只包括客观要素而不包括主观要素，这是自相矛盾的。在贝林的《犯罪论》发表后，费舍尔（H. A. Fischer）、纳格勒（Nagler）、多纳（Dohna）、黑格勒（A. Hegler）等先后提出了主观违法性要素。

在这种内外交困的情况下，贝林寻求维持其构成要件要素客观

---

① 转引自马克昌主编：《近代西方刑法学说史略》，中国检察出版社1996年版，第223页。

② 参见马克昌主编：《近代西方刑法学说史略》，中国检察出版社1996年版，第201页。

性、记述性观点的理论突围。[1] 其方法就是改变以前把构成要件理解为犯罪类型的做法，而将两者分离，认为两者既有联系又有区别。犯罪类型由各个要素构成，“不仅需要那种无须与内在要素相适应之纯粹外在要素（如破产罪中的破产，故意伤害致死中的死亡结果），还需要那种无须与外在要素相适应之纯粹内在要素（如目的犯、谋杀罪中的谋划）”。[2] 而构成要件则是一个纯粹的功能性概念，是指导犯罪类型各个要素的观念形象。构成要件的作用在于既规制犯罪类型的客观要素，也规制犯罪类型的主观要素，为犯罪类型内部诸要素的关联性奠定基础，使各个要素形成一个犯罪类型。贝林认为：“那些被称为‘主观构成要件要素’的情节在法律上的重要性固然毋庸置疑，但其方法论的立场则应另当别论了：它们是犯罪类型本身的要素，而不是从犯罪类型中提炼出来的指导形象的要素。比如说，非法占有目的对盗窃罪而言是典型的，但是它处于故意实施盗窃罪的构成要件，即‘拿走他人的动产’的后面，且该目的仍停留于犯罪类型的纯粹主观方面。”[3]

可见，贝林的立场一直是认为构成要件中不包括主观要素，在这样一种理论中目的犯没有产生的土壤——重视研究构成要件中的主观要素。

---

① 贝林在 1915 年时一度认为德国刑法典中盗窃罪要件中的“非法占有目的”是主观违法要素，盗窃罪的成立，必须是行为人以非法占有目的取得他人财产，但不需要占有这一目的得以实现，因此非法占有目的不需要与外部的、客观的要素相对应。贝林把非法占有目的称为“超过的内心倾向”，它不是责任要素，而是违法性要素。但也许是发现这种主观违法性要素和自己的客观违法性立场不相符合，此后不久，贝林修改了自己的观点，认为盗窃罪在获得财产的同时占有了该财产，因此占有目的不是超过的内心倾向。参见付立庆：《论主观违法要素理论的诞生和发展》，载刘明祥等主编：《刑事法探索》（第 1 卷），中国人民公安大学出版社 2007 年版，第 174 页。

② ［德］恩施特·贝林著：《构成要件理论》，王安异译，中国人民公安大学出版社 2006 年版，第 5 页。

③ ［德］恩施特·贝林著：《构成要件理论》，王安异译，中国人民公安大学出版社 2006 年版，第 17 页。

（2）M. E. Mayer 的构成要件理论。

不包含主观要素、规范要素的纯客观的、描述性的构成要件论"在贝林那里就已经归于失败了。因此，对于构成要件，我们不得不选择如下两条道路中的一条：第一，像后期贝林所主张的那样，将构成要件归结为犯罪类型的指导形象这一极其抽象、实质上作用甚少的概念；第二，将构成要件理解为与违法论紧密相关、其本身包含着价值的概念。贝林之后构成要件论的发展正好选择了后一条道路"。①

M. E. Mayer 几乎与黑格勒（A. Hegler）同时（1915 年）认定了主观违法要素。M. E. Mayer 继承了贝林构成要件符合性—违法性—有责性的犯罪论，但是与贝林把构成要件与违法性视为互无关系而各自独立的观念不同，M. E. Mayer 认为构成要件与违法性存在密切的关系，构成要件是违法性的认识根据，只不过两者还不能够认为是同一关系。虽然构成要件都是客观的、外部的要素，但是这与确定行为的违法性时是否要考虑其主体的"目的"，即是否要考虑主观违法要素，是完全不同的两件事情，不应该混为一谈。M. E. Mayer 举例说，医生不是基于治疗目的而是基于人体实验或者其他目的而实施切断手足的行为，或者教师基于报复目的实施惩戒学生的行为，即使在客观上具有行使治疗权或惩戒权的要件，且其现实行为也在被容许的界限内，然而因为其有主观目的之存在，其行为是不能容许的。反之，如果医生以治疗为目的实施切断手足行为，教师以教育为目的实施惩戒行为，则是合法的。可见，切断手足和惩戒行为的合法与否，可由行为者之目的左右。因此，行为者之目的可谓主观违法要素。此外，刑法分则中所规定的特定目的也是主观违法要素。这些主观要素是单纯的违法要素，而

① ［日］西原春夫著：《犯罪实行行为论》，戴波、江溯译，北京大学出版社 2006 年版，第 34 页。

不是构成要件要素，[①] 即这些要素是“真正的违法性要素”，是“不真正的构成要件要素”。[②] M. E. Mayer 之所以认为主观要素仍然是主观“违法”要素，而不是主观的“构成要件”要素，是因为在暂时承认构成要件与违法性之间关联的同时，他也只不过是把前者当做后者的表征。为了使主观的“违法”要素同时成为主观的“构成要件”要素，必须等到出现了将构成要件作为不法类型来把握的见解。[③]

可见，M. E. Mayer 虽然承认主观违法性要素，但是并没有承认主观构成要件要素，所以在他这里还没有发展出目的犯概念。

2. 目的犯理论的产生——不法类型说的结果

只有当出现了将构成要件作为不法类型的新古典犯罪论体系时，才产生了目的犯理论。

（1）黑格勒（A. Hegler）的主观违法要素。

与贝林和 M. E. Mayer 一样属于客观违法论者的黑格勒在其论文《犯罪论体系之研究》（1915 年）中提出了主观违法要素。

他认为，所谓犯罪的违法性，是指行为人的外部态度被视为反社会的态度（即侵害国家所组织的社会利益），而为法秩序否定其价值的情况。发生如此之侵害利益者，虽常为外部的态度，但并非仅外部的态度常系属如此，主观的事实有时候也会成为违法及利益侵害性之要件。盗窃及欺诈，即系其适例。实施侵害他人利益行为之所谓盗窃犯，并非凡窃取他人动产之人皆属之。例如，为嬉戏而擅取他人脚踏车乘骑之情形，尚不能谓为盗窃，仅系基于不法取得之目的而窃取他人之动产者，始为盗窃。诈欺之情形亦然。此类犯

① 洪福增：《刑法理论之基础》，台湾地区刑事法杂志社 1977 年版，第 366 ~ 367 页。

② ［日］小野清一郎著：《犯罪构成要件理论》，王泰译，中国人民公安大学出版社 2004 年版，第 52 页。

③ ［日］西原春夫著：《犯罪实行行为论》，戴波、江溯译，北京大学出版社 2006 年版，第 36 页。

罪，不能仅以外部的行为而决定其违法性，而成为“超过内心倾向的犯罪”。此等主观的、内心的要素，之所以不属于责任，而属于违法要素，是因为此等要素皆已在主观要素中消解，而成为反社会的以及侵害利益的态度之要素。也就是说，盗窃及诈欺等反社会的及侵害利益的态度，仅在自外部的行为显出内心倾向时，始能予以认定。在此意义上言之，内心的倾向，系与反社会及侵害利益相结合者。立法者即系将上述之目的内容予以客观化，而规定盗窃或诈欺罪必须将目的内容现实于外部的态度，在此现实上即须以遂行其不法取得为要件，如此，则“不法取得”显系为“违法”要素。不过，法律并非将干涉之时期延长至行为者现实地实现其不法取得之时期，而已将之提前。故在各种刑罚法规中，仅规定以“意图不法取得”为已足。但如无此等主观的违法要素，而仅依据在外部事态，尚不能构成此等犯罪之违法性。①

后来，黑格勒对盗窃罪与诈欺罪中的“不法取得目的”予以修正，认为“不法取得目的”于行为人获得动产之同时，就已经实现并完成。所以，盗窃罪或诈欺罪不是“超过内心倾向的犯罪”。不过，他仍认为“不法取得目的”是主观违法要素，只不过不是超过的内心倾向，而与客观上的态度相对立。②

同时，黑格勒认为构成要件符合性是社会侵害性（违法性）的表现，可以将两者的关系比喻为“症状”与“病”的关系。于是，从这一观点出发，黑格勒将上述主观要素导入了构成要件之中。他认为，构成要件是描述违法性的，它包含着主观性要素，表现了决定违法性的全部要素，“这种观点实质上无外乎就已经是在提倡所谓的不法类型说了”。③

---

① 洪福增：《刑法理论之基础》，台湾地区刑事法杂志社 1977 年版，第 365 ~ 366 页。

② 洪福增：《刑法理论之基础》，台湾地区刑事法杂志社 1977 年版，第 366 页。

③ ［日］西原春夫著：《犯罪实行行为论》，戴波、江溯译，北京大学出版社 2006 年版，第 37 页。

（2）麦兹格（Edmund Mezger）首次提出目的犯概念。

深入研究主观违法要素并将主观要素引人构成要件之中，明确提出目的犯概念的学者是麦兹格（Edmund Mezger）。

在《主观的违法要素》（1924 年）一文中，采用客观违法论的麦兹格提出了“主观违法要素”：“不法”虽以在客观上侵害利益为原则，然而这并不意味着侵害利益，应该脱离侵害者之主观意思，而独立予以认定。人类之追求利益极为微妙复杂，我们不能够粗率地仅就外部方面予以决定，而应该顾及内部之主观要素。[①]

在《刑法的构成要件之意义》（1926 年）一文中，麦兹格明确提出构成要件不仅是违法性的认识根据，而且是违法性的存在根据。M. E. Mayer 曾经认为构成要件是违法性的认识根据，两者之间是烟与火的关系，构成要件具有违法性的推定机能。而麦兹格则进一步认为，若能够认定构成要件符合性，则其行为即为不法，构成要件符合性所具有的违法性推定力之程度远较 M. E. Mayer 更为强烈。麦兹格主张构成要件是类型化的不法，构成要件就是不法类型。从而提出了行为—不法—责任的新犯罪论体系，有别于贝林、M. E. Mayer 的构成要件该当性—违法性—有责性犯罪论体系。[②] 由于麦兹格将不法性与构成要件合二为一，这样所谓的“主观违法性要素”也就自然成了“主观构成要件要素”。

麦兹格认为，任何犯罪的实施都离不开行为人一定的精神现象，若判明此精神现象在何时属于“责任”要素，何时属于“违法”要素，必须依实定法之规定而究明其“意思内容”。麦兹格认为，根据实定法的规定，可以将刑法中的精神现象分为以下两种：

第一种是“外部行为单纯的意欲”。例如，德国刑法第 212 条

---

① 转引自洪福增：《刑法理论之基础》，台湾地区刑事法杂志社 1977 年版，第 368 页。

② 参见马克昌主编：《近代西方刑法学说史略》，中国检察出版社 1996 年版，第 238 页。

规定的故意杀人罪和第 303 条规定的故意毁损财物罪，法所要求的意思内容只是“故意杀害他人”及“故意毁损器物”之单纯的意欲。此外，“知情犯”也属于这种类型。所谓的知情犯，是指明知某种的外部事实，而仍予以实现的犯罪，如德国刑法第 131 条规定“明知是虚构或被歪曲的事实而仍予以散布”。这些犯罪都没有超过“外部行为单纯的意欲”，只不过是将构成要件的特别方面特别指出罢了。“动机犯”也属于这种情况。例如，德国刑法第 211 条所要求的“出于预谋”、第 248 条 a 所要求的“由于窘迫”，法律除了“外部行为单纯的意欲”外，其他的什么也没有要求。

那么，“外部行为单纯的意欲”能否成为“主观的构成要件要素”呢？麦兹格对此给予了否定的回答。由于麦兹格将“构成要件”定义为特别的不法类型，所以“外部行为单纯的意欲”能否成为主观的构成要件要素问题就等于这些单纯的意欲是属于不法还是属于责任的问题。传统的观点认为，“违法是客观的，责任是主观的”，因此将这些单纯的意欲归入责任要素。麦兹格虽然也将这些单纯的意欲归入责任要素，但却是基于不同的理由：这些“外部行为单纯的意欲”对于行为之利益（法益）的侵害性，并没有附加任何新的内容，也就是说，不左右行为特殊的不法，而只是对行为人之人格非难性（即行为人之责任）赋予理由根据。所以外部行为单纯的意欲不是主观违法性要素（主观构成要件要素），而是责任要素。①

第二种是“外部行为有意义的意欲”。所谓“有意义的意欲”，乃不仅须以认识及意欲而实施外部的类型事实为必要，且更须有行为者内心一定的附随精神现象之存在的情形。在此种情形之下，外部的事实必须表示一定的心理色彩、精神内容以及特殊的主观意

---

① 参见洪福增：《刑法理论之基础》，台湾地区刑事法杂志社 1977 年版，第 370 页；付立庆：《论主观违法要素理论的诞生与发展》，载刘明祥等主编：《刑事法探究》（第 1 卷），中国人民公安大学出版社 2007 年版，第 185 页。

义。这种“外部行为有意义的意欲”不是责任要素，而是主观违法要素=主观构成要件要素。麦兹格进一步将包含此类“外部行为有意义的意欲”的犯罪分为三种：表现犯、倾向犯、目的犯。

表现犯之心理过程，倾向犯之主观倾向、目的犯之目的之所以是主观违法要素（从而也是主观构成要件要素），是因为外部行为之有无法益侵害性，与这些主观要素具有密切关系。虽然在“外部行为单纯的意欲”和“外部行为有意义的意欲”两种情况下，外部的实行行为都对法益具有侵害性，但是法益侵害性的形态却各有不同。在具有“外部行为单纯的意欲”的犯罪中，“意欲”对于外部行为的法益侵害性并没有影响；在具有“外部行为有意义的意欲”的犯罪中，外部行为的违法性不能仅依据行为之外部形态予以认定，还必须考虑行为者内心的态度，也就是说这时行为者内心的态度对于行为的违法性产生影响。①

3. 目的犯理论的发展——目的主义的犯罪论体系和目的理性的犯罪论体系

（1）Welzel 的目的主义犯罪论体系将“目的”与“故意”等同视之。

Welzel 明确主张行为无价值和目的行为论，这和前述的刑法学者都不同，这种不同源于他们所采取的方法论的差异。

贝林所采用的自然科学实证主义方法决定了其构成要件要素只能够是客观的、中性无色的要素。自然科学的实证主义认为，自然界有一个决定事物生灭的因果法则，一切存在的现象都可以用物理性的检验加以验证。贝林的古典三阶层犯罪论体系就深受这种实证主义的影响：把犯罪论体系分为构成要件符合性、违法性、有责性三个阶层，等于是将犯罪行为当成一个由三个部分的零件组成的物体，它们可以被机械地拆卸、组合。贝林对构成要件的理解同样受

① 参见洪福增：《刑法理论之基础》，台湾地区刑事法杂志社 1977 年版，第 371 页以下。

自然科学实证主义的影响。对于行为这个存在现象而言，构成要件等于是行为所赖以构成的因果定则，同时也是检验行为的因果定则，这种定则当然和“一加一等于二”那种定律中的一、二数字一样是客观、中性而没有价值色彩的。结果、因果关系、行为客体等构成要件要素都是对引起外界变动的行为的描述，所描述的只是外界变动这个现象。①

M. E. Mayer 和麦兹格则受到了新康德主义方法二元论与价值哲学的影响，因而他们的犯罪论阶层体系也有了变化：除了行为概念仍然停留在因果行为概念之外，其余三个阶层皆被重新诠释。首先影响最大的是构成要件符合性这个阶层。既然基本上有两个世界，一个是现实世界，另一个是非现实的价值世界，犯罪阶层体系相对于犯罪事实，自然是非现实的价值世界，刑法不是被用在一个无意义的、物质的世界，而是被用在一个有意义的、有价值差异的世界。构成要件对于构成犯罪事实也当然是个概念形成程序、一个将事实转换的程序。既然概念形成体系是一个评价体系，构成要件要素就不可能是客观而中性的，主观的构成要件要素和规范的构成要件要素在方法论上就是这样被发现的。②

Welzel 批判新康德主义方法二元论，赞同方法一元论，认为在生活秩序中即存在规则，从生活秩序中可以导出法秩序、法规范。Welzel 深受哈特曼（N. Hartmann）价值现象学的影响。哈特曼认为，人是唯一拥有目的论力量的存在，目的的追求和实现使人的主体人格得以充分展示。人的目的论价值依附于“目的性联系”的三个阶段。“目的性联系”是与“因果性联系”相对的人类价值追求过程的特征，它包括目的的确立、实现目的的手段和目的的实现

① 参见许玉秀著：《当代刑法思潮》，中国民主法制出版社 2005 年版，第 118 ~ 121 页。

② 参见许玉秀著：《当代刑法思潮》，中国民主法制出版社 2005 年版，第 131 ~ 132 页。

三个阶段。在这种价值现象学的基础上，Welzel 提出了目的行为论。他批判因果行为论将行为理解为外部的因果事实现象，把意识的具体内容从意识概念中抽象出去，不能够正确地把握行为的存在与构造。人的行为是实现一定目的的活动，它是一种目的事物现象，而不是单纯的因果事物现象。行为的目的性表现在，人以因果关系认识为基础，在一定的范围内预见自己的活动可能产生一定的结果，于是行为人设立各种各样的目的，选择达到目的的手段，朝着这些目的有计划地进行活动。“目的性”是构成行为的核心要素。①

那么，何谓“目的性”（Intentionalitaet）呢？Welzel 认为，依照认识心理学，感觉、认识、思考和意欲的活动都是针对它们所投射的对象，在这些特定的心理经验和它们的对象之间有一个特别的关系，这个关系就是“目的性”。“目的性”给予所有的经验对象一定的方向，而且也依照对象的结构引导活动的流程。换言之，“目的性”可以使得感觉、认识、思考和意欲等心理活动依心理作用对象的结构而活动。因此 Welzel 的结论是，能够成为刑法评价对象的不是因果关系，而是建立在目的性之上的主体和结果之间的目的关联。Welzel 的这一结论促成了 V. Weber 在 1935 年出版的刑法教科书中，将故意定义为主观构成要件要素，开启了新古典暨目的论综合阶层体系的新纪元。②

而且，行为的“目的性”包含了本体论的目的性和价值论的目的性两个方面的内容。③ 本体论的目的性，是指人基于对因果法则的认识而在一定范围预见活动之可能结果，并依此设定种种目

---

① 参见张明楷著：《刑法的基本立场》，中国法制出版社 2002 年版，第 165～166 页。

② 参见许玉秀著：《当代刑法思潮》，中国民主法制出版社 2005 年版，第 74～75 页。

③ 王安异著：《刑法中的行为无价值与结果无价值研究》，中国人民公安大学出版社 2005 年版，第 33 页。

的，选择达到目的的手段；价值论的目的性，是指行为人目的的设定、手段的选择与法秩序的要求相矛盾。

Welzel关于行为“目的性”的观点确实存在一些问题。本体论上的目的性难以解释过失犯、不作为犯的行为性，因为过失犯和不作为犯并不存在本体论上的目的性；价值论上的目的性也容易与不法意识、不法动机等责任要素相混淆。罗克辛也“批判Welzel的目的性没有一致的概念，在故意犯，目的性等于故意，而过失犯的目的性和刑法没有关系，如果目的性和故意同义，这样的目的性概念就无法解释过失行为、忘却犯、冲动犯和未必故意的行为”。①

应特别注意的是，Welzel所说的“目的性”与本书所说的目的犯的“目的”是两个完全不同的概念。Welzel对刑法学最大的冲击（贡献）在于将故意（Welzel的故意仅指事实故意，而不包括违法性认识，违法性认识独立作为责任要素）从以前的责任要素移置为构成要件要素和违法性要素。“故意不是责任的要素。那么故意究竟属于何种要素？依目的行为论的见解，即认为故意是行为的要素，同时也属于构成要件的主观的违法要素”。② Welzel认为，故意犯的构成要件，除了客观的构成要件要素外，还包括主观的构成要件要素，其中故意是所有犯罪必须具备的，称为一般主观构成要件要素。此外，有些犯罪还需要特别的主观构成要件要素，如财产罪中的不法意图、伪造货币罪中的供行使之用的意图、包揽诉讼罪中的渔利意图，等等。所以，如果按照罗克辛的理解——Welzel的故意犯中的目的性等于故意，那么所谓的“目的性”是一般的主观构成要件要素，而目的犯中的“目的”（或称为意图）则是特别的主观构成要件要素。

① Roxin, Zur Kritik der finalen Handlungslehre ZStW 74 (1962)，转引自许玉秀著：《当代刑法思潮》，中国民主法制出版社2005年版，第141页。

② Welzel, Vom die finale Handlungslehre，转引自马克昌主编：《近代西方刑法学说史略》，中国检察出版社1996年版，第341页。

(2) 罗克辛的客观目的性。

在构成要件阶层，罗克辛最重要的贡献是完成了客观归责理论，也就是提出了判断构成要件符合性的实质标准。罗克辛创立客观归责理论的原因，是试图解决德国古典犯罪论体系的构成要件以及目的行为论的犯罪论体系中构成要件的过分扩张，以适当限制客观不法构成要件的范围，从而避免不合理的刑事处罚。

罗克辛将构成要件分为客观的构成要件和主观的构成要件。因此，构成要件符合性的判断也就包括两个方面的问题：一是客观构成要件符合性的判断，二是主观构成要件要素的确定。

关于客观构成要件符合性的判断，罗克辛提出了“制造并实现法所不容许的风险”这条标准，这就是其客观归责理论。具体来说，与行为人具有因果关系的结果并不能都归责于行为人，只有该结果符合以下三条标准时，才能归咎于行为人：一是行为人的行为对行为客体制造了不被容许的风险；二是这个风险在具体的结果中实现了（实现了法所不容许的风险）；[①] 三是这个结果存在于构成要件的效力范围内。[②]

客观归责理论除了提供客观构成要件符合性的判断依据外，另一个根本的意义在于确立了主观不法决定于客观不法的立场，亦即行为的不法决定于行为的客观面而不是主观面，这是和目的行为论者相反的看法。根据这种看法，故意和过失存在与否，决定于他们所认识或可能认识的犯罪事实能否制造风险。例如，罗克辛反对Welzel的“主观目的性”，而提出“客观目的性”：目的性完全存在于法秩序的目的当中。像战争中的杀人和执行死刑的行为，都不是杀人罪的构成要件行为。也就是说，这些行为根据客观归责理论

---

① 所制造的风险如果没有在构成要件结果中实现，而法律上仍有处罚的规定，行为人对他制造了法所不容许的风险负责，这就是未遂犯；如果所制造的风险在构成要件结果中实现了，行为人对这种构成要件结果负责，这便是既遂犯。

② ［德］克劳斯·罗克辛著：《德国刑法学总论》（第1卷），王世洲译，法律出版社2005年版，第247页以下。

是不能够归责的，因此行为人也就没有故意或目的性。所以，行为人主观上的目的性与故意，其实决定于客观的目的性，目的性存在于法秩序的目的当中。①

罗克辛赞同德国多数学者所持的三级故意的观点，将故意分为犯罪目的（无条件故意第一级）、直接故意（无条件故意第二级）、间接故意（有条件故意）。简单地说，犯罪目的的概念包含了行为人所追求的；直接故意所包含的结果虽然不是行为人所追求的，但却是他已经预见到一定会发生的；间接故意，是指一个结果虽然不是行为人所追求的，并且行为人不是预见到这个结果肯定会发生，而是仅仅预见到它可能会发生，但是已经在自己的意志中接受了它的出现。罗克辛在“犯罪目的”（无条件故意第一级）中论述了目的犯的种类。②

4. 小结

目的犯作为以特定目的为主观构成要件要素的犯罪，是随着主观构成要件要素理论的产生和发展而产生和发展的。由于贝林前期和后期都一直认为构成要件不包括主观要素，所有的主观要素都归属于责任，这样，这位创立了构成要件理论的伟大刑法学家就无缘再问鼎目的犯理论。M. E. Mayer 虽然发现了构成要件中包含主观要素，但是认为这些主观要素不是“真正的违法要素”，而是“不真正的构成要件要素”，并没有从正面肯定主观的构成要件要素，所以也不能够提出目的犯这种新型的犯罪类型。目的犯概念产生的历史机遇留给了麦兹格，麦兹格将构成要件阶层与违法性阶层合二为一，提出新的犯罪论体系。这样主观违法要素自然就成了主观构成要件要素，从而目的犯概念与倾向犯、表现犯概念的提出就

① 参见许玉秀著：《当代刑法思潮》，中国民主法制出版社 2005 年版，第 141 ~ 142 页。

② 参见［德］克劳斯·罗克辛：《德国刑法学总论》（第 1 卷），王世洲译，法律出版社 2005 年版，第 202、285 ~ 291 页。

水到渠成了。但是，在麦兹格这里，故意仍然属于责任要素，目的犯的目的是故意之外的决定违法性从而也决定了构成要件类型的要素。也就是说，目的和故意是属于不同层次的要素。

目的犯理论变得复杂起来是 Welzel 以后的事情了。Welzel 基于“人的不法理论”，认为所有的主观要素，不论是目的、倾向、心理表现，还是故意都是违法性要素，从而也是构成要件要素。这样故意和目的犯的目的都不是责任要素，而是主观构成要件要素，那么这两种主观要素之间的关系如何就成了一个问题。通常认为故意是一般主观要素，它是对客观构成要件的认识和意欲；而目的是特别的主观要素，它是主观的超过要素，不存在与之相对应的客观事实。

可见，贯穿目的犯理论发展的一条红线是主观构成要素从无到有、从简单到复杂。今天德国的通说承认主观的构成要件要素和目的犯罪概念。

（二）日本刑法学目的犯理论的发展

虽然德国的通说承认主观构成要件要素，但是日本学界对于主观构成要件要素却存在很大的争议。这种争议也自然会波及目的犯理论。概括起来，可以将这种争议分为四派：①

1. 主观违法要素肯定说（团藤重光、福田平、大塚仁、西原春夫、野村稔等）

此说认为，故意、过失、目的犯的目的、倾向犯的内心倾向、表现犯的心理过程具有加重违法性的机能，是行为无价值的主要因素，因而是作为违法类型的构成要件不可或缺的要素。也就是说，

---

① 参见马克昌著：《比较刑法原理——外国刑法学总论》，武汉大学出版社 2002 年版，第 134 ~ 135 页；张明楷著：《外国刑法纲要》，清华大学出版社 2007 年版，第 133 页；付立庆：《论主观违法要素的地位与范围——以日本刑法理论为依托的展开》，载陈兴良主编：《刑事法评论》（第 17 卷），中国政法大学出版社 2005 年版。其中付立庆的论文比较集中介绍了日本刑法学的主观违法要素，为本书的写作提供了一些有益的资料。

这些要素都是主观的违法要素，因而也是主观的构成要件要素。这一见解现在在日本是通说。大塚仁教授是这一学说的代表。

大塚仁教授的立场有两方面：一是将构成要件理解为违法有责类型，因而主观违法要素也可以成为主观构成要件要素；二是在违法性上坚持行为无价值二元论，试图调和法益侵害说和规范违反说，因而不仅行为的客观方面，而且行为人的主观方面都成为违法性判断的对象。

基于此立场，大塚仁教授认为，构成要件的主观要素包括故意、过失、目的等。故意、过失虽然在以前是作为责任要素的，但是它们首先是作为构成要件的主观要素，对犯罪类型化起着重大作用。例如，故意杀人罪和过失致死罪的区别主要在于两者的罪过不同。所谓目的犯，是指在构成要件中以目的为必要的犯罪。“目的犯的目的通常超出构成要件客观要素范围，称其为超过的内心倾向。在这一点上，要把目的与故意区别开来，故意需要以符合构成要件的客观事实作为行为人表象的对象。但是，目的犯的目的中也并非没有处在构成要件客观要素的范围之内的。例如，通说、判例认为作为横领罪要件的‘不法领得的意思’，就是以与横领行为共同的范围为对象，只不过是对其进行规整并且赋予其意义。这种目的被称为赋予意义的目的。”①

2. 主观的责任要素肯定说（小野清一郎、内田文昭、前田雅英、曾根威彦等）

此说仅肯定了作为责任要素的主观构成要件要素，而不承认作为违法要素的主观构成要件要素。也就是说，承认构成要件中的主观要素，但是主观的构成要件要素不是违法性要素，而是责任要素。

小野清一郎的立场是，（1）将构成要件理解为违法有责类型，

① ［日］大塚仁著：《刑法概说》（总论），冯军译，中国人民大学出版社 2003 年版，第 122～124 页。

构成要件在将行为的违法性加以类型化的同时，也将行为人的道义责任加以类型化；出现在前面的是构成要件，站在它背后的是具有实体意义的违法性及道义责任。[①]（2）在违法性问题方面采取规范违反说，认为违法性的本质是“违反国家的法秩序的精神、目的，对这种精神、目的的具体规范性要求的背反”。[②]

基于此立场，小野清一郎认为应该将两个相关的问题区别开来：一是有没有违法性本身被主观要素决定的问题，即主观违法要素的存在问题；二是构成要件是否包含主观要素，即主观构成要件要素的存在问题。这是两个不同的问题。小野认为，在这两个问题上，麦兹格和泷川幸辰犯了不同的错误。麦兹格的错误在于将构成要件与违法性混淆了，从而将主观构成要件要素和违法要素也混淆了。“属于客观违法性论者的麦兹格为什么承认那么多的主观违法要素呢？就是例外，也太过分了。”而泷川幸辰则站在客观违法性论的立场上，否定了违法性中存在主观要素，这一点在小野看来是正确的。但是，他却从麦兹格错误的一端走到了错误的另一端：把主观的构成要件要素也否定了。因此，小野的结论是：承认主观的构成要件要素，这些主观的构成要件要素大部分是类型化的责任要素，而不是类型化的违法性要素。虽然小野也承认目的犯、倾向犯、表现犯的概念，但是认为其中只有表现犯的心理过程是主观的违法要素，而目的犯的目的、倾向犯的主观倾向都不是违法要素，而是责任要素。[③]

前田雅英与小野清一郎一样坚持违法有责类型说，但与小野的规范违反说不同，前田主张结果无价值一元论。这样，前田就将构成要件明确地分为两部分：客观的构成要件与主观的构成要件。客

① 参见马克昌主编：《近代西方刑法学说史略》，中国检察出版社 1996 年版，第 281 页。

② 张明楷著：《外国刑法纲要》，清华大学出版社 2007 年版，第 142 页。

③ ［日］小野清一郎著：《犯罪构成要件理论》，王泰译，中国人民公安大学出版社 2004 年版，第 58 ~ 69 页。

观的构成要件与违法性有关，是违法行为的类型；主观的构成要件是责任的类型化。从而，前田全面否定了主观要素对违法性的影响。①

曾根威彦的构成要件理论与前田和小野都不同，而是坚持行为类型说，认为构成要件是价值中立的形式要件，与具有实质评价意义的违法性没有关系；在违法性上区别于小野，而与前田一样坚持结果无价值一元论。曾根认为，伪造货币罪的客观要素是伪造行为（构成要件要素）以及行使的危险（违法性要素），主观的要素除了各种认识（构成要件故意和责任故意）之外，还有“行使的目的”（主观的构成要件要素及非主观的违法要素）。只有当行为人的“行使目的”客观化、现实化，从而具有行使危险的伪造行为在外部显现出来的时候，才可以说具有侵害法益的危险。相反，即使行为人没有“行使目的”，但当行为是“具有使货币被行使之虞的伪造”时，仅仅根据该客观要素也可以说具有违法性。所以“行使目的”与违法性没有关系。但是即使具有违法性，而不具有“行使目的”也不符合伪造罪的构成要件。所以“行使目的”是构成要件要素和责任要素，但不是违法性要素。②

3. 主观构成要件要素全面否定说（中山研一、内藤谦）

此说将所有的主观要素归入责任要素，认为它们既不是构成要件要素，也不是违法性要素。

这一派学者中的中山研一、内藤谦在构成要件理论上都持违法类型说，在违法性问题上都持结果无价值论。他们认为，不论是“将结果作为目的的犯罪”（断绝的结果犯）还是“将后行为作为目的的犯罪”（短缩的二行为犯），其中的“目的”都不是违法性

① 付立庆：《论主观违法要素的地位与范围——以日本刑法理论为依托的展开》，载陈兴良主编：《刑事法评论》（第17卷），中国政法大学出版社2005年版，第83~86页。

② ［日］曾根威彦著：《刑法学基础》，黎宏译，法律出版社2005年版，第100、196页。

要素，也不是构成要件要素。例如，中山研一认为，主观的构成要件要素会导致“刑法不健全的主观化”；主观的要素可以转化为客观的要素，或者说，主观的要素可以由行为的客观危险性代替。内藤谦指出：“如果从构成要件 = 结果无价值的违法行为类型说的立场来考虑，作为构成要件内容的法益的侵害、危险，是指客观的侵害与客观的危险性，其存否与强弱，必须基于行为的客观要素进行判断。行为人主观上的想法这种内心的、心理的要素，原则上是责任的问题而不是违法的问题。因此，不作为违法行为类型的构成要件的问题。”①

4. 主观构成要件要素部分否定说（平野龙一、山口厚）

此说认为，只有短缩的二行为犯中的目的与未遂犯的故意是主观的违法要素，当然构成要件要素。

平野龙一在构成要件理论上持违法类型说，认为构成要件是从违法性中抽象出来的应当处罚的行为类型。但是，他不认为构成要件是违法、有责类型，因而原则上不承认主观的构成要件要素。关于目的犯的目的、倾向犯的内心倾向、表现犯的心理过程，通说认为是主观的违法要素，平野认为是主观的责任要素。只有在短缩的二行为犯中，像伪造货币罪那样，“以行使为目的”的内容是“行使”这一新的行为时，目的才是主观的违法要素，此外的目的都不是主观违法要素。② 这种“目的”超出了对客观危险性的认识，是不能够被包含在故意之中的。也就是说，“行使目的”这一语义的外延包含了“对行使危险性的认识”，并且在此基础上有更广的含义，以“具有对危险的认识”来代替行使的“目的”是不可能

① 张明楷著：《外国刑法纲要》，清华大学出版社 2007 年版，第 133 页。

② 参见李海东主编：《日本刑事法学者》（上），法律出版社、日本成文堂联合出版 1999 年版，第 276 页。

的。[①] 因此，在“以后行为作为目的的犯罪”（短缩的二行为犯）中目的是主观的违法要素；而构成要件是违法类型，所以主观违法要素又是主观构成要件要素。

与短缩的二行为犯场合有所不同，平野龙一认为，在“将结果作为目的的犯罪”（断绝的结果犯）的场合，目的可以作为客观的危险性来认识，而没有必要作为主观的违法要素来认识。例如，在诬告罪中，“使他人受到刑事或惩戒处分的目的”不是纯粹主观的东西，诬告罪中的“虚伪的申告”本身就限于具有招致客观的处罚的危险的行为，对此种危险具有认识并且申告的时候才予以处罚。在这里，使人受到处分这样的主观的目的客观化为受处分的危险，目的则是由对这一危险性的“认识”所构成的。在这种犯罪中，“目的”的作用在于将故意限定为确定的故意，而与法益的侵害程度无关，因此该目的不是主观的违法要素，也就不是主观的构成要件要素。例如，行为人以为通奸要受到刑事处分，而以“使他人受到刑事追究的目的”诬告他人通奸，但是该目的并不会增加该“诬告”行为的法益侵害性，不会影响违法性。[②]

5. 小结

前述主观构成要件要素全面否定说与主观构成要件要素部分否定说，在构成要件理论上都持违法类型说，在违法性上都持结果无价值一元论。因此，两种学说对于目的犯有相同之处：认为在“将结果作为目的犯罪”中，“目的”不是纯粹主观的东西，它包含客观与主观两个方面的内容：一方面它可以客观化为行为的危险性（客观方面）；另一方面它又是对这一危险性的认识（主观方

---

① 参见付立庆：《论主观违法要素的地位与范围——以日本刑法理论为依托的展开》，载陈兴良主编：《刑事法评论》（第17卷），中国政法大学出版社2005年版，第73页。

② 参见付立庆：《论主观违法要素的地位与范围——以日本刑法理论为依托的展开》，载陈兴良主编：《刑事法评论》（第17卷），中国政法大学出版社2005年版，第69页。

面)。其中的客观方面归属于违法性，主观方面归属于责任要素。

前述主观构成要件要素全面否定说与主观构成要件要素部分否定说两说的不同之处在于对“将后行为作为目的的犯罪”（短缩的二行为犯）中目的的内涵与地位有不同的理解：

（1）主观构成要件要素全面否定说认为，短缩的二行为犯中的目的，如伪造货币罪中的“行使目的”，其客观方面可以转化为“行使的危险性”，其主观方面可以转化为“对行使危险性的认识”。从而伪造货币罪的客观方面是“具有行使危险性的伪造”，决定了行为的危险性；主观方面是对“伪造”和“行使的危险性”具有认识，归属于作为责任要素的故意。主观构成要件要素部分否定说认为，短缩的二行为犯中的目的，如伪造货币罪中的“行使目的”，其主观方面并不能够理解为“对行使危险性的认识”，而是包含了比“对行使危险性认识”更多的内容。所以它不能够归属于作为责任要素的故意，而应当作为主观违法构成要素。

（2）主观构成要件要素全面否定说认为，断绝的结果犯与短缩的二行为犯在构造上并没有区别：断绝的结果犯中的目的不是主观违法构成要件要素；短缩的二行为犯中的目的也不是。主观构成要件要素部分否定说认为，断绝的结果犯与短缩的二行为犯在构造上存在巨大区别：前者的实行行为是作为目的的结果的原因；后者的实行行为是此后的新行为的手段。这种构造上的差别决定了即使断绝的结果犯的目的不是主观违法构成要素，也不能够就此推出短缩的二行为犯中的目的不是主观违法构成要素的结论。

（3）主观构成要件要素全面否定说还认为，“具有行使危险性的伪造”（具有违法性）同“没有行使危险性的伪造”（不具有违法性）从伪造行为本身来说是可以区别的。主观构成要件要素部分否定说认为，“具有行使危险性的伪造”同“没有行使危险性的伪造”从伪造行为本身来说是难以区别的，只有考虑到行为人是否具有行使目的时才可以判断，因此该目的是违法性判断的一个必要的要素。

（三）德日目的犯理论发展的小结

1. 目的犯与狭义的构成要件理论

狭义的构成要件理论，是指构成要件与违法性、有责性的关系。对此，在德日刑法学中存在三种学说：其一，行为类型说。贝林是这一观点的典型代表，Welzel 基本上坚持了贝林行为类型说的立场。在日本，内田文昭、曾根威彦也持该说。例如，曾根威彦认为，构成要件是“描述犯罪轮廓的观念形象”，不管是违法的行为还是不违法的行为，都平等地包含在构成要件之内。既然构成要件是个观念形象，那么它仅仅是一个形式，不表示实质内容。行为符合构成要件的判断是一个形式的事实判断，而不是对事实的实质的价值判断。因此，构成要件与违法性必须区别开来，两者不是原则—例外关系，而是形式—实质关系。[①] 其二，违法类型说。木村龟二、福田平、平野龙一、山口厚、内藤谦、中山研一、西原春夫等持此观点。在违法类型说中又可以分为两种不同的见解：一是立足于构成要件与违法性相区别的立场，将两者定位为原则与例外的关系。这种观点实际上是吸收了 M. E. Mayer 的认识根据说，在日本是多数说。二是将构成要件与违法性作为一体看待，或者将违法性纳入构成要件中，或者将构成要件纳入违法性。这种观点实际上是吸收了麦兹格的存在根据说。其三，违法有责类型说。小野清一郎首次提倡此观点，后为团藤重光、大塚仁、植松正、佐伯千仞、庄子邦雄、大谷实、吉川、香川等所接受。这种学说又可以细分为两种不同的观点：一是承认违法类型与有责类型的密切关系，认为故意既是责任要素又是违法要素，团藤重光、大塚仁持此主张；二是认为在构成要件概念的内部违法类型与有责类型迥然有

---

① ［日］曾根威彦著：《刑法学基础》，黎宏译，法律出版社 2005 年版，第 194 页。

别，小野清一郎、前田雅英持此观点。①

行为类型说与目的犯理论缘浅。行为类型说的一个共同特点是对构成要件作形式的理解，因而构成要件阶层与具有实质性评价的违法性阶层没有关系。因此，如果认为目的犯是具有“目的”这种主观超过要素的犯罪形态的话，那么行为类型说往往不太注重研究这种意义上的目的犯。例如，贝林未曾提出过目的犯的概念。Welzel将目的泛化等同于故意，从而所有的故意犯都具有目的，甚至过失犯也有“潜在的目的”，这无异于否定目的犯研究的必要性。曾根威彦虽然承认目的犯的概念，但是认为目的犯之目的只是构成要件要素与责任要素，与违法性无关。因此，也不注重研究目的犯理论。

违法类型说与目的犯关系复杂。其中有的学者，如麦兹格承认目的、主观倾向、心理过程都是决定违法性的主观超过要素，也是主观构成要件要素，从而正式提出目的犯、倾向犯、表现犯的概念。其中也有的学者，如内藤谦、中山研一认为，违法完全是客观的，所有的违法性要素都是客观的，所以作为违法类型的构成要件也就只有客观要素。那么目的犯中的目的，一部分客观化为违法要素，另一部分作为故意的内容属于责任故意。其中还有一些学者，如平野龙一、山口厚认为，违法原则上是客观的，但是例外地也承认主观违法要素。这样目的犯分为两类就具有重要意义，只有短缩的二行为犯中的目的是主观违法构成要素。

违法有责类型说与目的犯的关系也较复杂。其中团藤重光、大塚仁认为违法要素既有客观的也有主观的，因此构成要件中的客观要素可以决定违法性，主观要素也可以决定违法性。这样，目的犯

---

① 参见［日］大塚仁著：《刑法概说》（总论），冯军译，中国人民大学出版社2003年版，第114页；付立庆：《论主观违法要素的地位与范围——以日本刑法理论为依托的展开》，载陈兴良主编：《刑事法评论》（第17卷），中国政法大学出版社2005年版，第89～91页。

中的目的就是构成要素和违法要素。而小野清一郎、前田雅英则将构成要件中的主观要素归属于有责性，客观要素归属于违法性。这样，目的犯中的目的就构成要件要素和责任要素。

2. 目的犯与实质违法性理论

关于违法性本质，曾有主观违法性论与客观违法性论之争。对于主观违法性论来说，承认目的等主观违法要素乃是理所当然的。但是也许是在主观违法性论看来，目的与其他主观要素原本就是主观违法要素，而没有必要特别研究。所以，持主观违法性论的学者没有提出目的犯的概念。而第一次提出目的犯概念的是持客观违法论的麦兹格。

关于违法性的本质问题，到麦兹格为止的刑法学理论都坚持主观的违法性说。而麦兹格认为，法中既存在作为“评价规范”的一面，也存在作为“决定规范”的一面。违反前者是违法性的问题；违反后者是责任的问题。因为评价规范是对一定事态同法理念在客观上是否一致的评价，所以不考虑行为者的能力便可判断出来；决定规范是对行为者作出的，其判断是必须考虑包括行为者个人能力在内的个别事情之后才可判断出来。基于此，麦兹格便建立了其客观违法性的概念。其认为违法性的实质是侵害法益，这原则上是在行为者的客观方面进行判断，但是作为例外，行为者的心理状态也具有侵害法益的意思，这便是主观的违法要素。[①] 正如小野清一郎所说的，麦兹格之所以承认构成要件中的规范要素和主观要素，并不是从实质违法性论出发的，而是十分明确地来源于对刑罚法规本身的分析。[②]

小野清一郎认为，违法性的实质是违反国家法秩序的精神、目

① 参见马克昌主编：《近代西方刑法学说史略》，中国检察出版社 1996 年版，第 238 ~ 239 页。

② ［日］小野清一郎著：《犯罪构成要件理论》，王泰译，中国人民公安大学出版社 2004 年版，第 26 页。

的，是对这种精神、目的具体的规范性要求的背反，采取的是规范违反说。[①] 小野的规范违反说与麦兹格的法益侵害说一样都是属于客观违法性说。小野曾经说："关于违法性这个问题，我也属于客观违法论者。某一行为是否违法，原则上要由其客观外部方面来决定，所以关于主观违法要素的存在，我大体上持怀疑态度。然而，否定主观违法要素，并不等于直接地否定了主观构成要件要素或主观违法类型要素。对于主观的构成要件要素，我是肯定的。""我想，具有主观要素的三种构成要件中，所谓表现犯的主观要素是属于违法性方面的；但是倾向犯及目的犯的主观要素就不是违法要素，而往往属于道义责任。"[②]

团藤重光、大塚仁在违法性上持行为无价值二元论，认为目的犯中的目的是主观的超过要素。

中山研一、内藤谦、前田雅英以及平野龙一、山口厚都主张结果无价值一元论。中山研一、内藤谦、前田雅英基于结果无价值一元论认为违法性判断的对象应该只是行为的客观方面，而不包括行为人的主观方面。因此，他们坚持的是绝对的结果无价值一元论。如前田认为，在"评价行为的违法性时，不应考虑行为的主观能力及意思内容，而应从客观上考虑行为是否违反法律……所谓判断对象的客观性，是指将外部的事项作为违反性判断的对象，而不考虑行为人的主观能力与主观意思内容"。[③] 所以，中山研一、内藤谦、前田雅英都不认为目的犯中的目的是主观的违法要素，而仅是责任要素。但是，中山研一、内藤谦甚至否认目的犯的目的是主观的构成要件要素，而前田则承认目的犯的目的是主观的构成要件要素。

---

① 张明楷著：《外国刑法纲要》，清华大学出版社 2007 年版，第 142 页。

② ［日］小野清一郎著：《犯罪构成要件理论》，王泰译，中国人民公安大学出版社 2004 年版，第 59、67 页。

③ 李海东主编：《日本刑事法学者》（下），法律出版社、日本成文堂联合出版 1999 年版，第 332 页。

平野龙一、山口厚坚持的是相对的结果无价值一元论，认为原则上违法性判断的对象是行为人的客观方面，但是例外地，短缩的二行为犯中的目的、未遂犯中的故意是主观的违法构成要素。

从上述的分析可以推出一个结论：在早期时候，不管是麦兹格的法益侵害说，还是小野的规范违反说，都属于客观违法性说，其主要是针对主观违法性说而言的。在这个时候，是否承认目的犯的目的是主观违法要素同法益侵害说、规范违法说似乎不存在对应关系。例如，麦兹格虽坚持法益侵害说，但承认目的、倾向、心理过程都是主观的违法要素；而小野坚持规范违反说，却原则上否认目的是主观违法要素；泷川幸辰坚持法益侵害说，也否认目的是主观违法要素。但是后来，当客观违法性说占据了统治地位，尤其是在客观违法性说内部出现了行为无价值论与结果无价值论的对立以后，行为无价值论往往承认目的犯的目的是主观违法要素（如团藤重光、大塚仁），而结果无价值论往往否认目的犯的目的是主观违法要素（如中山研一、内藤谦、平野龙一、山口厚、前田雅英、曾根威彦）。

3. 本书的立场

在构成要件理论上是采取行为类型说，还是违法类型说或者违法有责类型说，在其他方面也许会有很大的意义，但是对于目的犯的研究并没有多大的区别意义。本书倾向于赞同违法有责类型说。

但是在违法性上，是采取法益侵害说（结果无价值论）还是规范违反说（行为无价值论）对目的犯的研究会有较大的影响。本书采取法益侵害说（结果无价值论），反对规范违反说（行为无价值论）。但是，本书并不赞同绝对的结果无价值一元论，而是赞同平野龙一的相对结果无价值一元论。认为目的犯应该分为“将结果作为目的的犯罪”（断绝的结果犯）与“将后行为作为目的的犯罪”（短缩的二行为犯）。这两种目的犯的构造是不一样的：前者，目的不是主观违法要素；后者，目的是主观超过要素，是违法要素。这一立场贯穿本书的各个章节。

二、我国刑法学目的犯理论的发展

(一) 第一阶段 (旧刑法时期): 目的犯理论的萌芽

“我国刑法学界十多年来，虽然对犯罪目的和犯罪动机有一定深度的研究，并取得了一些进展，但是，还主要侧重于对犯罪目的和犯罪动机的概念，以及二者的关系等方面，而对目的犯本身的一些理论问题，如目的犯的概念、特征，目的犯的对象、条件，目的犯的立法价值等尚缺乏系统研究。”①

“从研究的方向和范围来说，大都集中在犯罪目的的定义的表述、犯罪目的与犯罪动机的相互关系、犯罪目的存在范围等方面。对犯罪目的与犯罪故意的关系，犯罪目的与犯罪构成的关系，以及犯罪目的存在的理论价值与实践价值等深层次的问题却鲜有人问津……到1989年，我国学者才终于在将犯罪目的区分为一般犯罪目的与特定犯罪目的的基础上，第一次在我国刑法学理论中明确地提出了目的犯的概念”。②

从文献资料来看，这时期的研究主要集中在以下两个问题：

1. 犯罪目的的概念

该问题的研究文献有《略论犯罪目的》(金凯，载《法学杂志》1982年第1期)、《犯罪目的的特征与认定》(杨万明，载《河北法学》1985年第5期)、《对犯罪目的概念的质疑》(余欣喜，载《甘肃政法学院学报》1986年第3期)、《关于“犯罪目的”概念的新表述》(黄庭生，载《湘潭大学社会科学学报》1991年第3期)、《犯罪目的概念的表述》(黄庭生，载《法学杂志》1991年第5期)。

---

① 段立文:《我国刑法目的犯立法探析》，载《法律科学》1995年第3期，第47页。

② 李希慧、王彦:《目的犯论纲》，载高铭暄、赵秉志主编:《刑法论丛》(第5卷)，法律出版社2002年版，第61~63页。

（1）通说认为犯罪目的是直接故意的意志因素。“犯罪目的是希望意志的核心，反映着直接故意的心理内容，是直接故意的当然组成部分……显然，犯罪目的的产生就意味着直接故意的形成，直接故意的性质是由犯罪目的的性质决定的……直接故意是以追求某种危害结果的目的为核心而产生的，犯罪目的可以说是直接故意的灵魂”。[①]“犯罪目的是直接故意犯罪的重要内容”。[②]“目的犯以直接故意犯罪的犯罪目的为内容，以法律明文规定为特征”。[③]

（2）只有极少数学者在认识到目的犯是一种特殊类型故意犯罪的基础上，提出目的犯的目的是与直接故意的意志因素不同的主观要素。其中有的学者认为目的犯的目的是与直接故意意志相区别的“特定犯罪目的”，有的认为其不是目的而是“动机”。[④]

2. 犯罪目的与犯罪动机的关系

该问题的研究文献有《犯罪的动机与目的》（萨尔基索夫，载《政法论坛》1981 年第 2 期）、《犯罪动机、目的、手段的区别和联系》（夏卫民，载《现代法学》1981 年第 3 期）、《试论犯罪动机与犯罪目的的联系》（刘作明、段立文，载《法律科学》1984 年第 1 期）、《论犯罪的目的与动机》（樊凤林，载《政法论坛》1986 年第 4、5 期）、《对犯罪动机与犯罪目的的再认识》（段立文，载《法律科学》1991 年第 1 期）、《论犯罪的目的和动机及其两者的关系》（陈兴良，载《法学杂志》1991 年第 4 期）、《论犯罪目的与犯罪动机的关系》（胡学相，载《法学论坛》1993 年第 3 期）。

---

① 高铭暄主编：《刑法学原理》（第二卷），中国人民大学出版社 1993 年版，第 121 页。

② 金凯：《略论犯罪目的》，载《法学杂志》1982 年第 1 期，第 14 页。

③ 段立文：《我国刑法目的犯立法探析》，载《法律科学》1995 年第 3 期，第 44 页。

④ 陈立：《略论我国刑法的目的犯》，载《法学杂志》1989 年第 4 期，第 18 页；刘明祥：《论目的犯》，载《河北法学》1994 年第 1 期，第 11 页。

通说认为，犯罪目的和犯罪动机的联系表现在，犯罪的目的和动机都是犯罪人的内部心理活动，都是犯罪人的大脑对客观世界的一种主观反映。然而，犯罪的目的和动机毕竟是两种不同的心理现象，两者的区别也是明显的，主要表现在以下四个方面：第一，从心理过程的发展来看，犯罪动机形成在先，而犯罪目的产生在后，犯罪动机是产生犯罪目的的原因。第二，从意识的水平来看，犯罪动机是一种比犯罪目的更内在、蕴藏得更深的一种心理现象。行为人对自己的犯罪目的是一定能够意识到的，而对犯罪动机则未必是一定能够意识到的。第三，从心理现象的内容看，犯罪动机与犯罪目的既可以是一致的，也可以是不一致的。第四，同一个犯罪动机可以体现在不同犯罪目的中，而同一个犯罪目的也可以反映出不同的犯罪动机。① 这种观点确实揭示了犯罪目的与动机的一些关系，直到现在还很有影响。但是，纯粹从心理学角度来区分犯罪目的与动机，对刑法学目的犯的研究有多大意义？这应该值得我们去反思。因为刑法学毕竟与心理学不同：前者是一种规范科学；后者是一种事实科学。依照新康德主义，规范不能够直接来源于事实。例如，刑法学的“故意”与心理学的“故意”也并不相同：各个国家的心理学对故意认识都是相同的；但是各个国家的刑法学对故意的理解却存在很大的差异。

这时期尚缺乏对作为犯罪形态的目的犯的深入研究，以“目的犯”为名的文章只有三篇：《略论我国刑法的目的犯》（陈立，载《法学杂志》1989 年第 4 期）、《论目的犯》（刘明祥，载《河北法学》1994 年第 1 期）、《我国刑法目的犯立法探析》（段立文，载《法律科学》1995 年第 3 期）。

---

① 陈兴良：《论犯罪的目的和动机及其两者的关系》，载《法学杂志》1991 年第 4 期，第 8 页。相似的见解参见胡学相：《论犯罪目的与犯罪动机的关系》，载《法学论坛》1993 年第 3 期，第 21 ~ 22 页。

(二)第二阶段(新刑法时期):目的犯理论的发展

这一时期的目的犯理论得到了较为全面的发展,研究视野也开阔了很多,研究方法上开始重视与德日刑法学的比较研究。

1. 深化对犯罪目的的研究

与第一阶段研究犯罪目的是为了更好地理解直接故意不同,这一阶段一个明显的趋势是为了研究目的犯而研究犯罪目的。虽然仍然有人将犯罪目的仅仅作为直接故意的内容来看,但是一种有力的倾向是区别目的犯的目的与直接故意的意志因素。也就是将犯罪目的分为两类:一是直接故意的意志因素,即行为人对自己的行为直接造成危害结果的追求(第一种意义上的目的);二是在故意犯罪中,行为人通过实现行为的直接危害结果后,所进一步追求的某种非法利益或结果(第二种意义的目的)。目的犯就是以第二种意义的目的作为构成要件要素的犯罪。① 关于目的与故意的关系,本书后面将有详细论述。

2. 目的犯的类型研究

对目的犯的研究,一个重要的方法就是对目的犯进行分类研究。在旧刑法时代,对目的犯的分类,主要依据是目的犯的法律规定。例如,有的学者依据刑法分则中目的的种类,将目的犯分为三类:反革命型目的犯、贪利型目的犯、其他型目的犯。② 或者依据刑法分则有没有明确规定一定的目的,将目的犯分为法定的目的犯和非法定的目的犯两类。③

在新刑法时期,对目的犯的分类研究有了明显的深化。虽然也还存在依据法律规定的形式对目的犯进行分类的观点,如(1)有的学者把目的犯分为:明文规定式目的犯(刑法明文“以……为目

---

① 张明楷著:《刑法学》,法律出版社2003年版,第250页。

② 段立文:《我国刑法目的犯立法探析》,载《法律科学》1995年第3期,第44页。

③ 陈立:《略论我国刑法的目的犯》,载《法学杂志》1989年第4期,第18页。

的”，或者“意图……”的犯罪）、包含式规定目的犯（如盗窃罪）；[①] （2）有的学者把目的犯分为：明文规定的目的犯（“以……为目的”、“意图……”）、隐含的目的犯（“为……”）以及非法定目的犯；[②]（3）有的学者把目的犯分为：典型的法定目的犯（“以……为目的”）、非典型法定目的犯（“意图……”、“为……”）、非法定目的犯。[③] 但是，依据目的犯的实质内容对其进行分类的观点具有重要的理论价值。其中一个重要的倾向就是借鉴德日刑法学理论，将目的犯分为断绝的结果犯（直接目的犯）和非断绝的结果犯（间接目的犯）。[④] 笔者认为，可以将法定目的犯、非法定目的犯的分类与断绝的结果犯、短缩的二行为犯的分类结合起来，从而将目的犯分为非法定的断绝结果犯、法定的断绝结果犯、法定的短缩二行为犯、非法定的短缩二行为犯。这种分类的意义容后再述。

3. 非法定目的犯的研究

现在一般都承认非法定目的犯的存在，如盗窃罪、诈骗罪刑法并没有规定“非法占有目的”，伪造货币罪刑法并没有规定“行使目的”，但是司法实践中一般都认为这些犯罪的成立需要具有特定目的。那么，为什么以及怎样将这些犯罪解释为目的犯呢？多数学者在论述这些非法定目的犯时局限于就罪论罪，缺乏从犯罪构成整体的角度探讨非法定目的存在的合理性。只有少数学者将这种非法

① 参见邵维国等：《论我国刑法中的目的犯》，载《大连海事大学学报》（社会科学版）2004 年第 1 期，第 34 页。

② 参见陈兴良：《目的犯的法理探究》，载《法学研究》2004 年第 3 期，第 74 页。

③ 参见付立庆：《中国刑法中的典型的法定目的犯》，载《法学杂志》2006 年第 1 期，第 32 页。

④ 参见张明楷：《论短缩的二行为犯》，载《中国法学》2004 年第 3 期，第 147 页；陈兴良：《目的犯的法理探究》，载《法学研究》2004 年第 3 期，第 73 页。

定目的犯作为开放的构成要件，从而探讨其整体的解释方法。①

第二节　目的犯之概念

一、*目的犯概念之争*

关于目的犯的概念存在着一些争论，概括起来争议的焦点在于两个问题：

（一）目的犯之目的是否主观超过要素

如上文所言，在德日刑法学中，即使接受目的犯概念的学者，对于目的犯之目的是否主观的超过要素也存在着争议，概括起来主要有以下几种观点：

第一种观点认为，目的犯是以目的作为主观构成要素和违法要素的犯罪，即目的犯的目的是主观的违法要素，也是主观的构成要件要素，也就是说，目的是主观的超过要素。例如，麦兹格、大塚仁等持此观点。这种观点在日本是通说。

第二种观点认为，目的犯是以目的作为主观构成要件要素和责任要素的犯罪，即目的是主观的构成要件要素和责任要素，但不是违法要素。例如，小野清一郎、前田雅英、曾根威彦等持此观点。

第三种观点认为，目的犯之目的不是主观超过要素，甚至不是纯粹的主观要素。目的犯之目的的客观方面可以转化为行为的危险性，作为违法要素；其主观方面可以转化为对危险性的认识，作为责任要素。中山研一、内藤谦持此观点。

第四种观点认为，断绝的结果犯中的目的不是主观的超过要素，短缩的二行为犯中的目的是主观的超过要素。平野龙一、山口厚持此观点。

---

① 参见刘艳红：《论非法定目的犯的构成要件构造及其适用》，载《法律科学》2002 年第 5 期，第 47 页。

（二）目的犯是否以刑法的明文规定为充分必要条件

关于目的犯是否以刑法的明文规定为构成要件，存在以下几种不同看法：

第一种观点认为，目的犯仅指刑法特别规定了某种特殊目的的犯罪，如果刑法没有明文规定某种特殊目的，则不能够称为目的犯。按照这种看法，目的犯只限于法定目的犯，而不存在非法定目的犯。

如有的学者认为，“所谓目的犯乃指刑法之构成要件含有意图之犯罪而言，故如意图未见于犯罪构成要件之规定，自亦无目的犯存在。”① 目的犯“是指刑法规定以行为人主观上具有一定犯罪目的作为犯罪构成要件的犯罪。目的犯以直接故意犯罪的犯罪目的为内容，以法律明文规定为特征。凡是直接故意的犯罪都具有一定的犯罪目的，但是不是所有直接故意的犯罪都可称为目的犯，目的犯的目的必须由立法者在刑法条文中明确规定作为某种犯罪的必要要件，否则，不称其为目的犯”。② 还有学者认为，由于目的犯之目的“无法从直接故意中推论出来，即使用上系统复杂的刑法解释的武器，那也是于事无补。特定的犯罪目的必须有立法的明确规定，司法机关方可适用操作，否则将不称其为目的犯……目的犯必须有法律明确规定，没有法律明文规定的特定目的，不能称为目的犯……所谓目的犯，就是刑法中明文规定的以特定目的作为特殊构成要件的犯罪形态”。③

第二种观点认为，目的犯不限于法定目的犯，还包括非法定目的犯。

如有的学者认为，“我国刑法规定的某些故意犯罪必须具备特

---

① 蔡墩铭：《刑法总则论文选辑》，五南图书出版社公司 1984 年版，第 282 页。

② 段立文：《我国刑法目的犯立法探析》，载《法律科学》1995 年第 3 期，第 44 页。

③ 李希慧、王彦：《目的犯论纲》，载高铭暄、赵秉志主编：《刑法论丛》（第 5 卷），法律出版社 2002 年版，第 69 页。

定的犯罪目的才能够构成，我们不妨称之为目的犯。……通观刑法分则条文，下述两种情况都可划归为目的犯：一是刑法分则条文直接标明构成该犯罪必须具备某种特定的犯罪目的……二是刑法分则条文虽无标明构成该犯罪必须具备某种特定的犯罪目的，但从司法实践和刑法理论上看则必须具备某种特定的犯罪目的才能构成该犯罪，即所谓的'不成文的构成要件'"。[①] 有的学者认为，"目的犯又称意图犯，是指以行为人主观上具有某种特定目的（或意图）作为构成要件的犯罪。关于目的犯的概念，国内学者意见不一，大致有广义与狭义之分。狭义说认为，目的犯是指法律规定以行为人主观上具有一定的目的作为构成要件的犯罪。广义说则认为，目的犯并不以法律有规定为限，某些犯罪法律虽未明文规定要有某种特定目的才能构成，但从司法实践和刑法理论上看，无此目的即无此罪，像这样一类犯罪仍不失为目的犯。笔者赞成广义说"。[②]

第三种观点认为，刑法分则规定了特定目的者并不都是目的犯，其中有的可能不是目的犯；刑法分则没有规定特定目的者，有的也可能是目的犯。

如陈兴良教授认为，我国刑法分则中规定的目的可以分为两种情形：一是包含在直接故意中的目的，如合同诈骗罪中的非法占有目的；二是存在于直接故意之外的目的，如走私淫秽物品罪中的牟利或者传播目的。在以上两种情形中，"只有后一种情形才是刑法理论上所称的目的犯。在这个意义上，目的犯不能简单地称为刑法规定以一定目的作为犯罪构成要件的犯罪，而应像日本学者小野清一郎表述的那样，目的犯是指以具有超过客观要素的一定主观目的的行为为必要的犯罪"。而对于那些刑法分则没有明文规定特定目的的犯罪，"但可以通过限制解释将某些犯罪确认为目的犯，这就

---

① 陈立：《略论我国刑法的目的犯》，载《法学杂志》1989 年第 4 期，第 18 页。

② 刘明祥：《论目的犯》，载《河北法学》1994 年第 1 期，第 10 页。

是非法定的目的犯”。[①]

可见，陈兴良教授认为，是否能够称为目的犯与刑法分则是否规定了某种特殊目的并没有必然的联系；目的犯的成立关键在于是否需要某种作为主观超过要素的目的。陈兴良教授的这种观点的特色在于，将合同诈骗罪等包含了“非法占有目的”的犯罪不作为目的犯。如果将陈教授2006年的著作《刑法学的现代展开》与其2004年的论文《目的犯的法理探究》进行比较，可以发现，在2004年《目的犯的法理探究》一文中，他认为直接目的犯（断绝的可结果犯）与间接目的犯（短缩的二行为犯）两种情形都属于目的犯；可是在2006年出版的《刑法学的现代展开》一书中，陈教授认为“只有后一种情形才是刑法理论上所称的目的犯”，也就是说，只有间接目的犯（短缩的二行为犯）才是目的犯。

笔者认为，陈兴良教授的这种观点包含了一些正确的因素，那就是将“非法占有目的”理解为故意的一部分，而不是主观的超过要素。但是，由此推出一个极端的观点——包含非法占有目的的犯罪不是目的犯，却存在着很大的理论风险：第一，日本学者大塚仁也认为，侵占罪中的“不法取得的意思”不是主观的超过要素。但是大塚仁并没有就此认为侵占罪不是目的犯，而是认为“目的犯的目的通常会超出构成要件客观要素的范围。称其为超过的内心倾向。在这一点上，要把目的与故意区别开来，故意需要以符合构成要件的客观事实作为行为人表象的对象。只是目的犯的目的中也并非没有处在构成要件客观要素的范围之内的。例如，通说、判例认为作为横领罪要件的‘不法领得的意思’，就是以与横领行为共同的范围为对象，只不过是对其进行规整并且赋予其意义”。而且

① 陈兴良、周光权著：《刑法学的现代展开》，中国人民大学出版社2006年版，第193、197页。

大塚仁教授赞同将目的犯分为直接目的犯与间接目的犯。① 第二，小野清一郎也并不是像陈兴良教授所说的那样将目的犯表述为“以具有超过客观要素的一定主观目的的行为为必要的犯罪”，这种表述是麦兹格的观点，而为小野“暂且借用”。小野自己的观点并没有把目的犯的目的当做主观超过要素，而认为其是主观的构成要素和责任要素。② 第三，即使将“非法占有目的”理解为故意的内容，这种包含了特定目的的故意也与不包含特定目的的故意是有区别的，因而将包含“非法占有目的”的故意犯罪作为与一般故意犯罪相区别的目的犯来看待也是有意义的。

二、本书中目的犯的概念

通过上述的分析，笔者认为目的犯是指以行为人主观上具有某种特定目的作为构成要件的犯罪；该目的要么有助于明确犯罪故意的内容，使此犯罪故意能够很容易地区别于其他犯罪故意，要么能够对犯罪行为的法益侵害性产生影响。对此概念有几点需要注意：

（一）目的犯之目的既可以是法律有明文规定，也可以是法律没有明文规定；也就是说目的犯包括法定目的犯与非法定目的犯

目的犯最重要的特征是特定目的能够明确犯罪故意的内容，使此犯罪故意能够很容易地区别其他犯罪故意，或者能够对犯罪行为的法益侵害性产生影响，而不在于特定目的有无法律明文规定。

刑法分则明文规定了特定目的的犯罪有：

（1）第126条第（一）、（二）项规定，构成违规制造、销售枪支罪须以非法销售为目的。

（2）第152条规定，构成走私淫秽物品罪须以牟利或者传播

---

① ［日］大塚仁著：《刑法概说》（总论），冯军译，中国人民大学出版社2003年版，第124页。

② ［日］小野清一郎著：《犯罪构成要件理论》，王泰译，中国人民公安大学出版社2004年版，第62、67页。

为目的。

（3）第 175 条规定，构成高利转贷罪须以转贷牟利为目的。

（4）第 187 条规定，构成用账外客户资金非法拆借、发放贷款罪须以牟利为目的。

（5）第 192 条规定，构成集资诈骗罪须以非法占有为目的。

（6）第 193 条规定，构成贷款诈骗罪须以非法占有为目的。

（7）第 196 条第 2 款规定，恶意透支构成的信用卡诈骗罪须以非法占有为目的。

（8）第 217 条规定，构成侵犯著作权罪须以营利为目的。

（9）第 218 条规定，构成销售侵权复制品罪须以营利为目的。

（10）第 224 条规定，构成合同诈骗罪须以非法占有为目的。

（11）第 228 条规定，构成非法转让、倒卖土地使用权罪须以牟利为目的。

（12）第 239 条规定，构成绑架罪须以勒索财物为目的（绑架他人作为人质的除外）。

（13）第 240 条规定，构成拐卖妇女、儿童罪须以出卖为目的。

（14）第 265 条规定，盗接他人通信线路、复制他人电信码号或者明知是盗接、复制的电信设备、设施而使用构成盗窃罪须以牟利为目的。

（15）第 276 条规定，构成破坏生产经营罪须出于泄愤报复或者其他个人目的。

（16）第 303 条规定，构成赌博罪须以营利为目的。

（17）第 326 条规定，构成倒卖文物罪须以牟利为目的。

（18）第 345 条第 3 款规定，构成非法收购盗伐、滥伐的林木罪须以牟利为目的。

（19）第 363 条第 1 款规定，构成制作、复制、出版、贩卖、传播淫秽物品罪须以牟利为目的。

（20）第 243 条规定，构成诬告陷害罪要求意图使他人受到刑事追究。

(21) 第 305 条规定，构成伪证罪要求意图陷害他人或者隐匿罪证。

(22) 第 164 条规定，构成对公司、企业人员行贿罪要求是为谋取不正当利益。

(23) 第 191 条规定，构成洗钱罪要求是为掩饰、隐瞒其来源和性质。

(24) 第 238 条规定，为索取债务非法扣押、拘禁他人构成非法拘禁罪。

(25) 第 269 条规定的转化型抢劫罪要求是为窝藏赃物、抗拒抓捕或者毁灭罪证。

(26) 第 319 条规定，构成骗取出境证件罪要求为组织他人偷越国（边）境使用。

(27) 第 389 条规定，构成行贿罪要求为谋取不正当利益。

(28) 第 391 条规定，构成对单位行贿罪要求为谋取不正当利益。

(29) 第 393 条规定，构成单位行贿罪要求为谋取不正当利益。

刑法分则虽然没有明文规定特定目的，但是应该作为目的犯罪的有：

(1) 第 170 条的伪造货币罪要求行使目的。

(2) 第 173 条的变造货币罪要求行使目的。

(3) 第 177 条的伪造、变造金融票证罪要求行使目的。

(4) 第 178 条的伪造、变造国家有价证券罪以及伪造、变造股票、公司、企业债券罪要求行使目的。

(5) 第 194 ~198 条的票据诈骗罪、金融凭证诈骗罪、信用证诈骗罪、信用卡诈骗罪、有价证券诈骗罪、保险诈骗罪要求有非法占有目的。

(6) 第 205 条的虚开增值税专用发票、用于骗取出口退税、抵扣税款发票罪要求有骗税目的。

（7）第206条的伪造、出售伪造的增值税专用发票罪要求有行使目的。

（8）第263～271条的抢劫罪、盗窃罪、诈骗罪、抢夺罪、聚众哄抢罪、侵占罪、职务侵占罪都要求有非法占有目的。

在以上犯罪中，“非法占有目的”是直接目的（即断绝的结果犯的目的），有助于明确犯罪故意的内容，以使该犯罪故意区别于其他犯罪故意；“行使目的”、“骗税目的”是间接目的（即短缩的二行为犯的目的），对行为的违法性具有影响。

（二）并非只要刑法分则有“目的”、“意图”、“为了……”等规定，就都是目的犯

一般来说，凡是刑法分则中特别规定了“目的”、“意图”、“为了……”的，都表示该主观要件对于犯罪的成立具有特殊的意义。因而，一般应当作为目的犯理解。但是，有时候刑法分则的这些规定并没有给犯罪成立要件增加特别的意义，那么就不能够作为目的犯来处理。这一点就像刑法分则对于“明知”的规定一样：一般来说，刑法分则规定了“明知”的都是故意犯罪；但是在极少数情况下，刑法分则虽然规定了“明知”，却是过失犯罪。例如，刑法第171条规定“明知是伪造的货币而运输”，表明了运输伪造的货币罪是故意犯罪；刑法第312条规定“明知是犯罪所得的赃物而予以窝藏、转移、收购或者代为销售的”，表明了窝藏赃物罪是故意犯罪。但是刑法第138条规定的明知却不宜理解为犯罪故意。第138条规定：“明知校舍或者教育教学设施有危险，而不采取措施或者不及时报告，致使发生重大伤亡事故的”构成教育设施重大安全事故罪。一般认为该罪是过失犯罪。

有时候刑法虽然以某种形式规定了某种主观目的，但是当该目的对犯罪的认定没有任何意义时，就不是目的犯。这种情况主要包括以下几种犯罪：

（1）第175条高利转贷罪。本罪主观方面要求“以转贷牟利

为目的”，客观行为是“套取金融机构信贷资金高利转贷他人”。根据客观行为，该罪的故意就是“认识自己是在套取金融机构的信贷资金，认识自己是在把套取的资金高利转贷他人，并希望自己能够套取到信贷资金，希望自己能够将套取的资金高利转贷他人”。“以转贷牟利为目的”完全包含在“希望自己能够将套取的资金高利转贷他人”之中，该目的对故意的认定没有产生任何特别影响，对行为的违法性也没有影响。所以，“以转贷牟利为目的”完全是个注意规定，没有特别的含义，即使刑法没有规定，也不会影响犯罪的认定。所以没有必要把本罪作为目的犯。

（2）第 218 条销售侵权复制品罪。本罪主观方面要求“以营利为目的”，客观行为是“销售侵权复制品”。客观行为规制故意的内容，根据“销售”行为本身，就可以判断行为人故意的意志因素中包含营利目的。“以营利为目的”是注意规定，对犯罪故意的认定没有任何影响，对本罪的违法性也没有任何影响。

（3）第 228 条非法转让、倒卖土地使用权罪。本罪主观方面要求“以牟利为目的”，客观行为是“倒卖土地使用权”。倒卖行为规制了牟利目的，牟利目的对本罪的故意和违法性都没有影响。

（4）第 326 条倒卖文物罪。该罪主观方面要求“以牟利为目的”，客观行为是“倒卖国家禁止经营的文物”。本罪的结构与倒卖土地使用权罪一样，不是目的犯。

（5）第 363 条制作、复制、出版、贩卖、传播淫秽物品牟利罪。刑法规定要求“以牟利为目的”，该目的对于制作、复制、出版、传播淫秽物品牟利罪的故意或行为的违法性有意义，可以视为目的犯；但是对于贩卖淫秽物品牟利罪来说没有意义。贩卖淫秽物品牟利罪不应作为目的犯。

（6）第 276 条破坏生产经营罪。其主观方面为“泄愤报复或者其他个人目的”，对于破坏生产经营罪的犯罪故意或违法性来说也没有特别意义。任何一个破坏生产经营罪都是出于泄愤报复或者其他目的，所以该罪也很难说是目的犯。

(三) 目的犯的标准

目的犯都属于故意犯罪，但是在故意犯罪中哪些属于目的犯，哪些不是目的犯，却是一个值得研究的问题。也就是说，在故意犯罪中划分目的犯与非目的犯的标准是什么？对此，有以下几种看法：

第一，以法律是否有规定为标准。凡法律以某种方式规定了特定目的者，为目的犯；凡法律没有以任何方式规定特定目的者，不是目的犯。这种划分标准比较干脆，但是其科学性却值得怀疑。如前所述，我国刑法通说认为，目的犯包括法定目的犯和非法定目的犯。而且如上所述，笔者认为，有些犯罪即使刑法以某种形式规定了目的，也不属于目的犯。总之，“目的犯不能简单地称为刑法规定以一定目的作为犯罪构成要件的犯罪”。①

第二，以特定目的是否主观超过要素为标准。特定目的是故意之外的主观超过要素者，为目的犯；反之，不是目的犯。这是德日刑法的通说。我国台湾地区学者柯耀程认为，在一般的犯罪中，主观要件（故意）与客观行为是一致的，即主观要件的要求等于客观要件的规定。但是在目的犯中，主观要件的内容较客观要件所规定者为多。在这类犯罪中，对于涵盖客观要件的主观要件，仍然叫做故意，但对于超出客观要件规定范围的主观要件，则称之为“意图”或“超过的内在倾向”。②

这种标准具有一定的科学性。其问题是，目的犯的范围取决于主观超过要素的范围，而主观超过要素范围本身就不明确。例如，陈兴良教授对于主观超过要素的认识前后就发生了变化。之前，他认为断绝的结果犯和短缩的二行为犯中的目的都是主观超过要素，后来则认为只有短缩的二行为犯的目的是主观超过要素，因此他认

① 陈兴良、周光权著：《刑法学的现代展开》，中国人民大学出版社 2006 年版，第 193 页。

② 柯耀程著：《变动中的刑法思想》，中国政法大学出版社 2003 年版，第 250 页。

为，目的犯仅限于短缩的二行为犯一种，而不包括断绝的结果犯。①

第三，笔者认为，判断某种犯罪是否目的犯既不是看刑法是否规定了某种目的，也不是看该目的是否主观超过要素；而是看特定目的是否有助于明确犯罪故意的内容，或者是否有助于明确行为的法益侵害性。我们之所以要把目的犯作为一种特殊形态的犯罪进行研究，无非是因为目的犯比一般故意犯罪多了一个特定目的要素，而该特定目的对于犯罪的认定具有重要意义。如果某种目的对于犯罪的认定不产生任何影响，即使刑法规定了某种目的，也没有必要作为目的犯；如果对行为之故意或法益侵害性的判断离不开特定目的，即使刑法没有规定特定目的也应该作为目的犯。

对此分述如下：

第一，断绝的结果犯的目的不是故意之外的主观超过要素，而是故意意志因素的一部分，其功能在于明确故意的内容；短缩的二行为犯的目的是故意之外的主观超过要素，其功能在于影响行为的违法性。

第二，目的犯包括断绝的结果犯和短缩的二行为犯，问题是在一般故意犯罪→断绝的结果犯→短缩的二行为犯这一序列中，如何划分一般故意犯罪和断绝的结果犯的范围？因为相对于短缩的二行为犯来说，断绝的结果犯和一般直接故意犯罪中的“犯罪目的”都不是主观超过要素，而是故意意志因素的内容。如果不能够清楚划分出一般直接故意犯罪和断绝的结果犯之间的界限，则要么误将一般的直接故意犯罪当做目的犯，要么误将断绝的结果犯从目的犯中排除。

笔者认为有以下几条标准：

（1）区分事实上的“行为结果”和规范上的“危害结果”：

---

① 参见陈兴良、周光权著：《刑法学的现代展开》，中国人民大学出版社 2006 年版，第 193 页。

在一般直接故意犯罪中,“行为结果”和“危害结果”重合;在断绝的结果犯中,“行为结果”和“危害结果”断裂。[①]

我国刑法第14条第1款规定:“明知自己的行为会发生危害社会的结果,并且希望或者放任这种结果发生,因而构成犯罪的,是故意犯罪。”据此,故意认识和意志的对象是“行为”和行为所发生的“危害社会的结果”。那么,如何判断“行为”和“危害结果”之间的关系呢?笔者认为,这里要区分“行为结果”和“危害结果”两种不同的结果。前者是事实判断;后者是价值判断。任何犯罪都同时具有这两种结果。[②]故意既要对“行为结果”有认识和意志,也要对“危害结果”有认识和意志。也就是说,故意包括四个要素:对行为结果的认识;对行为结果的意志;对危害结果的认识;对危害结果的意志。只不过在一般故意犯罪中,事实上的“行为结果”等于规范上的“危害结果”;对“行为结果”的认识和意志等于对“危害结果”的认识和意志。例如,在故意杀人罪中,行为人认识并容忍自己的行为将发生结束他人生命的结果,这种结果既是事实上的“行为结果”,又是规范上的“危害结果”。也就是说在一般故意犯罪中,故意的四个要素重合为两个要素。

但是,在断绝的结果犯场合,事实上的“行为结果”不等于规范上的“危害结果”;对“行为结果”的认识和意志不等于对“危害结果”的认识和意志。所谓断绝的结果犯,德文是Kupierte Erfolgsdelikte,王世洲将其译为“截短的结果犯”,徐久生和杨萌译为“被抑制的结果犯”,大塚仁译为“断绝的结果犯”。德国学者耶赛克认为,在断绝的结果犯场合,“构成要件行为由追求超越

① 所谓的“断绝的结果犯”,其含义就是指行为结果和危害结果“断裂”。

② 罗克辛、平野龙一、山口厚等主张法益侵害说的学者认为,即使是行为犯也会发生结果,所有的犯罪都有结果。参见张明楷著:《外国刑法纲要》,清华大学出版社2007年版,第113页。

客观构成要件的外在结果来予以补充，该外在结果在行为发生之后，不要行为人再做什么就应当自动发生”。[①] 笔者理解这个概念包含了两层意思：其中后半句“该外在结果在行为发生之后，不要行为人再做什么就应当自动发生”，是相对于短缩的二行为犯而言的；前半句“构成要件行为由追求超越客观构成要件的外在结果来予以补充”，是相对于一般的故意犯罪而言的。也就是说，在断绝的结果犯场合，事实上的行为结果与规范上的危害结果不一致，“发生断裂”，因此仅有行为及其行为结果还不够，还要有危害结果来“补充”。

例如，在盗窃罪中，行为结果是将为他人控制的财物转移为自己控制，但是这种事实上的财产转移的结果并不具有规范意义。如果行为人只是出于借用的目的，一般不构成犯罪；如果行为人出于毁损的目的，可能构成故意毁坏财物罪；只有当行为人出于非法占为己有的目的时，才构成盗窃罪。因此，当行为人仅认识和意志到自己的行为将发生财产转移的结果时，还不能够说具有盗窃的故意；只有当行为人既对财产转移的结果有认识和意志，又对侵害他人财产所有权的结果有认识和意志时，即对事实上的行为结果和规范上的危害结果都有认识时，才成立盗窃罪的故意。在这里，“非法占有目的”对于明确盗窃罪的故意至关重要。

（2）能否由语意论据（semantiche Argumente）从构成要件行为中推导出犯罪故意的内容。所谓语意论据，乃是以法规范构成要件所使用之法律概念在日常或专业语言中所具有的意义作为理由的一种论证方式。[②] 如果基于语意论据，能够从构成要件行为中推导出犯罪故意的内容，则是一般故意犯罪；如果基于语意论据，从构

① ［德］耶赛克、魏根特著：《德国刑法教科书》，徐久生译，中国法制出版社2001年版，第384页。

② 王鹏翔：《目的性限缩之论证结构》，载王文杰主编：《法学方法论》，清华大学出版社2004年版，第19页。

成要件行为中推出的犯罪故意内容不明确，还需要借助于特定目的才能够明确犯罪故意的内容，则是目的犯。

如前所述，在高利转贷罪（刑法第 175 条）中，刑法规定本罪的客观行为是“套取金融机构信贷资金高利转贷他人，违法所得数额较大”。根据语意论据，从“套取金融机构信贷资金高利转贷他人，违法所得数额较大”的客观行为就完全可以推出本罪的故意：认识到自己是在套取金融机构的信贷资金，认识到自己是在把套取的资金高利转贷他人，认识到自己的行为会产生数额较大的违法所得；并希望自己能够套取到信贷资金，希望自己能够将套取的资金高利转贷他人，希望违法所得数额较大。“以转贷牟利为目的”对于本罪故意的认定不产生任何特别影响，既然如此，有什么必要把它归属于目的犯呢？

同样道理，销售侵权复制品罪（刑法第 218 条），非法转让、倒卖土地使用权罪（刑法第 228 条），倒卖文物罪（刑法第 326 条）等，都可以根据语意论据从客观行为推出犯罪故意的内容。例如，有的学者认为，“倒卖本来的含义是借价格上涨之机买入又卖出以牟取暴利的行为，倒卖行为应当由‘倒’和‘卖’两个行为组成，体现了非法牟利的目的和买入与卖出两个环节的一致性和连贯性”。[①] 刑法虽然对这些犯罪都另规定了某种目的，但是该目的对该罪的认定没有任何特别影响，只是注意规定。所以，这些犯罪不应该归入目的犯的范围。

但是，对于断绝的结果犯的故意的认定却离不开特定目的的补充。例如，在各种取得型财产罪中，其客观行为都是“取得”（如窃取、骗取、夺取）。根据语意论据，从“取得”行为推出行为人故意的内容是“认识和容忍通过各种方式将他人财产转归自己控制”，但是这种故意不一定就是犯罪故意。如果行为人不具有“非

① 邹清平：《非法转让、倒卖土地使用权罪探析》，载《法学评论》2007 年第 4 期，第 116 页。

法占有目的”，就不能认定行为人具有犯罪故意。从而“非法占有目的”具有补充犯罪故意的作用：本罪的故意是认识和容忍通过各种方式将他人财产转归自己控制，并认识和容忍自己的行为侵害他人的财产所有权。

同样道理，诬告陷害罪的客观行为是“捏造事实诬告陷害他人”，根据语意论据，从该行为并不能够推出行为人具有犯罪故意。如果行为人出于损害他人名誉的目的、使他人受行政处分的目的，都不具有犯罪故意，不构成本罪。只有当行为人“意图使他人受刑事追究”时，该目的才“补足”本罪犯罪故意所缺少的内容，从而才能够明确行为人具有犯本罪的故意，有助于本罪的认定。

（四）目的犯可以分为断绝的结果犯（直接目的犯）和短缩的二行为犯（间接目的犯）

这里有以下几种情况：

（1）属于断绝的结果犯的有：第 191 条的洗钱罪（为掩饰、隐瞒其来源和性质）；第 192～198 条的各种金融诈骗罪（以非法占有为目的）；第 224 条的合同诈骗罪（以非法占有为目的）；第 267～271 条的各种财产罪（以非法占有为目的）；第 243 条的诬告陷害罪（意图使他人受刑事追究）；第 305 条的伪证罪（意图陷害他人或隐匿罪证）。

（2）属于短缩的二行为犯的有：刑法第 126 条的违规制造枪支罪（以非法销售为目的）；第 152 条的走私淫秽物品罪（以牟利或传播为目的）；第 217 条的侵犯著作权罪（以营利为目的）；第 239 条的绑架罪（以勒索财物为目的）；第 269 条的转化型抢劫罪（为窝藏赃物、抗拒抓捕或者毁灭罪证）；第 345 条的非法收购盗伐、滥伐的林木罪（以牟利为目的）；[①] 第 164 条、第 389 条、第

---

① 但是《刑法修正案（四）》已取消了“以牟利为目的”要件，因此本罪是否目的犯还值得研究。

391 条、第 393 条的行贿犯罪（为谋取不正当利益）；第 238 条的非法拘禁罪；第 319 条的骗取出境证件罪（为组织他人偷越国（边）境使用）；第 170 条的伪造货币罪，第 173 条的变造货币罪，第 177 条的伪造、变造金融票证罪，第 178 条的伪造、变造国家有价证券罪，伪造、变造股票、公司、企业债券罪（以行使为目的）；第 363 条的制造、复制、出版、贩卖、传播淫秽物品牟利罪（以牟利为目的）。

（3）有的犯罪既可能是断绝的结果犯，也可能是短缩的二行为犯。例如，刑法第 303 条规定的赌博罪。本罪的主观要素“以营利为目的”相对于此行为而言，属于断绝的结果犯；相对于彼行为而言，成为短缩的二行为犯。相对于“以赌博为业”的行为，如果行为人不是以营利为目的，而是以娱乐为目的，即使天天进行赌博，也不能构成赌博罪。这时，“营利目的”对于认定行为人是否有赌博罪的犯罪故意具有重要意义。所以“以赌博为业”的行为属于断绝的结果犯。而“聚众赌博”时的以营利为目的，是指以服务费、手续费等名义，从赌博者处获取不法财产利益的意思，但又不需要行为人实际上取得了利益。因此，聚众赌博的行为属于短缩的二行为犯。

（4）还有的犯罪既可能不是目的犯，也可能是目的犯。例如，刑法第 240 条规定的拐卖妇女、儿童罪包括“拐骗、绑架、收买、贩卖、接送、中转”六种行为方式，每一种行为都是“以出卖为目的”。“出卖目的”对于“贩卖”行为来说，并没有赋予特别的意义，因此不是目的犯，而是一般的故意犯罪；但是“出卖目的”对于其他行为则构成短缩的二行为犯。类似结构的犯罪还有刑法第 363 条规定的制作、复制、出版、贩卖、传播淫秽物品牟利罪，“牟利目的”对于制作、复制、出版、传播淫秽物品牟利罪是必要的，因此它们是短缩的二行为犯，但是“牟利目的”对于贩卖淫秽物品牟利罪是注意的规定，因此它不是目的犯。

（五）目的犯的存在范围，即目的犯是否存在于间接故意犯

罪中

关于这个问题，我国刑法通说认为目的犯只存在于直接故意犯罪之中；在间接故意犯罪中不存在目的犯。但是也有学者认为，目的犯（不论是短缩的二行为犯，还是断绝的结果犯）既可以是直接的故意犯罪，也可以是间接的故意犯罪。[①] 这个问题的分歧实际上是由对于目的属性的不同理解造成的。认为目的犯只存在于直接故意犯罪的观点，实际上认为目的是故意的意志因素；认为目的犯存在于所有故意犯罪的观点，实际上是将目的理解为故意之外的主观超过要素。按照本书的立场，在断绝的结果犯中，目的是故意的要素；在短缩的二行为犯中，目的是故意之外的主观超过要素。所以，断绝的结果犯只存在于直接故意犯罪中；短缩的二行为犯既可以存在于直接的故意犯罪中，也可以存在于间接的故意犯罪中。

---

① 参见张明楷：《论短缩的二行为犯》，载《中国法学》2004 年第 3 期，第 150 ~ 151 页。

第二章

目的犯之目的要素

第一节 目的犯目的之属性（目的与故意的关系）

此处所谓目的犯目的之属性，是指目的与故意的关系，即目的是故意的内容，还是独立于故意之外的要素。关于目的与故意的关系，德日以及我国刑法学始终笼罩着一层迷雾，这使得目的犯目的之属性既隐约可见，又不甚清晰。但是目的与故意的关系是目的犯理论的基础：它关系到目的犯目的之分类、目的犯目的之功能、目的犯之解释方法等诸多问题。可以说，我国刑法学对于目的犯的研究就是始于对目的与故意关系的思考。因此，研究目的犯首先应当明确目的与故意的关系。

一、*德日刑法学目的犯目的之属性*

（一）德国刑法学目的犯目的之属性

1. 目的与故意等视说

在刑法体系化的初级阶段，有学者认为故意与目的这两个主观要件是相等的概念。故意 = 目的，是指行为人预见犯罪结果确定或者可能发生，并且有意或者具有目的性地促使其发生，如费尔巴哈认为，“故意者系将渴望违法性的意识作为法律侵害目的的意思”。而对此见解最深入的描述者应推李普曼（Liepmann），他认为故意是指所有蓄意加以实施或作为达到目的的手段之行为的所有作用，即“有意之行为”。将目的与故意的概念在内容和本质上等同视之最具有影响力者，应推目的论者。正如本书第一章第一节所说，Welzel 并不区分故意和目的，认为所有的故意行为都是目的行为。①

2. 目的与故意具有程度差异说

现在德国通说认为目的与故意具有程度上的差异。在此，首先要区别广义的故意与狭义的故意。广义的故意是相对于过失而言的，它包括目的在内；狭义的故意是相对于目的而言的，它仅指直接故意和间接故意，不包括目的。

例如，现行奥地利刑法第 5 条对广义故意进行了定义，包括直接故意、间接故意、意图、明知四种，该条规定：“意欲实现法定构成犯罪之事实者，为故意行为；行为人对于法定构成犯罪之事实，真的认为有实现之可能并接受其实现者，亦同。

法律规定以意图行为为构成要件之事实或结果，行为人执意实现之者，为意图行为。

法律规定以明知为要件之事实或结果，行为人不仅认识其有可能实现且确信其必然存在或发生者，为明知行为。”

根据这条规定，意图是独立于直接故意、间接故意、明知之外的主观要素，并且意图犯仅限于刑法分则有明文规定的情况。

德国刑法也曾试图给犯罪故意下一个定义，1962 年德国刑法修正草案规定，间接故意是指“认为（法定构成要件）有实现之可能并接受之”；直接故意是“明知或确实预见法定明知行为的构成要件事实存在或将发生者，为明知而行为”；意图是“蓄意实现法律所定意图行为所涵盖之情状者”。但是，由于刑法修正委员会的成员对于间接故意中意欲要素的用词发生分歧，致使该修正案未

① 参见柯耀程著：《变动中的刑法思想》，中国政法大学出版社 2003 年版，第 246 页。

获通过。[①] 因此，现在德国刑法典并没有规定故意的含义。

但是，德国刑法修正草案对刑法学的影响是巨大的，现在通说把广义的故意分为三种：犯罪目的（无条件故意第一级）、直接故意（无条件故意第二级）、间接故意（有条件故意）。犯罪目的侧重于行为人的追求；直接故意所包含的一切结果，虽然不是行为人所追求的，但却是他已经预见到一定会发生的；间接故意的行为，是指一个行为虽然不是行为人所追求的，并且行为人并未预见到这个结果肯定会发生，而是仅仅预见它可能发生，但是，仍然在自己的意识中接受它的出现。[②]

罗克辛教授在其《德国刑法学总论》（第1卷）一书中有两处详细论述了目的犯理论。第一处是将目的犯的目的作为主观构成要件要素（罗克辛将其叫做“主观行为构成的特征”）。作为具有主观构成要件要素的犯罪的体系化，罗克辛接受麦兹格的分类，分为目的犯、倾向犯、表现犯。第二处是在论述“故意的表现形式”时，罗克辛认为故意的表现形式有三种：犯罪目的、直接故意、间接故意。在“犯罪目的”类下，罗克辛论述的是目的犯。[③] 可见，目的与故意（直接故意和间接故意）是有程度差异的。其差异如下：[④]

---

① 参见许玉秀著：《当代刑法思潮》，中国民主法制出版社2005年版，第210～211页。

② 参见［德］克劳斯·罗克辛著：《德国刑法学总论》（第1卷），王世洲译，法律出版社2005年版，第285页；［德］耶赛克、魏根特著：《德国刑法教科书》，徐久生译，中国政法大学出版社2001年版，第358页。

③ 参见［德］克劳斯·罗克辛著：《德国刑法学总论》（第1卷），王世洲译，法律出版社2005年版，第204～208、285～290页。

④ 柯耀程著：《变动中的刑法思想》，中国政法大学出版社2003年版，第249页。

主观要件	认识要素	意欲要素
犯罪目的 (Absicht)	对于区分定义无意义	努力促使结果发生
直接故意 (dolusdirecyus)	对结果的发生具有确信 确信结果与他目的相结合	对区分定义无意义
间接故意 (doluseventualis)	对结果的发生认为可能	有争议

对于德国刑法学中目的与故意的关系，我国学界尚缺乏深入的研究，而且存在误解。例如，有的学者认为，“在德国理论中，犯罪目的这个概念在两种意义上被使用：其一，犯罪目的是指故意的第一种类型；其二，是指在具有过剩的内在倾向性的犯罪中的犯罪目的。前者的含义是指‘行为人所追求的’结果，在刑法条文中被明确地用‘目的’加以规定，或者使用其他意义相同的词作出规定（其实，这种犯罪目的就是这类故意中的意志要素）。虽然这种犯罪目的属于故意类型的一种，但在故意理论中通常不谈‘犯罪目的’，而是把犯罪目的这个概念留给具有过剩的内在倾向性的那些犯罪。后者是特指目的犯中的目的，即‘超越客观的行为构成而指向一种更广泛的结果’的主观意图，即意志因素之外的主观构成要素。可见，在大陆法系刑法理论中，目的犯之目的仅指意志因素之外的主观心理倾向。”①

这种结论值得商榷，依据值得推敲。论者的结论是，德国刑法学中的犯罪目的有两种情况：一种是无条件故意第一级，这种犯罪目的实际上是故意的意志要素，而不是目的犯的目的；另一种是作为主观超过要素的犯罪目的，它才是目的犯的目的。其依据是德国刑法学者“在故意理论中通常不谈‘犯罪目的’，而是把犯罪目的这个概念留给具有过剩的内在倾向性的那些犯罪”。笔者认为，在

① 陈建清：《论我国刑法中的犯罪动机与犯罪目的》，载《法学评论》2007年第5期，第129页。

德国刑法学把故意分为三级的情况下，犯罪目的只有一种：作为无条件故意第一级的犯罪目的 = 主观超过要素的犯罪目的 = 目的犯的目的。

如前所述，作为无条件故意第一级的犯罪目的强调的是意志要素，是对结果的追求，而其认识因素则无关紧要；作为狭义故意的直接故意和间接故意强调的是认识因素，而其意志因素则无关紧要。因此，作为无条件故意第一级的犯罪目的由于不需要认识客观构成要件，所以是主观的超过要素；而狭义故意是对客观构成要件的认识。而且作为无条件故意第一级的犯罪目的可以与直接故意或间接故意同时存在。这样，目的犯之目的指的就是作为无条件故意第一级的犯罪目的。另外，也并不是如前述论者所说的，德国学者在故意理论中不谈“犯罪目的”。例如，德国学者罗克辛就是在“故意的基础和表现形式”一目下讨论犯罪目的，并且依据犯罪目的对目的犯进行分类。①

上述论者认为，德国刑法学中的犯罪目的包括直接故意的意志要素和作为主观超过要素的犯罪目的，明显是受到我国刑法学者思维的影响。② 这种观点也许适合分析我国刑法学和日本刑法学的犯罪目的，因为我国刑法学和日本刑法学的故意不区分为三级，但是并不符合德国刑法学目的犯理论。德日刑法学中的犯罪目的只有一种，并不存在两种意义上的犯罪目的。

（二）日本刑法学目的犯目的之属性

日本通说认为，故意是对犯罪事实，即符合构成要件的客观事实的表象和认容。③ 日本学者一般将故意分为：确定的故意与不确

① 参见［德］克劳斯·罗克辛：《德国刑法学总论》（第1卷），王世洲译，法律出版社2005年版，第285～290页。

② 参见张明楷著：《刑法学》，法律出版社2003年版，第250页。

③ ［日］大塚仁著：《犯罪论的基本问题》，冯军译，中国政法大学出版社1993年版，第191页；［日］野村稔著：《刑法总论》，全理其、何力译，法律出版社2001年版，第107页。

定的故意；侵害故意与危险故意；事前故意与事后故意；Weber 的概括故意，[①] 而不是像德国学者一样将故意分为三级。因此，日本刑法学关于目的与故意关系的学说与德国刑法学具有不同的思路。

日本刑法通说认为故意的意志要素只要是认容就可以了。所谓认容，是对结果的发生不介意，完全不关心的态度。所以，如果行为人对结果发生持希望或追求的态度，当然更加是故意了。也就是说，如果行为人认识犯罪事实并且追求犯罪事实的实现，也是故意。而所谓的追求或者希望就是一种犯罪目的。这样日本刑法学中的犯罪目的就包括两种情况，第一种是与对构成要件事实的认识相对应的犯罪目的，即故意的意志因素；第二种是不存在构成要件事实认识与之对应的犯罪目的，即作为主观超过要素的犯罪目的。

那么日本刑法学中的目的与故意的关系如何呢？结合本书第一章第一节的分析，可以把这一问题的争议概括为以下三种观点：

1. 犯罪目的一般肯定说

该说认为，“目的犯的目的通常超出构成要件客观要素的范围。称其为超过的内心倾向。在这一点上，要把目的与故意区别开来，故意需要以符合构成要件的客观事实作为行为人表象的对象”。[②] 也就是说，在“断绝的结果犯”与“短缩的二行为犯”这两类目的犯中，目的都是独立于故意之外的第二主观要素。这是前述主观违法要素肯定说的观点，对违法性持行为无价值二元论是日本现在的通说。

2. 犯罪目的一般否定说

该说认为，不论是断绝的结果犯还是短缩的二行为犯，目的犯的目的都可以客观化为行为的危险性，从而要求犯罪故意对这种行

---

① 参见马克昌著：《比较刑法原理——外国刑法总论》，武汉大学出版社 2002 年版，第 242 页。

② ［日］大塚仁著：《刑法概说》（总论），冯军译，中国政法大学出版社 2003 年版，第 124 页。

为的危险性有所认识。例如，中山研一认为，“断绝的结果犯”与“短缩的二行为犯”这两类目的犯的结构并没有差异。如同“断绝的结果犯”中的目的可以客观化一样（如诬告罪中的“使人受到处分的目的”可以客观化为受处分的危险性，诬告罪的故意包含对此危险的认识），“短缩的二行为犯”中的目的也可以客观化（如伪造罪中的“行使的目的”可以客观化为“行使的危险”，故意包含对行使的危险的认识）。具体来说，这种观点认为，目的犯之目的不纯粹是主观的东西，其客观方面可以转化为行为的危险性——归属于客观违法性要素；其主观方面可以转化为对危险性的认识——从而目的不是主观超过要素，而是故意的一部分。这是前述主观构成要件要素全面否定说的观点，对违法性持绝对的结果无价值论。

3. 犯罪目的原则否定说

该说着眼于“断绝的结果犯”与“短缩的二行为犯”这两类目的犯结构上的差异，认为前者，目的可以客观化为行为的危险性，从而目的不再是主观的违法要素，而具有将故意限定在确定的故意范围的功能。例如，诬告罪中的“虚伪申告”本身就限于具有招致客观处罚危险的行为，行为人对此危险具有认识并且申告时才予以处罚。也就是说，“使受到处分”这样的主观目的客观化为“受到处分的危险”，故意则是对危险具有认识，这样目的就不再是超过的内心倾向。但在后者，目的不能够客观化。例如，伪造罪中的“行使目的”的外延除了包括“对行使危险的认识”外，还有更广的含义。也就是说，“断绝的结果犯”中的目的不纯粹是主观的东西，其客观方面可以转化为行为的危险性——归属于客观违法性要素；其主观方面可以转化为对危险性的认识和追求——从而目的不是主观超过要素，而是故意的一部分；而“短缩的二行为犯”中的目的不能够客观化，是独立于故意之外的主观要素。这是前述主观构成要件要素部分否定说的观点，对违法性持相对结果无价值论。

二、我国刑法学目的犯目的之属性

关于目的犯目的之属性，也就是目的与故意的关系，我国刑法学一直存在着较大的争议，概括起来主要有以下几种观点：

1. 包含于直接故意说

该说认为，目的犯的目的是直接故意的内容。例如，有的学者明确指出“犯罪目的是希望意志的核心，反映着直接故意的心理内容，是直接故意的当然组成部分”；“直接故意的性质是由犯罪目的的性质决定的……犯罪目的可以说是直接故意的灵魂”；“刑法要求某些犯罪具有特定的目的，不仅意味着过失不能构成此种犯罪，而且表明该种犯罪由特殊的故意构成，也即不是普通的故意，而是以特定目的为内容的直接故意。缺少这种特定的故意，不能够构成该种犯罪。所以，‘目的型’的犯罪与其说是与过失相区别，毋宁说是与普通故意相区别”。并且指出旧刑法中存在三种目的，即“反革命目的”、“营利目的”、“其他个人目的”。[①] 也有学者从个罪角度论述目的与故意的关系，如有的学者认为，“非法占有目的是非法掌握或控制财物的意欲，是盗窃、诈骗等非法取得他人财物的取得罪主观方面故意所包含的内容”。[②] 这种包含于直接故意说在以前是多数学者的观点。

2. 独立要素说

该说认为，目的犯的目的是独立于故意之外的主观要素。例如，有的学者将犯罪目的分为两种：一是直接故意的意志因素，它是直接故意的内容；二是行为人通过实现行为的直接危害结果后进一步追求的某种非法利益或结果，它不是直接故意的内容，是比第

---

① 高铭暄主编：《刑法学原理（第二卷）》，中国人民大学出版社 1993 年版，第 121～123 页。

② 刘明祥：《刑法中的非法占有目的》，载《法学研究》2000 年第 2 期，第 44 页。

一种目的更为深刻的目的。所谓目的犯的目的，是指第二种目的。[①] 独立要素说的理由概括起来有三条：（1）陈兴良教授从主客观统一原则论述了其理由：目的犯之目的（目的Ⅱ）是故意之外的主观要素，它与故意之内的目的（目的Ⅰ）是有所不同的，对此应当加以区分。目的Ⅰ包含在直接故意之中，与客观行为存在对应的关系；目的Ⅱ与客观行为则不存在对应关系，若要实现这一目的尚需进一步实施一定的行为。如果把本罪的构成要件行为称为行为Ⅰ，那么实现目的犯之行为就是行为Ⅱ。目的Ⅰ与行为Ⅰ相对应；目的Ⅱ与行为Ⅱ相对应。因此目的犯之目的是一种超过的主观要件。[②]（2）刘明祥教授从犯罪故意的概念论述了其理由：犯罪故意是明知自己的行为会发生危害社会的结果，并且希望或者放任这种结果发生的一种心理态度；而目的犯的目的的内容，“有的与危害结果无关，有的则要通过犯罪行为之外的其他行为来实现，不是犯罪故意所能完全包括的”。把目的犯的目的视为犯罪故意的内容的观点，实际上是错误地把目的犯的目的等同于直接故意的犯罪目的。[③]（3）姜先良法官则从犯罪的危害结果与行为结果的区别来论述其理由：对于占有型目的犯来说，故意的内容是危害结果，目的的内容是行为结果。虽然行为结果与危害结果都指向犯罪客体，但两者是独立的。使行为犯罪化的理由是危害结果，而不是行为结果，这样法律评价的危害结果与行为人所追求的行为结果之间就会“出现断裂”，所以占有型目的犯被称为“断绝的结果犯”。[④]

独立要素说的三条理由，其内容实际上是一样的，只不过侧重点不同而已。第一条理由侧重于主客观两方面的统一；第二条理由

① 参见张明楷著：《刑法学》，法律出版社2003年版，第250页。

② 参见陈兴良：《目的犯的法理探究》，载《法学研究》2004年第3期，第77页。

③ 刘明祥：《论目的犯》，载《河北法学》1994年1期，第12页。

④ 参见姜先良：《论刑法中的非法占有目的》，载陈兴良主编：《刑事法评论》（第13卷），中国政法大学出版社2003年版，第536～537页。

仅侧重于主观方面；第三条理由仅侧重于客观方面。独立要素说是现在多数人的观点。

3. 包含直接故意说

该说认为，目的犯的目的包含了直接故意的意志因素，即目的犯的目的由直接故意目的和特定犯罪目的两个层次构成，其中直接故意目的是浅层次的目的，特定犯罪目的是深层次的目的。①

笔者认为以上三种观点虽然有一定的合理性，但是都存在片面性的缺点。

包含于直接故意说正确地认识到目的犯的故意是一种特殊的故意，而不是一种普通的故意。但不足之处是没有对这种特殊故意的内容展开论述，也没有对犯罪目的进行分类，有将目的犯中的特殊目的与直接故意中的意志因素相混淆的嫌疑，更没有对目的犯进行分类。

独立要素说正确地认识到目的犯中存在两种不同的目的，将它们区分开来具有重要意义。其不足之处在于没有重视断绝的结果犯与短缩的二行为犯这两种不同目的犯的结构差异，而认为这两种目的犯中的目的都是独立于故意之外的主观超过要素。

包含直接故意说认为目的犯的目的包含了直接故意的意志因素。这种观点与前述包含于直接故意说有一个共同的信念：目的犯只存在于直接故意犯罪中，间接故意犯罪不存在目的犯的情况。但是，目的犯中的短缩的二行为犯并非只是存在于直接故意犯罪中，也完全可以存在于间接故意犯罪中。②

上述观点的共同缺点就是，在论述目的犯目的的地位时，没有注意到不同目的犯的结构是有差异的，从而在不同的目的犯中目的之属性也应当有差异。

---

① 参见彭辅顺：《目的犯的目的研究》，载《河北法学》2004 年第 11 期，第 48 页。

② 张明楷：《论短缩的二行为犯》，载《中国法学》2004 年第 3 期，第 151 页。

三、本书的观点

笔者认为，在研究目的犯中目的与故意的关系时，应该区别目的犯的不同情况。关于目的犯的分类，中外学者有不同的观点，[①]其中德日刑法学通说将目的犯分为断绝的结果犯与短缩的二行为犯两种类型。[②] 笔者认为应借鉴德日刑法学通说，将目的犯分为两类，其中断绝的结果犯的目的是直接故意的内容；短缩的二行为犯的目的是故意之外的独立要素。其理由如下：

1. 从“目的”方面来看

断绝的结果犯的特征是，其构成要件由客观的实行行为与主观的追求特定结果的目的构成，只要行为人实施了构成要件的客观行为，主观上追求特定结果的目的就可以实现。例如，投毒罪（德国刑法第229条）的构成要件行为是“使人服用毒药或其他有害健康的药品”，目的是“意图损害他人健康”，只要行为人实施了构成要件的行为，“损害他人健康”的结果就可能发生；短缩的二行为犯的特征是，其构成要件是由客观的实行行为与主观的追求实施第二个行为的目的构成的，只要行为人实施了第一个实行行为，即使没有实施第二个行为，犯罪也成立并既遂。断绝的结果犯的结果是“抑制的”、“截短”，不需要有与之对应的行为，只需要存在于行为人的意识中。短缩的二行为犯原本有两个行为，但是法律出于刑事政策提前预防的考虑，将二行为或复行为缩短为一行为或单行为，第二个行为只存在于行为人的意识中。在断绝的结果犯中，

---

① 参见李希慧、王彦：《目的犯论纲》，载高铭暄、赵秉志主编：《刑法论丛》（第5卷），法律出版社2002年版，第76页以下。

② 参见［德］耶赛克、魏根特著：《德国刑法教科书》（总论），徐久生译，中国法制出版社2001年版，第384页；［德］克劳斯·罗克辛著：《德国刑法学总论》（第1卷），王世洲译，法律出版社2005年版，第208页；［日］大塚仁著：《刑法概说》（总论），冯军译，中国政法大学出版社2003年版，第124页；张明楷：《论短缩的二行为犯》，载《中国法学》2004年第3期，第147页。

要求行为人对目的内容有确定的认识，实行行为与作为目的内容的结果之间是“原因·结果关系”；在短缩的二行为犯中，只要求行为人有未必的认识即已足够，实行行为与第二个行为之间是“手段·目的关系”。①

如前所述，关于这两种目的犯中目的与故意的关系，日本刑法学界主要有三种观点：（1）犯罪目的一般肯定说认为，在“断绝的结果犯”与“短缩的二行为犯”这两类目的犯中，目的都是独立于故意之外的主观超过要素。（2）犯罪目的一般否定说认为，不论是断绝的结果犯还是短缩的二行为犯，目的犯之目的都是故意的一部分。（3）犯罪目的原则否定说认为，“断绝的结果犯”中的目的是故意的一部分；而“短缩的二行为犯”中的目的是独立于故意之外的主观超过要素。

比较中日刑法学关于目的犯中目的与故意关系的学说，可以发现它们之间有着相同点：日本大正时期的判例认为，犯罪目的是故意的一个要素，而现在的通说认为，目的是与故意不同的“超过的内心倾向”；② 我国刑法学以前的通说是目的包含于直接故意说，现在的通说是独立要素说。但不同的是，日本刑法学将目的犯分成两种情况来研究；而我国刑法学还没有自觉地将两种不同的目的犯区分开来。

如前述陈兴良教授认为，目的Ⅰ与构成要件相对应，目的Ⅱ与第二个行为相对应，所以目的犯的目的是故意之外的独立要素。但是，论者这里论述的是短缩的二行为犯的情况，并不能够由此推定断绝的结果犯中的目的也是故意之外的主观要素。前述刘明祥教授认为，目的犯目的之内容，“有的与‘危害结果’无关，有的则要

① ［日］大塚仁著：《刑法概说》（总论），冯军译，中国政法大学出版社 2003 年版，第 124 页；付立庆：《论主观违法要素的地位与范围——以日本刑法理论为依托的展开》，载陈兴良主编：《刑事法评论》（第 17 卷），中国政法大学出版社 2005 年版，第 67 页。

② 参见刘明祥：《财产罪比较研究》，中国政法大学出版社 2001 年版，第 67 页。

通过犯罪行为之外的‘其他行为’来实现，不是犯罪故意所能完全包括的”。这似乎意识到了“断绝的结果犯”与“短缩的二行为犯”两种不同的类型，但是也没有进一步论述两种不同目的犯中目的的地位。实际上，在断绝的结果犯中，还不能够说特定的目的与“危害结果”无关。例如，在诬告陷害罪中，“捏造事实诬告”是构成要件的实行行为，“使他人受到刑事追究”是特定的目的。但是不能够说该目的与“危害结果”无关。因为正是“使他人受到刑事追究的目的”规整了捏造事实诬告的行为，使行为直接指向并侵害他人的人身权利以及国家司法机关的正常活动，导致“危害结果”的发生。姜先良法官将“占有型目的犯”归属于“断绝的结果犯”，这一点笔者很赞同。但是，论者的一个核心思想是将目的犯的目的理解为行为人所追求的行为结果，并以此与犯罪危害结果相区别，即所谓“出现断裂”。如前所述，这种意义上的“断绝的结果犯”，只能够是间接故意犯罪，因为只有在间接故意犯罪中，行为人所追求的结果才与其所放任的结果“出现断裂”。而在“断绝的结果犯”中，特定的目的规整并引导着实行行为，并非与犯罪的“危害结果”没有联系。

综上所述，本书倾向于赞同平野龙一教授所主张的犯罪目的原则否定说，并提倡借鉴此说来改造我国刑法学现在的通说——独立要素说。也就是说，独立要素说适应于短缩的二行为犯，但不适应于断绝的结果犯。在断绝的结果犯中，特定的目的可以客观化为行为的危险性，其功能在于对实行行为“进行规整并且赋予其意义”，[①] 故意则当然包含着对此具有特殊意义的行为的认识。

关于目的犯中目的与故意的关系，陈兴良教授的观点发生了重要的变化。在2004年时，陈兴良教授认为目的犯有两类，一类是

---

① ［日］大塚仁著：《刑法概说》（总论），冯军译，中国政法大学出版社2003年版，第124页；［日］泷川幸辰著：《犯罪论序说》，王泰译，法律出版社2005年版，第41页。

直接目的犯，如合同诈骗罪（以非法占有为目的）；另一类是间接目的犯，如走私淫秽物品罪（以传播或者牟利为目的）。“无论是直接目的犯还是间接目的犯，这里的目的都是独立于犯罪故意的一种主观心理要素”。① 到了2006年，陈兴良教授则明确主张合同诈骗罪中的非法占有目的是包含在直接故意之中的目的。②

2. 从“故意”方面来看

德国、日本刑法都没有明确规定犯罪故意的概念，理论界一般将故意表达为对客观的构成要件事实的认识和意志。③ 法国刑法也没有规定故意的概念，关于犯罪故意的概念，法国刑法学有传统概念（古典学派）与现实主义概念（实证主义学派）的对立。传统主义认为，犯罪故意是行为人所具有的完成非法行为的认识与意志，只要存在完成非法行为的意志，故意犯罪即告实现，而不管行为人的动机如何；现实主义认为，故意并不是一种抽象的意志，而是由某种原因或动机决定的意志。某一行为，只有在其是为了违反社会秩序之目的而实行时，才应受惩罚。法国新刑法典原则上只规定故意，但是也例外地规定了犯罪目的等动机要素。例如，第227－12条规定“以营利为目的”；第411－7条（向国外提供情报罪）规定了“意图将其提交给外国国家、外国企业或外国组织”；第413－1条至第413－6条都规定了“意图危害国家防务”。对于刑法规定的这种目的（动机），传统概念将它解释为一般故意之外的特定故意；现实主义概念则认为它是犯罪故意的应有之义。例如，“格里丰（Griffon）就认为一般故意是完成法律规定为犯罪的

---

① 陈兴良：《目的犯的法理研究》，载《法学研究》2004年第3期，第73页。

② 陈兴良、周光权：《刑法学的现代展开》，中国人民大学出版社2006年版，第193页。

③ 参见［德］冈特·施特拉腾韦特、库伦著：《刑法总论Ⅰ——犯罪论》，杨萌译，法律出版社2006版，第111页；［日］大谷实著：《刑法总论》，黎宏译，法律出版社2004年版，第97页。

事实的意识，因此，特定故意的内容必然包含在一般故意之中”。①

可见，关于犯罪目的的地位，在法国刑法学中存在两种不同的观点，传统的故意概念将犯罪目的作为一般故意之外的特定故意；现实主义概念则将犯罪目的作为故意的内容。

与上述各国不同，我国刑法第 14 条明确规定了犯罪故意的概念。对比我国刑法学与德日刑法学的故意概念，可以发现两者的相同之处在于故意都是由认识与意志两个因素构成；不同之处在于认识与意志的对象不同。德日刑法中故意的对象是“客观的构成要件事实”；我国刑法中故意的对象是“行为会发生危害社会的结果”。“客观的构成要件事实”是一种事实判断，目的犯中的目的要成为故意的对象就必须客观化为行为的危险性这种事实，而断绝的结果犯中的目的可以客观化，所以依照德日刑法学，这种目的是故意的内容。“行为会发生危害社会的结果”是一种价值判断，这种价值判断必须考虑犯罪客体的状况，而断绝的结果犯中的目的（与短缩的二行为犯的目的不同）正好指向犯罪客体，所以依照我国刑法学，该目的也是故意的内容。

例如，我国刑法规定的侵犯著作权罪（刑法第 217 条）的构成要件包含了四种行为方式与一个“营利目的”。第一种行为方式是“未经著作权人许可，复制发行”其作品，但是仅仅实施了该行为并不表明行为发生了侵害他人著作权的“危害结果”，只有“营利目的”才赋予行为以社会危害性。所以，侵犯著作权罪的故意是一种包含了“营利目的”的故意——认识到未经他人许可，认识到自己的行为是在复制发行他人的作品，认识到自己行为的营利性，并且希望自己的行为能够复制发行他人的作品，希望自己的行为能够营利。如果抽掉犯罪故意中的“营利目的”，剩余的内容

① 参见［法］斯特法尼等著：《法国刑法总论精义》，罗结珍译，中国政法大学出版社 1998 年版，第 251 页以下；朱玲：《法国二元论体系中的故意》，载《法学论坛》2006 年第 1 期。

就是一种法国刑法传统概念式的抽象故意，这种故意不是我国刑法规定的犯罪故意，即使其在法国刑法中可以叫做一般故意。同样，销售侵权复制品罪（刑法第 218 条）的犯罪故意也包含了“营利目的”的故意。推而广之，所有的断绝的结果犯的故意都是包含了特定目的的故意。但是，像走私淫秽物品罪这样的短缩的二行为犯，故意只是对第一个行为（走私进出境的行为）的认识与希望，特定目的（“牟利或者传播目的”）则是相对于第二个行为而言的，只有靠实施第二个行为才能实现；第一个行为是与第二个行为并列的，因此故意也是与特定目的并列的。

第二节　目的犯目的之本质（目的与动机的关系）

我国刑法学对于目的犯的目的本质上是犯罪目的还是犯罪动机的研究出现了一些方向上的偏差：通说所讲的犯罪目的和犯罪动机的关系侧重于心理学上的事实研究，这种心理学意义上的犯罪目的和犯罪动机之间的事实关系并不具有刑法学的规范性质；同时，研究目的犯目的本质上是犯罪动机还是犯罪目的，并不具有实质意义，这种研究是主观主义刑法学思维的继续。

一、*犯罪目的与犯罪动机的关系*

关于犯罪目的和犯罪动机的关系，我国刑法学的通说认为两者都是犯罪构成主观方面的选择要件，两者之间既有联系，也有区别。

犯罪动机和犯罪目的具有密不可分的联系：犯罪动机是犯罪目的产生的前提条件，离开了犯罪动机，犯罪目的便成了无源之水；反之，离开了犯罪目的，犯罪动机便无具体的指向和表现。一定的犯罪动机形成以后，便会形成一定的目的，并通过一定的行为实现这种目的，满足自己的动机需要；犯罪动机和犯罪目的都只存在于直接故意中，在间接故意犯罪和过失犯罪中，不存在犯罪目的，因而也就不存在犯罪动机。

犯罪动机和犯罪目的又有巨大的区别：

第一，在心理现象顺序上，犯罪动机和犯罪目的之间存在因果关系。犯罪动机产生在前，是犯罪目的产生的原因；犯罪目的形成于后，是犯罪动机作用的结果。动机是一种比目的更内在、内容更抽象、埋藏得更深的心理现象。

第二，从它们的功能来看，犯罪动机表明犯罪主体同犯罪行为之间的关系，回答的是犯罪人为什么要实施某种犯罪行为；犯罪目的表明犯罪行为与犯罪对象之间的关系，回答的是行为人实施犯罪行为所希望达到的结果。

第三，从与危害结果的联系看，犯罪目的与犯罪结果的联系是直接的，犯罪目的就是行为人实施犯罪行为所希望达到的危害结果在其观念中的反映；犯罪动机与危害结果的联系是间接的，犯罪动机只是说明行为人为什么追求这种危害结果。

第四，同一犯罪目的可以由各种动机引起，只要有犯罪目的就必然有犯罪动机与之相呼应；同一犯罪动机也可以追求不同的犯罪目的。①

这种关于犯罪目的与犯罪动机关系的学说无疑是正确的，但是有两点需要特别注意，否则就会导致理论的混乱。而这两点恰恰为我国刑法学者所忽视：

(1) 上述通说中的“犯罪目的”仅指作为直接故意意志因素的犯罪目的，而不包括作为主观超过要素的目的。现在一般认为，犯罪目的实际上分为两类：一是直接故意的意志因素，即行为人对自己实施的行为直接造成危害结果的希望（第一种意义的目的），如直接故意杀人中希望他人死亡就是行为人的犯罪目的。二是在故意犯罪中，行为人通过实施行为的直接危害结果后所进一步追求的

① 参见马克昌主编：《犯罪通论》，武汉大学出版社 1999 年版，第 391～394 页；陈兴良：《刑法哲学》，中国政法大学出版社 2000 年版，第 310 页以下。

某种非法利益或结果（第二种意义的目的），这种目的比前一种目的更为复杂、深远，其内容也不一定是观念上的危害结果。

所以，如果不加以区分，就会发生理论上的混乱。前述犯罪目的与动机的关系并不适合第二种意义的目的，第二种意义的目的并非都是观念上的危害结果。需要指出的是，通说在理论上是能够自圆其说的，因为通说学者认为目的犯目的本质上是动机，则“犯罪目的与犯罪动机关系”中的“犯罪目的”就只限于直接故意的意志因素。

（2）上述通说所讲的“犯罪目的与犯罪动机的关系”，仅仅是一种心理学上的关系，是心理学上“目的与动机关系”在刑法学上的运用，但是这种运用并没有赋予其刑法学的规范性质。我国刑法学在研究一些具体问题时，往往将哲学、政治学、心理学直接照搬到刑法学。正如陈兴良教授所评论的：“在苏俄及我国刑法学理论中，哲学原理不是作为方法论而是作为学说在刑法学中机械地照搬套用，这对于刑法学的科学性是一种极大的伤害”。“刑法学作为一门规范科学，也就是刑法教义学，具有其自身的逻辑构造，在方法论上刑法学研究必然要受到哲学的影响，但在刑法学研究中照搬哲学原理又是不可行的。在这个问题上，刑法因果关系是一个绝好的例子……在苏俄及我国刑法学中，因果关系不仅复杂而且混乱，其根源就在于对刑法因果关系套用一些哲学原理，因而在规范的研究中混杂了形而上学的内容，这就是所谓必然因果关系与偶然因果关系问题。”① 同样的道理，“主客观相统一作为一个存在论的范畴，是指犯罪成立的客观要素与主观要素的同时具备”，“它所要解决的是归因问题。而价值判断所要解决的是归责问题，它是一个规范论的命题。从存在论到规范论，从归因到归责，笔者认为是整个犯罪论体系演进的一条基本线索”。“以法益原则和责任原则

---

① 陈兴良：《主客观相统一原则：价值论与方法论的双重清理》，载《法学研究》2007 年第 5 期，第 113 页。

取代主客观相统一原则，以规范的理论内容取代空洞的政治说教，乃犯罪论体系发展之必然”。[①]

上述陈兴良教授的批判是很有道理的。同样地，我国刑法学上所讲的“犯罪目的与动机的关系”也是一种心理学上“存在论的范畴”，而这种存在论的问题只有上升为“规范论问题”才具有刑法学意义。

例如，从心理学存在论来看，故意在任何国家的含义都是相同的。但是，不同国家刑法学中犯罪故意的含义却存在很大差异：奥地利刑法学将故意分为直接故意、间接故意、意图、明知四种；德国刑法学将故意分为意图、直接故意、间接故意三种；而我国刑法学将故意分为直接故意和间接故意两种。再如，美国刑法学将犯罪心态分为蓄意、明知、轻率、疏忽四种；而英国刑法学将犯罪心态基本分为蓄意、明知及轻率三种。

所以，上述我国刑法学有关犯罪目的与犯罪动机的学说其正确性只限于心理学存在论意义；而从定罪量刑的价值论来看，这种犯罪目的与犯罪动机的联系及区别没有多大的意义。这也许就是为什么黑格尔、边沁等学者根本不区分犯罪目的与犯罪动机的原因：并非他们不知道目的与动机的存在论的区别，而是这种区别在规范论上无足轻重。

二、目的犯目的本质之争

我国有学者很早就指出，目的犯目的之本质，即“目的犯之目的究竟是犯罪目的，还是犯罪动机，是一个颇有争议的问题”。[②]目前国内刑法学对此问题主要有以下几种观点：

① 陈兴良：《主客观相统一原则：价值论与方法论的双重清理》，载《法学研究》2007 年第 5 期，第 118 ~ 120 页。

② 刘明祥：《论目的犯》，载《河北法学》1994 年第 1 期，第 10 ~ 11 页。

（1）犯罪动机说。该说认为，目的犯之目的本质上是犯罪动机，而不是犯罪目的。

该观点首见于1986年余欣喜的硕士论文《试论犯罪的动机与目的》中：我国刑法所标明的“营利目的”或者“泄愤报复或其他个人目的”，实际上都属于犯罪动机的范畴。对由这些法定目的构成的犯罪来说，犯罪动机就是犯罪构成的主观要素。[①] 后来该观点得到我国较多学者的支持，可以说处于通说地位。

例如，陈兴良教授认为，目的犯的目的“相对于本罪的构成要件的行为来说都是动机，是立法者想要防止的严重犯罪和其他犯罪的目的。例如，伪造货币罪之行使目的，对于伪造行为来说是动机，对于将来的行使行为来说是目的。应该指出，大陆法系国家在目的犯的立法例中鲜有使用目的一词的，一般使用意图这一概念。在刑法理论上一般概括为目的犯，实际上应该是动机犯，只是因为在大陆法系刑法理论中，动机和目的没有严格意义上的区别，一般没有动机的概念，对于犯罪人的主观心理状态除故意以外，就用目的概括之”。陈兴良并指出，有些学者将目的犯中的目的叫做“特定犯罪目的”，以区别于作为故意意志因素的“一般犯罪目的”。但是，“所谓特定犯罪目的实际上就是犯罪动机。首先，犯罪目的是与行为相联系的，而犯罪动机则纯属内心的意欲。而那些把犯罪动机称为特定犯罪目的的观点也是将特定犯罪目的看做是与外部行为殊不相干的内心活动，一般目的则指向特定的对象和客体，是一种行为目的。其次，犯罪动机是产生犯罪目的的原因，从时间顺序上来说，也是先有犯罪动机，后有犯罪目的。而那种把犯罪动机称为特定犯罪目的的观点也声称先有特定的犯罪目的，始有一般犯罪目的，这一切都充分地说明：刑法规定的目的犯之所谓目的，就是犯罪动机。我国刑法之所以将犯罪动机规定为犯罪目的，除在一定

① 赵秉志等编：《全国刑法硕士论文荟萃》，中国人民大学出版社1989年版，第269页。

程度上受苏联刑事立法的影响以外，一个十分重要的原因是没有科学地区分犯罪的目的和动机……因此，合乎逻辑的规定应该是将刑法中的目的犯改为动机犯，如将‘以营利为目的’改为‘意图营利’。”①

刘明祥教授也认为，目的犯之目的不是犯罪目的而是动机。因为犯罪目的是犯罪人通过实施犯罪行为以达到某种危害结果的希望或追求，它同危害结果有着极为紧密的联系。“但是，在目的犯所包含的目的内容之中，有的却是对行为的追求，如作为走私淫秽物品罪目的之一的‘传播目的’，就是以实施传播行为为目的；有的虽然是对结果的追求，如引诱、容留、介绍卖淫罪中‘以营利为目的’，营利就是行为人所追求的结果，但是这种结果并非刑法意义的危害结果……事实上，目的犯的目的应该是犯罪动机，因为犯罪动机是推动犯罪人实施犯罪行为的内心起因”。② 刘明祥教授后来进一步论述说，对于“非法占有目的”，如果仅从本义上将其理解为非法掌握控制财物的目的，则非法占有目的是取得罪故意所包含的内容；如果给非法占有目的附加某种特定含义，如排除权利者意思、利用处分意思、不法所有意思、非法获利意思，则其是行为人实施犯罪的动机。③

董玉庭副教授认为，“作为主观超过因素的目的犯中的犯罪目的，其实质是一种单纯的心理动因，这种心理动因是以构成要件的危害结果以外的其他结果作为主观追求的目标，相对于本罪的犯罪行为而言，这种目的其实就是犯罪动机，是第一种意义的犯罪目的及犯罪行为得以产生的重要原因。例如，刑法第303条规定的赌博罪要求行为人以营利为目的，此目的既不包括行为人追求特定的犯

---

① 陈兴良著：《刑法哲学》，中国政法大学出版社2000年版，第329～330页；陈兴良著：《刑法适用总论》，中国人民大学出版社2006年版，第204、206～207页。

② 刘明祥：《论目的犯》，载《河北法学》1994年第1期，第11页。

③ 刘明祥著：《财产罪比较研究》，中国政法大学出版社2001年版，第67～68页。

罪结果，也不指向本罪特定的犯罪客体。营利的目的只是行为人实施赌博行为的心理动因，即犯罪动机。因此，相对于第一种意义的犯罪目的而言，目的犯中的犯罪目的与犯罪动机是同一层面的心理因素，虽然把目的犯中的目的称为犯罪目的，这只是约定俗成的称呼而已。”①

（2）特定犯罪目的说。该说认为犯罪目的分为两种，一种是直接故意的意志因素，另一种是直接故意意志因素之外的目的；目的犯的目的仅指后者，而不是前者。有的学者将直接故意的意志要素叫做第一种意义的目的，它是对危害结果的主观追求；将目的犯的目的叫做第二种意义的目的，它的内容不一定是观念上的危害结果。② 有的学者将直接故意的意志因素叫做“一般犯罪目的”，将目的犯之目的叫做“特定犯罪目的”，并认为特定犯罪目的与一般犯罪目的具有重大区别：一是从目的是否具有攻击性加以区别，特定犯罪目的属于主观目的，是静态的存在，并不导向特定的对象和客体，因而其本身不具有攻击性；一般犯罪目的则是行为目的，是动态的存在，指向特定的对象和客体，因而具有攻击性。二是从目的存在的时间加以区分，特定犯罪目的存在的时间长于一般犯罪目的；从产生的顺序上看，先有特定犯罪目的，始有一般犯罪目的；从目的持续的时间上看，一般犯罪目的随着犯罪行为的实施，犯罪结果的实现而达到，随即消失。而特定犯罪目的则不能随着犯罪结果的实现而即刻达到和消失。对特定犯罪目的来说，犯罪结果乃是达到该目的的一种手段，甚至仅是一个步骤。③

（3）区别说。该说认为，目的犯中有些目的是犯罪目的，有些目的是犯罪动机。具体来说，论者借鉴德日刑法学将目的犯分为

① 董玉庭：《主观超过要素新论》，载《法学研究》2005 年第 3 期，第 70 ~ 71 页。

② 张明楷著：《刑法学》，法律出版社 2003 年版，第 250 页。

③ 陈立：《略论我国刑法的目的犯》，载《法学杂志》1989 年第 4 期，第 19 页。

"断绝的结果犯"和"短缩的二行为犯"的做法，把我国刑法中的目的犯分为"占有型目的犯"和"动机型目的犯"。前者属于断绝的结果犯；后者属于短缩的二行为犯。在占有型目的犯中，特定目的本质上是犯罪目的；在动机型目的犯中，特定目的本质上不是犯罪目的，而是犯罪动机。①

（4）还有的学者认为，目的犯之目的本质上不是犯罪动机，就是犯罪目的。② 这种观点没有区别直接故意的意志因素和目的犯之目的这两种不同的犯罪目的，因此其观点不明确，也没有说服力。

（5）还有的学者反对将目的犯目的之本质理解为"犯罪动机"或者"特定的犯罪目的"，而主张目的犯目的之本质是"追求超故意的结果"。③ 这种观点的前提是：在法国刑法学中，目的犯目的之本质是"犯罪动机"；在意大利刑法学中，目的犯目的之本质是"特定的犯罪目的"；在德国刑法学中，目的犯目的之本质是"追求超故意的结果"，即追求超过直接故意意志因素的结果。容后再述，这种观点的前提本身就是值得推敲的——其立基于对大陆法系犯罪目的的理解不足。

三、目的犯目的本质之争的辨析

（一）目的犯目的本质之争的意义

目的犯目的本质之争的意义何在？也就是说，将目的犯之目的理解为"犯罪动机"或"特定犯罪目的"或者其他什么内容，究竟是否具有意义？如果有意义，那么意义是什么？如果没有意义，

---

① 参见姜先良：《论刑法中的非法占有目的》，载陈兴良主编：《刑事法评论》（第13卷），中国政法大学出版社2003年版，第536～538页。

② 李洪川：《论目的犯的目的的本质》，载《中国青年政治学院学报》2004年第2期，第126页以下。

③ 参见彭辅顺：《法定犯罪目的的实质探究》，载《兰州学刊》2004年第2期，第148页以下。

那为什么会出现这些争论？也就是说，这种理论的“繁荣”会给我们带来什么实效？

我国一般学者在讨论目的犯目的本质时，似乎只是在完成老师的作业。老师说：请在下列A、B、C、D四个选项中选择你认为正确的答案。于是有人选A，有人选B，有人选C，也有人选D，各人极力说明自己选择的理由，以求获得一个好的分数。但是很少有人反思老师出这道题目有什么意义。

只有少数学者论述了这种争论的意义。例如，陈兴良教授曾指出，目的犯之目的本质上是犯罪动机，而不是犯罪目的，刑法将它们规定为“目的”是立法不当，“给司法实践和刑法理论带来了一系列问题”：其一，犯罪未得逞的标准难以贯彻。从语义上讲，犯罪未得逞是指犯罪目的没有实现。但在所谓目的犯，即将犯罪动机规定为犯罪目的的场合，这一标准难以贯彻。例如，刑法第303条规定赌博罪必须以营利为目的，那么如果没有营利，是否属于犯罪未遂呢？显然不是。因此，在这种情况下，犯罪未得逞认定标准上的目的说就难以成立，这实际上并不是目的说本身存在缺陷，而在很大程度上是刑法将犯罪动机规定为犯罪目的使然。其二，具体认定上发生困难。1979年刑法规定，构成反革命罪必须具有反革命目的。但在实际生活中，有些明显的反革命犯罪行为却未必具有反革命目的（如组织越狱罪，要求反革命目的难免牵强附会）。还有些反革命罪，如反革命杀人罪，反革命实际上是动机，将人杀死才是目的。①

但是，笔者认为上述陈兴良教授所说的两个问题与目的犯目的本质上是犯罪动机还是犯罪目的并不存在很大的联系。其一，“犯罪未得逞”虽然从语义上说是个主观问题，但是实际上其判断标

---

① 参见陈兴良著：《刑法哲学》，中国政法大学出版社2000年版，第330页。

准更倾向于客观性。[①] 例如，关于盗窃罪，失控说认为，只要被害人失去了对财物的控制，不论行为人控制财物的目的是否达到，都构成既遂；关于放火罪的既遂标准，也是从客观上看放火行为是否造成独立燃烧的状态；强奸罪的既遂，也是从客观上看性器官是否有接触。这些犯罪的既遂标准实际上都是客观的，这与目的犯之目的本质上是犯罪动机还是犯罪目的，实在是没有多大的联系。以为将目的犯目的理解为犯罪动机就可以将犯罪既遂之目的说贯彻下去，也是不现实的想法。

其二，在反革命犯罪中人为地区分动机和目的反而会增加犯罪认定的困难。因为目的和动机有时候一致，如出于阶级仇恨的动机而进行反革命活动；有时候不一致，如出于贪财、当官的动机而进行反革命活动。[②] 那么在动机与目的不一致时，行为人的杀人行为到底是出于贪财动机还是反革命动机，就须仔细分析，这岂不是反而增加了认定犯罪的困难吗？如果我们不区分究竟是目的还是动机，只要是行为人有反革命目的（或动机），就构成反革命犯罪，不是可以减小犯罪认定的困难吗？

总之，笔者认为研究目的犯之目的本质上是犯罪动机还是犯罪目的，并没有多大的实际意义，而且有时候目的与动机的区分是极其困难的，这反而不利于犯罪的认定。现在也有个别学者对于研究目的犯目的本质的意义提出了怀疑："既然'犯罪动机说'与'犯罪目的说'在刑法具体问题的处理上并没有什么不同，那么在刑法学上区别目的犯之特别目的的本质是犯罪目的还是犯罪动机就很

---

① 这个问题在客观归责理论中尤为明显。根据客观归责理论，主观不法取决于客观不法，也就是说，故意过失等主观要素的存在与否，取决于他们所认识或可能认识的犯罪事实是否能够制造风险而定。参见许玉秀著：《当代刑法思潮》，中国民主法制出版社2005年版，第94页。

② 参见梁世伟编著：《刑法学教程》，南京大学出版社1987年版，第80页。

难说有何现实意义”。[①] 本书很同意这种观点。

既然研究目的犯目的本质问题并没有多大意义，那么为何我国学者却热衷于此呢？

（二）我国刑法学热衷研究目的犯目的之本质问题的原因

我国学者之所以热衷于研究目的犯目的之本质是犯罪动机还是犯罪目的，其原因可能比较复杂，但是至少以下两点是值得注意的：

1. 对外国刑法学片面的理解

我国有学者认为，在大陆法系国家中也存在目的犯目的之本质问题。例如，在法国刑法学中，目的犯目的之本质是“犯罪动机”；在德国刑法学中，目的犯目的之本质是“追求超故意的结果”，即追求超过直接故意意志因素的结果；在意大利刑法学中，目的犯目的之本质是“特定的犯罪目的”。并且，这三种观点都对我国刑法学产生了影响，相应地，我国刑法学也存在“动机说”、“追求超故意的结果说”、“特定犯罪目的说”。[②] 笔者认为，论者这里的观点无异于“皇帝的新衣”——听起来美丽，实际上在这些国家中并不存在对目的犯目的本质之研究。理由如下：

在法国刑法学中，虽然也有学者（如雅克·博里康教授）认为，动机是犯罪人实施犯罪行为的内心起因，不能与作为法定犯罪构成要素的目的相混淆，但是大部分学者并不区分犯罪动机和犯罪目的。[③] 法国学者斯特法尼在其《法国刑法总论精义》一书中写

---

① 参见桂亚胜：《目的犯之目的的争议研究》，载《法商研究》2006 年第 4 期，第 75～76 页。

② 参见彭辅顺：《法定犯罪目的的实质探究》，载《兰州学刊》2004 年第 2 期，第 148 页以下。

③ 参见朱琳：《法国二元论体系中的故意》，载《法学论坛》2006 年第 1 期，第 137 页。

道，“动机”与“目的”两个概念是互换使用的。[①] 法国学者并不重视研究动机与目的的关系，很多时候是交叉使用这两个概念。他们重视的是研究动机（目的）与故意的关系。传统概念认为，故意是行为人所具有的完成非法行为的认识和意志，只要存在完成非法行为的意志，故意犯罪即告实现，至于“行为人是出于仇恨、出于贪财、出于贪欲，或者是出于爱的激情或政治激情，是由于狂热、怜悯，或者是由于受苦受难的影响，或者是因为无奈所迫而实施其行为，均在所不问”。现实主义概念认为，“故意并不是一种抽象的意志，而是由某种原因或动机决定的意志。因此，我们应当对动机进行分析，并对某种动机是社会的还是反社会的进行探究与研讨；某一行为，只有在其是为了违反社会秩序之目的而实施时，始当受到惩处”。“犯罪故意，仅在由于有诱导其产生的动机时，始能存在”，也就是说，故意包含了动机的内容。在这两个概念中，法国刑法选择的是传统概念，但是现实主义概念对刑法也有影响。[②] 也许是受到现实主义概念的影响，法国刑法学者“将法定目的犯之目的视为法律对动机作为犯罪构成要素的认可”。[③] 也就是说，法国学者之所以将目的理解为动机，是因为现实主义故意概念认为故意与动机不可分割。现实主义认为其故意概念在刑法中的体现就是：刑法对一部分故意犯罪规定了特定目的，即在目的犯中故意与特定目的不可分割。而他们认为，该特定目的之规定就是刑法对故意包含动机的认可。可见，将目的犯中特定目的与动机互换使用，并不意味着目的犯之目的本质是动机，而是现实主义故意概念寻找立法依据的需要。而且，另有相当多法国学者把目的犯中的目

---

① 参见［法］斯特法尼著：《法国刑法总论精义》，罗结珍译，中国政法大学出版社 1998 年版，第 254～255 页。

② 参见［法］斯特法尼著：《法国刑法总论精义》，罗结珍译，中国政法大学出版社 1998 年版，第 251～254 页。

③ 参见［法］伊夫·马约：《刑法总论》，转引自朱琳：《法国二元论体系中的故意》，载《法学论坛》2006 年第 1 期，第 137 页。

的叫做“特定的故意”，并不称为动机。

在德国刑法学中，目的犯目的之本质也不是所谓的“追求超故意的结果”。正如本章第一节所说，德国刑法学中广义的故意分为三级：犯罪目的、直接故意、间接故意；狭义的故意指直接故意和间接故意。直接故意和间接故意强调的是认识因素，意志因素对故意的成立无关紧要；犯罪目的强调的是意志因素，认识因素对目的的成立无关紧要。既然直接故意的成立无须意志因素，犯罪目的也就不是什么“追求超过直接故意意志因素的结果”。

意大利刑法也规定了目的犯，如其第 501 条规定的典型事实必须出于“扰乱国内证券或商品市场的目的”，第 522 条、第 523 条则分别规定，骗婚罪必须出于“骗取他人婚姻的目的”，诱拐猥亵罪必须“出于猥亵的目的”。意大利学者把这种目的犯的目的叫做“il-dolo specifico”，其直译为“特殊的故意”，陈忠林教授译为“特定的犯罪目的”。[①] 我国上述学者据此认为意大利刑法学中目的犯目的之本质是“特定的犯罪目的”，纯属无稽之谈。

综上所述，大陆法系国家的刑法学基本不研究目的犯目的之本质，即目的与动机的关系。企图以大陆法系国家存在目的犯目的之本质研究来证立我国刑法学目的犯目的之本质之争的合理性，是不可行的。

2. 刑法主观主义的影响

笔者认为，我国刑法学之所以重视研究目的犯目的之本质，根本上是受刑法主观主义的影响。

刑法客观主义则往往把犯罪目的与动机混淆在一起，不重视它们之间的区别，在客观主义影响下制定的刑法典也不太重视犯罪目的与动机的关系。

例如，黑格尔在讨论目的与动机这两个概念时，并没有作出严

① 参见［意］杜里奥·帕多瓦尼著：《意大利刑法学原理》，陈忠林译，中国人民大学出版社 2004 年版，第 100 页。

格的区分，而是交叉使用，指的是同一内容。他所说的目的，就是推动行为人实施行为的内心冲动，追求的是一种个人内心欲求的满足，因而实际上就是指动机。①

边沁也属于旧派，也不注意目的与动机的区别。边沁在其名著《立法理论——刑法典原理》一书的第六章论述了“犯罪目的对惊恐的影响”，第八章论述了“动机对惊恐的影响”。似乎区别了犯罪目的和犯罪动机，但是其在第六章“犯罪目的对惊恐的影响”名下，边沁论述的却是“故意”和“过失”对惊恐的影响：故意犯罪是产生罪恶的永久性原因；对一个实施了过失犯罪的罪犯来说，与其谴责他还不如同情他。在这一章里，边沁只字未提我们现在一般所讲的犯罪目的。在第八章“动机对惊恐的影响”名下，边沁认为，当犯罪出自特殊而又不常见的动机时，惊恐就很有限；如果犯罪出自普通的、频繁的、有影响的动机，则惊恐就大。边沁反对把动机分为“好”或“坏”。每一种动机都可以导致最值得称道的或者最应当受到谴责的行为。他把动机分为：纯社会动机、半社会动机、反社会动机、个人动机。“不应忽略的是，即使反社会动机，在一定程度上，出于保护自身的影响，常常也会产生有益的行为。”② 既然动机无所谓好或坏，那么也就不存在所谓的“犯罪动机”。而且从边沁所举的例子来看，有些他所谓的动机（如“对名誉的酷爱”），很难说是促使行为人实施某种行为的“内心起因”，还是行为人实施某种行为“希望达到的结果”。

这种刑事古典学派的客观主义对法国刑法典产生了很大的影响。法国1791年刑法典产生于一个厌弃“官吏法官”，反对封建旧制度下的“刑罚专横”（罪刑擅断），而接受贝卡里亚“罪刑法

---

① 马克昌主编：《近代西方刑法学说史略》，中国检察出版社1996年版，第122页。

② ［英］边沁著：《立法理论——刑法典原理》，李贵方等译，中国人民大学出版社1993年版，第10～13页。

定”原则的社会。[①] 而1810年法国刑法典更多的是受到边沁的影响，其次才是受到贝卡里亚的影响。[②] 正是在客观主义刑法思想的影响下，法国刑法典并不严格区分犯罪目的与犯罪动机，而是交叉使用两个概念。

刑法主观主义往往重视目的与动机的区别，在主观主义影响下制定的刑法典也比较重视犯罪目的与动机的关系。主观主义认为，行为总是正确地反映着行为人的人格、性格，所以要将行为作为反映人格、性格的事实来把握。具有法律意义的是行为人的人格、性格本身，故行为人内心的、隐藏的实施某种行为的可能性，便是刑罚的根据。[③] 既然主观主义认为刑罚的根据是行为人的内心状况，那么就会仔细研究故意、过失、犯罪目的、犯罪动机等对定罪和量刑的影响。虽然客观主义也要研究故意、过失对定罪量刑的意义，但是主观主义却走得更远，其还研究犯罪目的、动机对于定罪量刑的意义以及犯罪目的与动机之间的相互关系。

例如，试图以人格的犯罪理论调和客观主义与主观主义的日本学者大塚仁，实际上是倾向于主观主义的。他在论述了具有主观超过要素的目的犯理论后，还论述了动机对量刑的影响：“从国家·社会的伦理规范的观点来看，犯罪行为出于恶劣的动机时责任就重，基于应予宽恕的动机时责任就轻。例如，基于利己的动机就与基于利他的、公益的动机相比责任更重，出于贪欲的卑劣动机时就与基于激情的动机和贫困的动机相比责任更重。”[④]

在此需要顺便指出的是，我国有的学者依据大塚仁先生的上述论述得出结论“可以看出，在外国刑法理论中犯罪动机与犯罪目

---

① 《法国新刑法典》，罗结珍译，中国法制出版社2003年版，第247页。

② ［法］斯特法尼著：《法国刑法总论精义》，罗结珍译，中国政法大学出版社1998年版，第80页。

③ 张明楷著：《刑法的基本立场》，中国法制出版社2002年版，第57页。

④ ［日］大塚仁著：《刑法概说》（总论），冯军译，中国人民大学出版社2003年版，第410页。

的之间的界限是明晰的”。[①] 但是也有学者对此持完全相反的观点，认为“在大陆法系刑法理论中，动机和目的没有严格意义上的区别”。[②] 笔者认为，这两种观点都以偏赅全。实际上，主观主义及受其影响的刑法典则注意区分犯罪动机和犯罪目的，客观主义及受其影响的刑法典动机和目的则没有严格意义上的区别。当然，在现在的大陆法系，客观主义占有主导地位，所以在客观主义影响下，刑法学一般不注意研究目的和动机的区别。

前苏联刑法典及受其影响而制定的我国 1979 年刑法都明显地倾向于主观主义。前苏联刑法理论及立法都深受主观主义者菲利的人身危险性理论的影响。菲利本人对 1926 年前苏联刑法典给予了高度的评价：在近代人的刑事立法事业中高居首位，今后所有文化国的立法，恐怕在相当遥远的未来都得追随俄国的法律。[③]

我国学者虽然对 1997 年刑法的属性还有争议，但一般都认为我国 1997 年刑法倾向于主观主义。因此我国学者从旧刑法时代就很注重研究犯罪目的与动机的关系，这种理论研究的惯性一直延续到现在。在这种主观主义的影响下，探究目的犯目的是犯罪目的还是犯罪动机，就成为理所当然的事情了。但是，如果认为我国 1997 刑法已经倾向于客观主义，那么再继续刑法主观主义影响下的目的犯目的之本质问题的研究有多大的意义和必要，确实值得我们反思。

四、本书的观点

从上述的分析可以看出，笔者不赞同研究目的犯目的之本质问题。只需认识目的犯中存在两种不同的犯罪目的——直接故意的意

---

① 陈建清：《论我国刑法中的犯罪动机和犯罪目的》，载《法学评论》2007 年第 5 期，第 128 页。

② 陈兴良著：《刑法适用总论》，中国人民大学出版社 2006 年版，第 204 页。

③ 参见鲁兰著：《牧野英一刑事法思想研究》，中国方正出版社 1999 年版，第 63 页。

志因素和意志之外的特定犯罪目的即可。至于把这种特定犯罪目的叫做犯罪动机还是犯罪目的或者其他什么，无关紧要。

如果一定要遵循理论惯性，选择自己的立场，笔者倾向于区别两种不同的目的犯：在断绝的结果犯中，特定的犯罪目的实际上是故意意志因素的一部分，当然是犯罪目的；在短缩的二行为犯中，特定的目的在很多情况下不妨理解为促使行为人实施基本行为的动机。但是与上述“区别说”略有不同的是，“区别说”认为断绝的结果犯中的非法占有目的是故意之外的主观超过要素，笔者则认为短缩结果犯中的特定目的是故意意志因素的一部分。这在本章第一节已经论述过。

第三节 目的犯目的之功能

一、*目的犯目的之基本功能*

目的犯目的之基本功能在于区分罪与非罪、此罪与彼罪，这一点中外刑法学理论都不存在争议。

例如，我国刑法学通说认为：目的犯中“特定的犯罪目的是这些犯罪构成主观方面的必备要件，其作用或是作为区分罪与非罪的标准，或是作为区分此罪与彼罪的标准”。①

需要注意的是，我国刑法学通说认为犯罪目的的功能除了区分罪与非罪、此罪与彼罪之外，还具有其他一些功能。例如，有些学者认为研究犯罪目的的意义有：犯罪目的是我国刑法规定的某些犯罪的构成要件；犯罪目的是区分某些不同性质犯罪的标准；犯罪目的对准确认定行为人的主观罪过形式有重要意义；犯罪目的对量刑也有影响。② 笔者认为，在这些功能（意义）中，区分罪与非罪、此罪与彼罪是最基本的功能，其他功能要么是该功能的前提（如

---

① 高铭暄、马克昌主编：《刑法学》，北京大学出版社2000年版，第123页。

② 参见马克昌主编：《犯罪通论》，武汉大学出版社1999年版，第401～402页。

作为犯罪构成要件的功能、明确罪过形式的功能），要么是该功能的结果（如影响量刑的功能）。

意大利学者帕多瓦尼也认为，“特定犯罪目的”的功能有两个：第一，在一些情况下，特定犯罪目的具有确定刑法特定保护对象的作用。这意味着，当行为本身已是一个一般性规定的构成事实时，特定犯罪目的就具有改变行为危害性质的作用。例如，意大利刑法第605条规定的绑架罪不需要任何目的，保护的对象是人身自由；第630条规定的绑架罪要求以勒索赎金为目的，保护对象是财产；第289-2条规定的绑架罪要求以制造恐怖或颠覆政府为目的，保护对象是宪法制度。第二，在另外一些情况下，特定犯罪目的的内容能独立地说明犯罪行为所侵害的客体。这意味着，如果不具备特定的犯罪目的，行为本身就没有刑法意义。例如，三人以上以“多次实施犯罪为目的”而成立的组织是成立犯罪组织罪的前提；如果没有上述特定目的，结社自由就是一种受宪法保护的公民的基本权利。[①] 实际上，上述第一个功能在于区分此罪与彼罪，第二个功能在于区分罪与非罪。

总之，中外刑法学对于目的犯目的所具有的影响定罪和量刑的基本功能不存在争议；所争议的问题是目的犯之目的是如何影响罪与非罪、此罪与彼罪，也就是基本功能的具体表现如何。

二、目的犯目的基本功能的具体表现

（一）表明犯罪构成客观要素

刑法分则对罪状的描述主要限于客观要素，但是也有不少条文同时规定了主观要素，目的犯就是这样一种情况。刑法分则所描述的主观要素有两种情况：一是与客观要素相对应的主观要素（如故意、过失、断绝的结果犯中的特定目的）；二是超出客观要素内

---

① 参见［意］杜里奥·帕多瓦尼著：《意大利刑法学原理》，陈忠林译，中国人民大学出版社2004年版，第100页。

容的主观要素（如短缩的二行为犯中的特定目的）。在这两种情况下，主观要素和客观要素的关系可以分为三种不同情况：[①]

第一，分则条文规定的主观要素明示了客观要素，而且只有具备该客观要素时，才成立犯罪，分则条文所规定的“明知……”大体上属于这种情况。例如，刑法第370条前段规定：“明知是不合格的武器装备、军事设施而提供给武装部队的，处……”“明知是不合格的武器装备、军事设施”虽然是主观要素，但它表明，行为人提供给武装部队的，也必须是不合格的武器装备、军事设施；如果行为人客观上给武装部队提供了合格的武器装备、军事设施，即使其认为是不合格的，也不能够成立本罪。

第二，分则条文规定的主观要素明示了客观要素，但只要存在与主观要素相对应的部分事实，而不要求与主观要素完全相对应的事实。断绝的结果犯中的特定目的大体属于这种情况。

例如，刑法第243条所规定的诬告陷害罪的罪状是“捏造事实诬告陷害他人，意图使他人受刑事追究，情节严重”。“意图使他人受刑事追究”虽然是主观要素，但是该主观要素表明行为人所捏造的必须是犯罪事实，当然还不要求行为人事实上受到刑事追究。也就是说，“意图使他人受刑事追究”一方面要求行为人的行为具有使他人受刑事追究的危险性，另一方面又不要求发生使他人受刑事追究的结果。

再如，刑法第305条规定：“在刑事诉讼中，证人、鉴定人、记录人、翻译人对与案件有重要关系的情节，故意作虚假证明、鉴定、记录、翻译，意图陷害他人或者隐匿罪证的，处……”其中“意图陷害他人或者隐匿罪证”是对主观要素的描述，但它同时表明了“与案件有重大关系的情节”的含义与范围，即只有当实施虚假证明、鉴定、记录、翻译的行为，具有陷害他人或者隐匿罪证

① 参见张明楷著：《刑法分则的解释原理》，中国人民大学出版社2004年版，第169～171页。

的危险时，才成立伪证罪。但是，成立本罪，不要求客观上发生了陷害他人或者隐匿罪证的结果。

同样，刑法第 191 条中的“为掩饰、隐瞒其来源和性质”属于主观要素，但它明示了洗钱行为的本质，即只有当行为具有掩饰、隐瞒上游犯罪的违法所得及其产生的收益的来源和性质的危险性时，才属于刑法所规定的洗钱行为。

第三，主观要素不要求与之相对应的客观事实。短缩的二行为犯中的特定目的大体属于这种情况。

例如，刑法第 239 条规定的“以勒索财物为目的绑架他人”意味着，只要行为人出于该目的绑架他人，即构成绑架罪；不要求行为人实施了勒索财物的行为，更不要求行为人已经取得了财物。

这里需要特别注意的是，主观要素表明客观要素是有限度的，并不意味着由主观到客观认定犯罪。例如，甲意欲杀乙，本想使用砒霜，但由于认识错误使用了白糖，结果乙吃后安然无恙。有的学者认为，甲有杀人的故意，在杀人故意的支配下实施了杀人行为，只是结果没有出现，所以构成故意杀人罪（未遂）。这种观点实际上是夸大了主观要素对客观要素的作用：认为凡是在杀人故意支配下实施的行为都是故意杀人行为，而不论该行为对生命是否具有危险性。

（二）影响违法性或有责性

目的犯之目的是影响违法性还是影响责任是一个颇值得研究的问题，这个问题涉及目的犯的分类和目的犯的解释方法；而且，在这个问题上的不同态度，表明了学者刑法学的基本立场。

1. 德日刑法学状况

关于目的犯目的之功能，真正存在的问题是该特定目的是影响违法性还是影响责任。正如德国学者罗克辛所说，“主观行为构成的特征的真正问题，今天不再是这种特征的存在问题，而是这种特征与专门的主观罪责特征之间的界限问题”。[①] 罗克辛这里所讲的“主观行为构成的特征”就是主观构成要素，由于罗克辛认为构成要件是违法类型，所以主观构成要素也就是主观违法性要素。所以罗克辛的这句话意即：真正的问题是主观违法要素和主观责任要素的界限问题。对此，罗克辛认为划分的界限在于主观要素同犯罪类型的关系：如果一个主观要素能够有助于确定犯罪类型，也就与所保护的法益有关，那么它就是一个不法要素；如果一个主观要素与犯罪类型无关，而只是仅仅限制性地规定了依赖于犯罪类型的动机、情感和态度，那么它就是一个罪责要素。

例如，德国刑法第 242 条盗窃罪中的“违法占有目的”，其内容包括剥夺所有人和把已经拿走的物品占为己有，其中的“剥夺”是直接把作为法益的财产作为目的，而“占有”表明了这个犯罪类型的另一个方面，以使其区别于单纯地损害财产的犯罪类型。既然“违法占有目的”有助于确定盗窃罪的犯罪类型，那么它就是一个主观不法要素。相反，德国刑法第 211 条谋杀罪中的“贪财”这个主观要素就是一个罪责要素，它与本罪的法益——自然人的生命无关，它并没有表示出特别的攻击种类（例如，像“使用会造成公共危险的手段”），它仅仅是提高了一个杀人行为的罪责。再如，“毁灭一个国家的、种族的、宗教的，或者通过其民族性确定的群体的目的”，在灭绝种族罪（德国刑法第 220a 条）中，是一个主观的不法要素，因为这个目的与受保护的法益有关，而且是犯罪类型的特征；相反，这个目的作为谋杀罪中的“卑鄙的动机”仅仅是个罪责要素。

这些例子说明，那种认为如果一个主观要素是针对于外部结果，就是不法要素，如果仅仅是一种纯粹的内心活动（如作为“卑鄙动机”的嫉妒），就是罪责要素的看法是不正确的。起决定

---

① ［德］克劳斯·罗克辛著：《德国刑法学总论》（第 1 卷），王世洲译，法律出版社 2005 年版，第 205 页。

性的不是外部世界的结果，而是这种结果的存在或不存在与犯罪类型的关系。①

德国学者耶赛克也表达了区分主观违法要素和责任要素的想法："不应当将思想要素作为统一的责任要素考察，而应当部分作为责任要素，部分作为不法要素加以考察（区别说）。不是建立在不法领域的相应的连接点基础之上的思想要素，而是直接而且仅仅能够从属于责任领域的事实情况中推导出的思想要素，可称为真正的责任要素。相反，仅表现为特殊的不法要素的主观方面的思想要素，只能够属于主观的不法要素。可以说区分经常是困难的，但又必须加以区分"。②

在日本刑法学界，关于主观要素是影响违法性还是责任，也存在很大的争议：（1）主观的违法要素肯定说。该说认为由于主观的构成要件要素具有加重违法性的机能，是行为无价值的重要因素。这种观点认为，主观的构成要件既是违法要素，又是责任要素。其代表有团藤重光、福田平、大塚仁、西原春夫、野村稔等。（2）主观的责任要素肯定说。该说主张主观的构成要件要素不是违法要素而是责任要素。例如，内田指出："为了不破坏犯罪个别化机能，一定限度的形式的 = 主观的构成要件要素必须承认之，但是该场合的'主观的要素'给'责任'以基础。"其代表有内田文昭、曾根威彦、前田雅英等。（3）主观的构成要件要素全面否定说。此说根据主观的构成要件要素会招徕"刑法的不健全的主观化"的基本立场，认为不要主观的构成要件要素。认为主观的构成要件要素可以由行为的危险性来代替。其代表有中山研一、内藤谦等。（4）主观构成要件要素部分肯定说。该说认为目的犯可以

① ［德］克劳斯·罗克辛著：《德国刑法学总论》（第1卷），王世洲译，法律出版社2005年版，第205页。

② ［德］耶赛克、魏根特著：《德国刑法教科书》（总论），中国法制出版社2001年版，第565～566页。

分为两类：一是“以结果为目的的犯罪”（如诬告罪中使受处分的目的），二是“以后行为为目的的犯罪”。前者目的不是主观违法要素；后者目的不能不说是主观违法要素。[①] 在日本，关于主观的违法要素，一方面有逐渐扩大主观违法要素的趋势，另一方面根据法益侵害说的立场，重新全面否定主观违法要素之说（中山研一、大越义久、前田雅英），或者限制主观违法要素而只肯定一部分之说正在抬头（平野龙一、内藤谦）。[②]

上述日本学者关于主观要素功能的争议，归根到底体现的是法益侵害说和规范违反说两种不同立场的争议。

法益侵害说认为，违法性判断是以刑法规范作为评价规范（而不是行为规范），对生活秩序侵害性进行客观判断；应将判断对象限于表现在外的行为的客观要素，不能反映于客观方面的行为者的主观要素无须纳入违法判断的范畴，而将它们视为责任判断的对象。相反，规范违反说不仅要考察行为的法益侵害性，而且要分析推动行为人侵害法益的行为样态和主观意图。这样，行为者的主观要素对于违法性的存否、强弱都有着重大的影响。主观要素自然就是违法性判断的对象。

规范违反说认为，目的犯中的特定目的赋予行为违法性，这种目的超出了构成要件的客观要素，而被称为“超过的内心倾向”。例如，在伪造货币罪中，如果行为人只认识客观的事实而无行使、流通目的，要判断其行为对货币的公共信用是否有损害，还比较困难。若是出于教学、个人收藏目的伪造货币，则没有违法性。相反，法益侵害说则认为，目的犯中的目的不是违法要素，而是责任非难的要素，其机能是使犯罪判断个别化。在伪造货币的场合，虽

① 参见马克昌：《比较刑法原理——外国刑法总论》，武汉大学出版社2002年版，第134~135页。

② 参见马克昌：《比较刑法原理——外国刑法总论》，武汉大学出版社2002年版，第314页。

无行使的目的，但是从伪造的数量、逼真程度来看，有投入流通的危险性时，就可以判断为具有违法性。至于“行使目的”在是否可以对具体个人进行非难的时候加以决定。①

在上述日本学者中，坚持法益侵害说的平野龙一教授的观点颇具特色，有必要特别注意。

平野龙一认为，“即便说主观违法要素能够存在，但这绝对不是一件好事情。因为主观违法要素的确定自身就很危险，而且还会导致法律干涉内心的结果……因此，在立法论和解释论上，最好不要根据主观要素，而仅仅根据客观要素来划定犯罪的成立范围。”②

平野龙一主张构成要件是违法类型，不赞成构成要件是违法、有责类型的观点。因此，原则上不承认主观的构成要件要素。故意、过失不是构成要件要素，否则，构成要件和有责就成为一体了。③ 平野原则上否认主观的违法要素。因为承认主观的违法要素可能导致法律干涉人们的内心。通说认为，目的犯中的目的、倾向犯中的内心倾向、表现犯中的心理过程是主观的违法要素。而平野则认为，目的犯中的目的、倾向犯中的内心倾向、表现犯中的心理过程是主观的责任要素。就目的犯而言，只有像伪造货币罪那样，“以行使为目的”的内容是“行使”这一新的行为时，目的才是主观的违法要素，此外的目的则不是主观的违法要素。此外，倾向犯的主观倾向、表现犯的心理过程都不是主观的违法要素。④

平野认为，日本刑法虽然没有对财产犯罪规定不法所有的意

---

① 参见陈兴良、周光权著：《刑法学的现代展开》，中国人民大学出版社 2006 年版，第 277 页。

② 黎宏：《判断行为的违法性时不应考虑主观要素》，载《法商研究》2006 年第 1 期，第 101 页。

③ 李海东主编：《日本刑事法学者》（上），法律出版社、日本成文堂联合出版 1999 年版，第 276 页。

④ 李海东主编：《日本刑事法学者》（上），法律出版社、日本成文堂联合出版 1999 年版，第 276 ~ 277 页。

思，但不法所有的意思仍然是财产犯罪的故意内容。理由是，单纯从客观上看，毁弃罪的违法性重于领得罪；但从法定刑上看，领得罪重于毁弃罪。这是因为由于领得罪的行为人主观上具有不法所有的意思，使其有责性增大，如果不要求领得罪具有不法所有的意思，就不能说明法定刑的差异。[①] 也就是说，财产罪中的“不法所有的意思”是影响责任的要素，而不是影响违法性的要素。

2. 我国刑法学状况

由于我国刑法学不存在构成要件该当性、违法性、有责性三个阶层，而是认为犯罪构成具有犯罪客体、犯罪客观方面、犯罪主体、犯罪主观方面四个方面的要件，至于这四个方面的排列顺序则没有统一的看法。同时，我国刑法认为犯罪具有社会危害性和刑事违法性两个基本特征，作为犯罪基本特征的社会危害性和刑事违法性，是由犯罪客体、犯罪客观方面、犯罪主体、犯罪主观方面四个方面综合起来决定的。在这种犯罪论中，似乎不存在犯罪目的是影响违法性还是有责性的逻辑，而只是笼统地说犯罪目的对于定罪量刑具有影响。

但是，随着中国刑法知识去苏俄化，而渐行德日化时代的到来，我国不少学者已经开始用德日刑法学的逻辑来思考问题。在目的犯目的之功能问题上，日本法学界的争议在我国也可以找到相对应的观点。

（1）目的不影响法益侵害性（社会危害性）说。该说认为，目的等主观要素不影响行为的法益侵害性。例如，黎宏教授认为，应该稍微修改一下我国刑法中的社会危害性理论，应当区分“行为的社会危害性”与“犯罪的社会危害性”是两个不同的概念。前者是单就行为本身的客观属性而言的，其仅仅根据行为对我国刑法所保护的社会关系或者说法益造成的实际危害或者现实威胁加以

① 李海东主编：《日本刑事法学者》（上），法律出版社、日本成文堂联合出版1999年版，第290~291页。

判断；后者是就犯罪的基本特征而言的，其判断必须结合犯罪本身所具有的值得刑罚处罚的特征进行。在犯罪类型的认定当中，首先，必须从纯粹的客观主义立场出发，判断行为是否具体犯罪所要求的具有社会危害性的行为。这种判断是纯粹的客观判断，不应当考虑行为的主观方面要素。其次，必须综合主客观两个方面来判断该行为构成刑法当中所规定的何种犯罪。在进行这种判断时，必须考虑行为人主观方面的意思内容；否则，就难以确定行为人的行为是否符合具体的犯罪构成。但是，我国刑法学的通说却将这两种判断混为一体，便出现了认为在行为的社会危害性的判断上需要考虑行为人主观要素的见解，导致在行为客观属性的判断上主观化的结果。①

这种观点实际上是将行为的社会危害性理解为德日刑法学三阶层中的违法性，而认为违法性判断的对象只能够是客观要素，而不包括主观要素。也就是说，目的犯中的目的对违法性没有影响，而只影响责任。很明显，这种观点受到了曾根威彦、前田雅英等主观责任要素肯定说的较大影响。体现的是绝对的法益侵害说（绝对的结果无价值一元论）的立场。

（2）目的影响法益侵害性（社会危害性）说。该说认为，目的等主观要素影响行为的法益侵害性。例如，童伟华博士认为，“不管是哪一种类型的目的犯，目的与法益侵害都具有紧密的关系。换句话说，正因为具有特定目的，才会侵害特定的法益”。“由于目的不同，对法益的侵害程度就有显著的差别。目的的价值就在于这个方面。”②

根据这种观点，目的犯目的之功能在于影响行为的法益侵害性。很明显，这种观点接受的是大塚仁等学者主张的主观违法要素

① 黎宏：《判断行为的社会危害性时不应考虑主观要素》，载《法商研究》2006年第1期，第106页。

② 童伟华著：《犯罪构成原理》，知识产权出版社2006年版，第237~238页。

肯定说，体现的是规范违反说或行为无价值二元论的立场。

(3) 目的一般不影响法益侵害性（社会危害性）说。该说认为，目的等主观要素一般不影响行为的法益侵害性；但是在特殊情况下，目的也影响行为的法益侵害性。

张明楷教授认为，“并不是任何目的都影响法益侵害性。例如，一般认为，盗窃罪必须以非法占有为目的，但与故意毁坏财物罪相比，后者对法益的侵害并不轻于前者；前者的处罚之所以重于后者，是因为前者的罪过性（非难可能性）重于后者。所以，盗窃罪的非法占有目的，不是影响法益侵害性的要素，而是影响非难可能性的要素。但是，短缩的二行为犯的目的，一般是影响法益侵害性的要素。其中表现为两种情形：一是如果没有特定目的，其行为的法益侵害性便没有达到值得科处刑罚的程度。例如，倘若行为人没有牟利或者传播的目的，其走私淫秽物品的行为的法益侵害性就没有达到值得科处刑罚的程度。再如，如果没有出卖的目的，单纯接送妇女的行为，不可能侵害法益。二是如果没有特定目的，其行为的法益侵害性就不可能达到较重犯罪的程度，因而只能以较轻的犯罪论处。例如，倘若不以勒索财物或者满足其他不当要求为目的，将他人置于自己或者第三者实力支配下的行为，就不构成绑架罪，只成立非法拘禁罪”。①

可以看出，在目的犯目的之功能问题上，张明楷教授是受到了平野龙一教授的主观构成要件要素部分肯定说的影响。这种观点将目的犯区别对待，认为在断绝的结果犯中目的影响责任，在短缩的二行为犯中目的影响违法性。坚持的是相对的法益侵害说（相对的结果无价值一元论）的立场。

3. 本书观点

从前文对目的犯之概念、目的犯中目的与故意之关系的分析可

---

① 张明楷：《论短缩的二行为犯》，载《中国法学》2004 年第 3 期，第 149 ~ 150 页。

以看出，本书始终认为断绝的结果犯和短缩的二行为犯的结构存在重大差异。就目的犯目的功能来看，本书同意张明楷和平野龙一的观点：在断绝的结果犯中，特定目的是责任要素；在短缩的二行为犯中，特定目的是主观违法要素，对违法性产生影响。

具体来说，笔者认为构成要件是违法有责类型（不同于平野的违法类型说），主观的构成要件要素中一部分是违法性要素，一部分是责任要素。例如，在各种取得型财产罪（属于断绝的结果犯）中，“非法占有目的”属于故意的意志因素（参见本书第二章第一节）；而根据法益侵害说，故意是责任要素，所以非法占有目的主要是影响责任，而不是影响违法性。就像张明楷和平野龙一都指出的那样：具有“非法占有目的”的盗窃罪对法益的侵害并不重于不具有“非法占有目的”的故意毁坏财物罪，但是盗窃罪的刑罚之所以重于故意毁坏财物罪，原因就在于“非法占有目的”加重了盗窃罪的责任。但是，在短缩的二行为犯中的特定目的是主观的超过要素，其功能影响违法性。

三、目的犯的基本立场——规范违反说之批判

从上文可以看出，对目的犯之目的是影响违法性还是影响有责性的不同看法，实际上反映了学者是坚持规范违反说还是法益侵害说的不同立场：坚持规范违反说者认为目的影响违法性；坚持法益侵害说者认为目的不影响（或者一般不影响）违法性，而是影响有责性。因此，要证立本书目的犯目的功能的结论（目的一般不影响违法性而是责任要素；只有在短缩的二行为犯中，目的才是违法性要素），势必反对规范违反说，支持法益侵害说。

在我国刑法学界，张明楷教授极力提倡并贯彻法益侵害说，对我国刑法学的发展有着重大的推动作用。但是法益侵害说提出后不久，周光权教授就明确指出在现代中国，规范违反说才是正确的选择，并不遗余力地提倡和贯彻规范违反说。这样，在中国刑法学界，法益侵害说和规范违反说的对立初步形成。鉴于以张明楷教授

为代表的多数学者已经从正面充分肯定了法益侵害说的合理性；但是自周光权教授提出规范违反说以来，至今不见对此观点的评论。所以，笔者拟在下文重点批判规范违反说，而不再从正面论证法益侵害说的合理性；希望通过对规范违反说的批判，进一步明了法益侵害的合理性。

（一）规范违反说内涵混乱：雅科布斯的规范定义与日本学者的规范内容不能兼容

周光权教授从宾丁的“规范说”、M. E. Mayer 的“文化规范论”讲到雅科布斯的“规范理论”，明确表示，“我赞成雅科布斯意义上的规范理论：规范是社会的结构，换言之，是规定人们之间那种可以被期望并且不是必须考虑其对立面的关系的内容的。”同时，周光权教授又接受日本学者对规范内容的界定：“在规范违反说看来，违法性的实质是违反法秩序或者法规范。而法规范的实质是社会伦理规范，从根本上说，法是国民生活的道义、伦理。所以，违反刑法的实质就是违反刑法规范背后的社会伦理规范。”从而将规范等同于社会伦理规范。也就是说，周光权教授给规范违反说中的“规范”下了一个雅科布斯式的定义，却赋予它日本学者式的内容。① 但是，雅科布斯的规范理论与日本学者的规范理论有着很大的区别，根本不可能统一在一个概念中。

（1）雅科布斯规范理论的基础是方法二元论，规范的内容来源于理性，与社会伦理无关。

周光权的规范违反说深受雅科布斯规范理论的影响，而雅科布斯的规范理论明显地受到康德哲学的影响。康德区分了自然科学的理论理性和人类道德生活中的实践理性。雅科布斯则进一步地将数学的逻辑规则和自然科学的因果法则称为“绝对规范”，而把社会

① 周光权：《论刑法学中的规范违反说》，载《环球法律评论》2005 年第 2 期，第 168 页；周光权著：《刑法学的向度》，中国政法大学出版社 2004 年版，第 209 页；陈兴良、周光权著：《刑法学的现代展开》，中国人民大学出版社 2007 年版，第 272 页。

规范叫做“弱规范”。法规范就是一种弱规范，犯罪就是对这种弱规范的破坏；罪责就是为了使弱规范稳定。①

雅科布斯意义上的法规范是人格体存在的基础，是社会的结构，“是一个不依赖于个体性任意而建立起的联系的框架”。②

那么，法规范的内容从哪里来呢？“Kant 坚持‘法’的概念绝对不能来自经验（如社会契约）或者是由‘事物本质’中被推导而出，而是基于与经验不相干的理性先天意识本身……这一点为 Jakobs 教授或所谓‘规范论’所忠实继承，并奉为圭臬而拳拳服膺之”。③

那么由理性怎样推出法规范呢？康德的法律哲学认为，“人的理性先天意识到人的共同生活需要一些条件，在那些条件下一个人的意志能与另外一个人的意志成为一致，而法律就是这诸种条件的总集合。”但是由理性推出来的规范，其具体内容是极其有限的。“基于法律的概念本身蕴涵了维护秩序、保障共同生活下相互不干扰以使人人得以自由发展的基本目的，Kant 不难由法律的概念本身直接推出保护私有财产、禁止伤害他人身体等若干具体的法律规范……但是一个不愿意由经验世界来讨论法律应该有各种什么样的义务的法律哲学，除了由法律概念所能直接引出的最小内容之外，还能告诉我们什么更多的具体义务呢？”④

这样一来，所谓的“规范”就只能够是一个形式的、内容空洞的概念。难怪当“‘法益论’在探讨法律应该实现什么样的法益

---

① 参见李文健：《罪责概念之研究》，作者发行 1998 年版，第 190 ~ 192 页。

② ［德］雅科布斯著：《规范·人格体·社会》，冯军译，法律出版社 2001 年版，第 117 页。

③ 林立：《由 Jakobs“仇敌刑法”之概念反思刑法“规范论”传统对于抵抗国家暴力问题的局限性》，载《政大法学评论》第 81 期，第 36 ~ 37 页。

④ 参见林立：《由 Jakobs“仇敌刑法”之概念反思刑法“规范论”传统对于抵抗国家暴力问题的局限性》，载《政大法学评论》第 81 期，第 37 ~ 38 页。

时，Jakobs 教授却峻拒之”。[①] “法益这个评价性的概念，对 Jakobs 而言，是属于规范世界以外的存在世界，对于 Jakobs 所描述的规范形式运作系统，法益当然是不重要的，因为运作的要素可以是法益，也可以是其他概念，只要规范能存在就可以。……很明显的，他一贯想寻找一个形式的、抽象的规范概念，以解释不同时空的社会具体认同。而相对的主流思想则是以法益作为当代社会同一性的判准，将所谓规范的目的落实在法益的保护上面。”[②]

可见，雅科布斯坚持方法二元论，认为规范只能够从另一种规范，而不能够从现实中推出。也就是说，他认为法规范只能够从人的理性中推出，而与法益、社会文化伦理等现实毫无关系。这样，脱离法益、社会文化伦理等现实基础的规范，其内容只能够是空洞抽象的。

（2）日本学者规范违反说的基础是方法一元论，规范的实质内容是社会伦理规范。

也许正是认识到康德和雅科布斯意义上的规范理论内容的空洞性，日本刑法学所发展的规范违反说致力于将规范具体化，认为规范的实质内容是社会伦理规范。例如，小野清一郎认为，违法性的实质是“违反国家的法秩序的精神、目的，对这种精神、目的的具体的规范性要求的违反”。团藤重光认为，违法性“是对作为法秩序基础的社会伦理规范的违反”。“这两位日本旧派代表人物的观点，则与 M. E. Mayer 的规范违反说相似。”[③]

笔者认为，日本刑法学所继承和发展的是 M. E. Mayer 意义上的规范违反说，而与雅科布斯意义上的规范理论具有重大的方法论差异：前者采用的是方法一元论；后者采用的是方法二元论。

---

① 林立：《由 Jakobs “仇敌刑法” 之概念反思刑法 “规范论” 传统对于抵抗国家暴力问题的局限性》，载《政大法学评论》第 81 期，第 38 页。

② 许玉秀著：《当代刑法思潮》，中国民主法制出版社 2005 年版，第 25 ~ 26 页。

③ 张明楷著：《外国刑法纲要》，清华大学出版社 1999 年版，第 135 页。

雅科布斯基于方法二元论，认为规范不能够来源于合意、妥协、多数人的决议或武力大的人的威逼等经验。[①] 例如，他认为即使两个个体约定不进行抢劫，但是一旦一方认为约定的结果引起了他的不快，约定就失去了意义。只有不依赖于个体的快与不快而存在的规范，才能够为世界的稳定和安全提供保障。[②] 作为社会结构的规范不能够来源于经验，而只能够来源于人的理性。

而日本刑法学所继承和发展的 M. E. Mayer 意义上的规范违反说则采用的是方法一元论。M. E. Mayer 认为违法性的实质是违反文化规范，即宗教、道德、风俗、买卖规则，职业规则等决定人们日常行为的命令及禁止。那么文化规范从何而来呢？M. E. Mayer 对文化与文化规范予以了说明：各种文化的创造是多数人协力的结果，文化的创造者是社会，社会是多数人为了实现共同目的而团结起来的状态，故共同目的、共同利益是形成社会的原动力；文化虽然是保护这种共同利益的东西，但共同利益中又产生和发展了文化；文化是要求，文化对个人命令一定的行为、禁止一定的行为，故文化产生各种规范，规范是文化的产物。[③]

很明显，M. E. Mayer 的文化规范来源于经验，尤其是利益，这与雅科布斯坚决反对将利益与规范联系起来的思维模式是完全不同的：前者承认规范来源于利益等经验；后者认为规范只能由人的理性推出，而不能来源于利益等经验。

而周光权教授明显忽视了雅科布斯规范理论与 M. E. Mayer 及日本学者规范违反说的区别：前者的基础是方法二元论，规范的内容是抽象而空洞的；后者的基础是方法一元论，规范的内容是具体而现实的。把从经验中得来的社会伦理作为雅科布斯规范的含

---

① 参见林立：《由 Jakobs“仇敌刑法”之概念反思刑法“规范论”传统对于抵抗国家暴力问题的局限性》，载《政大法学评论》第 81 期，第 39 页。

② 参见［德］雅科布斯著：《规范·人格体·社会》，冯军译，法律出版社 2001 年版，第 132 页。

③ 参见张明楷著：《法益初论》，中国政法大学出版社 2000 年版，第 73～74 页。

义，是与雅科布斯的规范理论相矛盾的，是雅科布斯所坚决反对的。[①] 而周光权却试图将这两种无法兼容的“规范”统一在其规范违反说中，这只能使其理论内容混乱。

（二）规范违反说方法论片面：规范违反说、法益侵害说的对立与方法论的对立无关

周光权教授误解了规范违反说、法益侵害说的对立与方法论对立之间的关系，他认为，法益侵害说以“存在论”（方法一元论）为前提；规范违反说以“规范论”（方法二元论）为前提。这可以从他的以下论述中看出。

在他看来，“法益侵害说显然认为，社会存在决定了人们的认识，现实世界和观念之间存在同一性，在社会生活背后，存在着需要法律加以保护的利益，即法益。”“所有的秩序和意义都存在于客观现实中。人类和他的生存空间以及所有自然界和精神界的存在现实，只要是对共同生活关系重要的，都构成一个符合的存在，它本身就是秩序的体现，并不是经由非现实的观念塑造才能成形。刑法理论就是对这种有秩序的世界加以描述，而不是要创造一个新的世界。刑法学的概念体系就不是和被评价的生活秩序毫不相干的体系。”[②] 也就是说，周光权教授认为，法益侵害说“显然”是以存在论，即方法一元论为前提的。

在他看来，“规范违反说与价值判断有关，而不像法益侵害说那样与事实形成直接关联。对此，要从新康德学说的主要观点谈

---

① 周光权似乎也意识到了这种差异。他曾经说过：“雅科布斯意义上的规范概念，和日本学者们所理解的规范的含义，就有很大的区别。将规范违反说中的规范完全等同于社会伦理规范的做法，基本上可以看做是日本刑法学者的‘独特贡献’。”（周光权著：《刑法学的向度》，中国政法大学出版社 2004 年版，第 126 页）但是他没有进一步研究这种差别所在，而是简单地将它们作为定义与内容的关系来处理，这就不可避免地造成他规范违反说内容的混乱。

② 陈兴良、周光权著：《刑法学的现代展开》，中国人民大学出版社 2007 年版，第 264 页；周光权：《论刑法学中的规范违反说》，载《环球法律评论》2005 年第 2 期，第 170 页；周光权著：《刑法学的向度》，中国政法大学出版社 2004 年版，第 194 页。

起……循着新康德学派的主张进一步思考不难发现：既然客观世界本身没有意义，是一团‘乱麻’，从现实中无法产生概念和规则，一切概念、体系、规则都是人类思想、理性的产物，所以规范的形成过程和客观世界是互不相干的，规范体系和事实的存在结构就是两个无法沟通的体系。规范只能从规范当中形成，不能从客观现实的构造当中形成”。① 显然周光权教授认为，规范违反说以规范论，即方法二元论为前提。

但是，法益侵害说与“存在论”之间，规范违反说与“规范论”之间并不存在对应关系。

首先，罗克辛主张的是法益侵害说，但是其方法论却是新康德主义的“规范论”。罗克辛在方法论上反对存在论的立场，采取新康德主义方法二元论的路线，认为刑法体系不能够根据“存在的既有事实”而建构，只能够从刑法的目的设定当中建构起来。他认为刑法体系是一个评价体系，这个评价体系只能够从另一个评价体系推导出来，而不能够求诸存在体系。② 在这一方法论立场上，罗克辛与雅科布斯及周光权并不存在分歧。分歧在于如何理解借以推导出刑法这一评价体系的另一个评价体系——刑法背后的刑事政策。罗克辛认为，“刑法没有贯彻一种特定的宗教或者意识形态这样的晌务，刑法的任务应当是保护公民享有一种有保障的和平的共同生活，享有能够与这个目标相一致的最大限度的人身自由。……因此，刑法的任务就是法益保护……我对不法的确定是由刑事政策的基础性理论引导出来的。这个刑事政策的基础性理论所根据的是：刑法以保护其他手段所不能保护的法益为目的。用简洁的口号

① 周光权：《论刑法学中的规范违反说》，载《环球法律评论》2005 年第 2 期，第 170 页；周光权著：《刑法学的向度》，中国政法大学出版社 2004 年版，第 203 ~ 206 页。

② 参见［德］克劳斯·罗克辛著：《德国刑法学总论》（第 1 卷），王世洲译，法律出版社 2005 年版，第 125 页；许玉秀著：《当代刑法思潮》，中国民主法制出版社 2005 年版，第 89 页。

表示就是：刑法是为'辅助性法益保护'服务的。"[①] 从法益保护的刑事政策出发可以推出，不法就是通过实现一种不允许的风险来造成对法益的损害。并且，从法益保护思想出发还能够得出客观归责理论：只有将造成或实现了一种不允许风险的行为归责于行为人。总之。罗克辛从其法益保护的刑事政策出发推出了其法益侵害说。

可见，一方面，罗克辛主张新康德主义的规范论，另一方面又主张法益侵害说。并不像周光权所讲的法益侵害说"显然"以存在论为前提。

进一步说，周光权之所以会有这样的误解，是基于他对法益概念的片面理解。实际上，根据法益与实定法的关系，可以将法益概念分为先法性法益概念、宪法性法益概念、后法性法益概念三大类。后法性法益概念认为，法益是通过刑法建构的，是刑法规范已经保护的范畴，从刑法规定的行为构成中可以发现法益概念；先法性法益概念强调，法益是一种先法范畴，立法者制定法律之前就有预先给定的法益存在，法律只能够发现它而不能够创造它；宪法性法益概念将法益置于宪法之后，刑法之前，法益不是由刑法来建构的，它应当在宪法的框架内进行讨论。[②] 先法性法益概念认为，法益是一种生活利益，这种利益并非法制的产物，而是社会本身的产物，但是法律的保护使生活利益上升为法益。[③] 显然，这种先法性法益概念是以存在论为前提的。周光权所讲的法益侵害说以存在论为前提的观点，对于先法性法益概念是正确的。但是，后法性法益概念是完全由刑法建构的，它来源于刑法规范，是一种规范论

---

① ［德］克劳斯·罗克辛：《德国犯罪原理的发展与现代趋势》，王世洲译，载《法学家》2007年第1期，第154~155页。

② 参见刘孝敏：《法益的体系性位置与功能》，载《法学研究》2007年第1期，第75页。

③ 参见［德］李斯特：《德国刑法教科书》，徐久生译，法律出版社2006年版，第6页。

（方法二元论）意义上的法益概念。罗克辛采取的是宪法性法益概念，“法益是在以个人及其自由发展为目标进行建设的社会整体制度范围之内，有益于个人及其自由发展的，或者说有益于这个制度本身功能的一种现实或者目标设定”。[①] 这种法益概念是从宪法框架中推导出来的，也是一种规范论（方法二元论）意义上的概念。所以，如果全面地理解法益概念的三种类型，就不会得出法益侵害说是以存在论（方法二元论）为前提的片面认识。

其次，雅科布斯之所以主张规范违反说，并不是其方法二元论必然导致的结果，而是其对推出刑法这一评价体系的另一评价体系——刑法背后的刑事政策，做了与罗克辛完全相反的理解。雅科布斯认为刑法的目的是为了保护弱规范的稳定性，所以才推出其规范违反理论。

雅科布斯的规范违反理论与其老师 Welzel 的理论有相同之处也有不同之处。Welzel 认为，“刑法最重要的使命，在于积极的、社会伦理性质的方面”；他特别强调刑法维持社会伦理的机能，认为确保社会伦理被遵守的任务是比保护法益更为本质的任务；甚至承认没有侵害法益的犯罪，即承认存在“由于行为本身在社会伦理上不纯洁而值得非难”的犯罪。[②] 雅科布斯与 Welzel 关于刑法目的和机能的认识大体是相同的，都认为刑法不是为了保护法益，而是维护规范稳定。但是他们的方法论则完全不同：雅科布斯以二元论为基础；Welzel 则明确反对新康德的方法二元论，而主张方法一元论。[③]

总之，是采用规范违反说还是法益侵害说，关键在于如何理解刑法的目的与机能，而不在于采用什么方法论。而且，方法一元论

---

① ［德］克劳斯·罗克辛著：《德国刑法学总论》（第1卷），王世洲译，法律出版社2005年版，第15页。

② 参见张明楷著：《刑法的基本立场》，中国法制出版社2002年版，第167页。

③ 参见许玉秀著：《当代刑法思潮》，中国民主法制出版社2005年版，第134～136页。

和方法二元论的差别并没有周光权教授想象的那么大，也承担不起区分规范违反说和法益侵害说的重任。其实，这两种方法论的观点各有其正确性，并不互相对立，而是在不同层面上同时存在。方法二元论认为价值不能从存在引申出来，只能从价值引申出来，是目的层面的方法论；一元论认为存在决定价值，是手段层面的方法论。① 例如，不同的犯罪成立理论起源于对刑法目的的不同理解，即从刑法目的、机能的价值体系引申出犯罪评价体系，这是二元论的态度。② 但是，犯罪的成立需要哪些要素则离不开经验事实，这是一元论的态度。例如，我国刑法学的主客观相统一原则，要求犯罪的成立必须同时具备客观要素和主观要素，它基本上是一个存在论的命题，不涉及价值判断。③

（三）规范违反说价值观错位：是采取法益侵害说还是规范违反说，主要取决于一国宪法的价值观，而不是国民的规范意识

周光权教授认为，是采取法益侵害说还是采取规范违反说，取决于国民的规范意识：在社会和平、生活秩序井然、规范的价值被高扬的时代，应该采取法益侵害说；反之在社会剧烈转型、各种权利关系不明确、公众的规范感不强的时期，应该采取规范违反说。

他的这一立论是基于其对日本刑法理论和历史状况关系的认

① 参见许玉秀著：《当代刑法思潮》，中国民主法制出版社2005年版，第151页。

② 周光权深受雅科布斯刑法机能论的影响——刑法的机能就是保障规范的同一性，就是保障规范能够证明自己在社会中是真实的（［德］雅科布斯著：《行为责任刑法——机能性描述》，冯军译，中国政法大学出版社1997年版，第151页），所以他认为我国的犯罪构成理论应该分为“规范承认—规范破坏—规范重建”三个层次：“规范承认（构成要件该当性）是事实评价……考察行为是否违背了社会对人所提出的规范期待；规范破坏（违法性）是法律评价，在不存在正当防卫等违法阻却事由的情况下，可以确定行为人破坏了规范；规范重建（有责性）是主观评价，为追究刑事责任提供主观根据，从而恢复已经遭受犯罪所破坏的规范”（周光权：《犯罪构成理论：关系混淆及其克服》，载《政法论坛》2003年第6期，第53页）。这种二元论是目的层面上的方法论。

③ 参见陈兴良：《主客观相统一原则：价值论与方法论的双重清理》，载《法学研究》2007年第5期，第119页。

识。他认为，日本战后初期“产生了从法益侵害说到规范违反说的转向”。之所以出现这种转向，主要是因为“日本在第二次世界大战结束之初，国力羸弱，国民规范意识缺乏，社会处于激烈变动时期，此时，规范违反说占据主流地位”。但是自20世纪60年代以来，“随着日本法治的进一步完善，各种利益关系逐步理顺，国民对规范认同感的增强，利用刑法保护合法权益的问题就凸显出来，结果无价值论从此大行其道。”①

周光权进一步以此立论为依据，批评我国学者的法益侵害说“只看到结果无价值论在今天某些西方国家处于主导地位就极力在中国推崇……对刑法立场与社会之间的关联性基本上没有涉及”。并进一步认为中国刑法的基本立场可以分两步走：“第一步，在规范、规范意识奇缺的时期，以行为无价值论为中心，确立刑法制度，这是当前的刑法目标，也是中国刑法的‘实然状态’；第二步，待社会转型完成，社会冲突缓和，在依据规范理顺各种关系，确立法益归属之后，人们对规范的认同已经不是问题的时候，再确立法益侵害说的地位。结果无价值论最终要在刑法理论中占据核心地位，这是一种期待，也是将来的中国刑法发展的方向，也是中国刑法的‘应然’状态。”②

在这里，周光权教授提出了一个立论：是采取法益侵害说还是规范违反说取决于国民规范意识的强弱。支持这一立论的根据是他对日本战后刑法学发展的认识。这一立论的后果是：现今中国国民规范意识不强、规范有效性不强，所以只能够先采取规范违反说。

笔者认为，这一立论、立论根据、立论后果初看起来似乎有些道理，但仔细分析，就会发现其存在很大的误解。

---

① 陈兴良、周光权著：《刑法学的现代展开》，中国人民大学出版社2007年版，第282~283页；周光权：《行为无价值论之提倡》，载《比较法研究》2003年第5期，第33页。

② 周光权著：《刑法学的向度》，中国政法大学出版社2004年版，第290页；周光权：《行为无价值论之提倡》，载《比较法研究》2003年第5期，第33页。

（1）立论根据错误：日本战后刑法学是朝着不断强化法益侵害说的方向发展的，不存在规范违反说的中兴。

日本刑法学在“战前→战后初期→60 年代以后”的发展并非经历了“法益侵害说→规范违反说→法益侵害说”的转变，而是经历了“规范违反说→法益侵害和规范违反的折中说（行为无价值二元论）→法益侵害说（结果无价值一元论）”的发展。

第二次世界大战前的日本刑法学，无论是新派还是旧派，无不强调规范违反说。牧野英一主张文化国思想、刑法进化论、犯罪征表说。[①] 牧野的刑法思想是完全站在与法益侵害说相反的规范违反说的立场上的。法益侵害说主张以行为对法益的侵害或危险作为违法性的本质；而牧野认为，行为只具有征表恶性的意义，真正处罚的对象是行为人的主观恶性而并非行为的危害性。法益侵害说立于个人主义的立场，主张限制国家刑罚权的干涉；而牧野明确支持以社会保护取代个人保障，主张扩大国家干涉范围的文化国思想。

小野清一郎虽然在早期的著作中特别关心刑法的“正义”问题，但是后来随着形势的发展变化，特别是受到国外的纳粹思想和国内的全体主义的影响，小野的思想也发生了很大的变化。这种变化集中体现在其“正义观念”转化成了“道义观念”。到了第二次世界大战期间，其道义观念达到了登峰造极的地步，甚至提出一君万民、君臣一体的国体是日本的根本法理、最高的道义，公开宣扬国家主义。[②] 可见，小野的思想是与法益侵害说相违背的。极端地主张维持伦理、道义是刑法的目的，明显地属于规范违反说的立场。

总之，周光权认为战前日本刑法学的立场是法益侵害说的观点

① 参见马克昌主编：《近代西方刑法学说史略》，中国检察出版社 1996 年版，第 243 页。

② 参见马克昌主编：《近代西方刑法学说史略》，中国检察出版社 1996 年版，第 276～278 页。

是错误的。并且战后初期也没有“产生从法益侵害说到规范违反说的转向”。恰恰相反，产生了从规范违反说到重视法益侵害说的转向，而且后来重视法益侵害说的思想更加彻底。

战后日本制定了新宪法，旧的法律价值体系被完全打破，目标是建立一个与强调基本人权和个人价值的新宪法相适应的刑法理论。完成这一历史任务的是团藤重光。团藤通过“把法益保护推到了刑法的核心”，从而使旨在维护“万世一系”的天皇制度的日本帝国刑法整个倒了个个儿，使之服务于国民的自由、尊严及其利益。团藤的这种理论被其门生大塚仁发挥得淋漓尽致。①

团藤重光和大塚仁的学说，今天被称为法益侵害和义务违反的折中说或行为无价值二元论。而历史地看，这种刑法理论是为了打破旧的刑法理论，而与新宪法所规定的保障人权的基本原则相适应。其基本思路就是改造、弱化旧刑法学的伦理观念和伦理违反的意义，而重视、强化法益概念和法益保护的意义。

后来，随着少年时代经历了战争或战后凄凉以及价值观震撼的一批刑法学者的成长和发展，团藤的刑法学受到了严重的理论挑战，因为团藤的刑法学的基石仍然是行为无价值。以前田雅英、大谷实、曾根威彦等为代表的学者力主结果无价值一元论，纷纷聚集在平野龙一旗下，形成声势逼人而明显占了上风的平野刑法学派。他们比团藤的刑法学更具有个人主义的色彩，要求更进一步地限制国家刑罚权，主张非犯罪化。这一派的刑法学者有一种“矫枉必须过正”的意识：传统刑法学的国家主义、全体主义和手段主义有多严重，当代刑法学理论就应当在已认识到的范围内以同样甚至超过的程度强调公民的主体性、人的尊严与价值以及对国家刑罚权

① 参见李海东：《社会危害性与危险性：中、德、日刑法学的一个比较》，载陈兴良主编：《刑事法评论》（第4卷），中国政法大学出版社1999年版，第71页。

的限制。[①]

可见，日本刑法学的立场在第二次世界大战之前主要是立基于国家主义的规范违反说，战后顺着不断强化人权保障的方向而日益把法益侵害推到了刑法学的核心。

（2）立论后果有害：从法的有效性角度来看，首先应该采用法益侵害说，而不是规范违反说。

周光权教授认为，我国现在正处于“社会失范”的状态：国民不以法律为行为规范；司法人员不以法律为裁判规范。所以在这个时候还不能奢谈法益保护，只有采用规范违反说才能够重建规范的有效性。[②] 也就是说，现在规范有效性不强时，我们要强调规范违反说，以“培植国民的规范意识”；以后当规范有效性增强时，我们再采用法益侵害说。

笔者认为，周光权教授忽视了一个重要的问题：没有认清中国当代规范有效性不强的原因，因此其所提出的提高规范有效性的措施——规范违反说，也就显得没有针对性。

任何一种法都有赖于权力的支撑，但要使一种法有效地运行，仅有权力还不够，还需要这种权力是合法的，这就是权威。如果民众对一种权力在认同、信任和忠诚等方面缺失或出现赤字，就会出现所谓的合法性危机。当代中国民众法规范意识不强，只是一个表面现象，其实质原因是民众对于支撑法的权力缺乏认同和信任。也就是说，当代中国法规范失效的主要原因在于权威的失落。而这种权威的失落，在根本上是源于中国正在进行的应激型现代化运动。[③]

---

① 参见李海东：《社会危害性与危险性：中、德、日刑法学的一个比较》，载陈兴良主编：《刑事法评论》（第4卷），中国政法大学出版社1999年版，第72页。

② 参见周光权：《行为无价值论之提倡》，载《比较法研究》2003年第5期，第32～35页。

③ 参见郑永流：《法治四章——英德渊源、国际标准和中国问题》，中国政法大学出版社2002年版，第260～262页。

现代化之所以会产生权威的失落，其原因在于："落后国家的经济水平较低，国家只能够优先考虑经济增长，而经济的进一步增长则有赖于与之相匹配的体制，以一方面满足通过社会动员被调动起来的人的期望值，另一方面去调整种种不公平的财富分配关系。但是国家在短时期内又无法建立起比较健全的体制，于是国家权力成了民众迁怒的对象。""现代化会引起不稳定，而现代性带来稳定，只要中国还处在现代化进程中，还未获得必要的现代性，即社会经济发展水平没有达到某种指标水平，政治结构和价值观念没有发生某种改变，不稳定将会始终伴随人们左右，法也不可能比较有效。"① 也就是说：现代化运动→财富分配不公、人的预期失望→权威失落→规范失效。因此，要树立规范的有效性不能够仅仅从规范本身着手，而应该从财富分配、人们的预期等社会现实着手。

周光权教授所提倡的规范违反说实质上只认识到了表面现象，而没有认识到规范背后的社会现实，其所坚持的方法二元论也没有机会让他去思考规范背后的现实。笔者认为，在中国要建立规范的有效性，先得树立权威；而要树立权威，先得理顺和保护利益。所以提倡法益侵害说才是"培植国民规范意识"、提高规范有效性的根本；提倡规范违反说是舍本逐末，反而无法实现建立规范有效性的目标。所以，笔者主张当务之急应当是采取法益侵害说而不是规范违反说。

（3）正确的立论：是采取法益侵害说还是规范违反说，不是取决于国民的规范意识，而是取决于一国宪法的价值观。

法益侵害说与规范违反说的论战虽然是以实体法论战的形式表现出来的，但它本质上并非一个规范学上的问题，而是一个价值观的问题。法益侵害说的基本价值观是个人主义及自由主义；规范违

① 参见郑永流：《法治四章——英德渊源、国际标准和中国问题》，中国政法大学出版社2002年版，第262、267页。

反说的基本价值观实质上倾向于全体主义与社会连带思想。①

战后德日刑法的立场是有所不同的：德国刑法学的立场倾向于规范违反说；日本刑法学的立场倾向于法益侵害说。这表现在以下几点：

第一，刑事政策不同。“德国刑事政策的基本构造并非法益保护，而是罪责补偿和特殊预防的结合”，法益保护只是法治国家原则（Rechtsstaatlichkeit）对于国家刑罚权介入的规范限制。而“日本刑事政策基本上遵循着以法益保护为核心的新客观主义刑法理论”，② 尤其是第二次世界大战后成长起来的一批刑法学者更是主张结果无价值一元论。

第二，违法性理论不同。德国刑法学强调考虑行为人的主观要素，占统治地位的是以行为无价值为中心并承认结果无价值的不法意义的“人格的不法理论”；日本刑法学则尽可能排除将行为人主观方面作为判断的基础，结果是无价值占主流地位。在德国，即使是结果无价值的极力主张者，也是站在人格不法论的立场上，并不否认行为无价值的意义和作用，只是突出强调在不法中结果无价值的评价意义和独立作用而已；而在日本，结果无价值不是行为无价值的补充，而是它的对立物。③

第三，构成要件理论有所不同。德国刑法中可见道德性内容的条文；而日本刑法学通说则反对道德性内容的刑法条文，表现出对规范要素厌恶的态度。④

---

① 参见张明楷著：《刑法的基本立场》，中国法制出版社 2002 年版，第 156 页。

② 李海东：《社会危害性与危险性：中、德、日刑法学的一个比较》，载陈兴良主编：《刑事法评论》（第 4 卷），中国政法大学出版社 1999 年版，第 41、43 ~ 45 页。

③ 参见［日］西原春夫：《日本和德意志刑法和刑法学》，林亚刚译，载《法学评论》2001 年第 1 期，第 138 页；李海东：《社会危害性与危险性：中、德、日刑法学的一个比较》，载陈兴良主编：《刑事法评论》（第 4 卷），中国政法大学出版社 1999 年版，第 54 页。

④ 参见［日］西原春夫：《日本和德意志刑法和刑法学》，林亚刚译，载《法学评论》2001 年第 1 期，第 139 页。

德日刑法立场的这种差别归根到底是由两国宪法价值观的差异引起的。战后“德意志的目标是指向‘社会的法治国思想’，与此相反，日本战后重视的是‘基本的人权思想’”。[①]“社会法治国”是德国宪法的一个基本原则；“保护基本人权”是日本宪法的一个基本原则。

“社会法治国”是社会国与法治国的结合。社会国“是指一种根据特定的目标，通过干预的方式建立社会秩序的国家形式”，它侧重国家的干预。而法治国则要求一切国家行为依法进行。因此，“社会法治国重新使国家走向积极，与以前福利国或警察国不同的是，这种积极行为是在法律的名义下进行的”。[②] 这种“社会法治国”的宪法价值观表现在刑法立场上就是倾向于规范违反说。

由于日本将对“国民的基本人权的保护作为最重要的课题，这需要尽可能地排除作为国家机关的法院自由判断裁量的余地，刑法、刑法理论必须正面建立起能够实现保障的客观性标准”。[③] 这种“保护基本人权”的宪法价值观表现在刑法上立场就是倾向于法益侵害说。

那么，我国现在宪法的价值观是什么呢？

历史地看，我国宪法是一部权力宪法，而不是权利宪法。虽然我国宪法第二章列举性地规定了公民的基本权利。但是“保护公民基本权利”与“保护人权”是两个不同的概念：基本权利仅限于法定权利；人权则是一种应有权利；基本权利是人权在宪法上的表现。那么对于宪法没有规定的其他人权该怎么办呢？有的学者认

---

① ［日］西原春夫：《日本和德意志刑法和刑法学》，林亚刚译，载《法学评论》2001 年第 1 期，第 137 页。

② 郑永流：《法治四章——英德渊源、国际标准和中国问题》，中国政法大学出版社 2002 年版，第 137 ~ 139 页。

③ ［日］西原春夫：《日本和德意志刑法和刑法学》，林亚刚译，载《法学评论》2001 年第 1 期，第 138 页。

为，“只要法无禁止，公民也可以行使，只是国家没有保障义务”。[①] 而宪法对国家权力除了列举性规定外，还概括性地规定了一些保留权力。[②] 所以，“半个多世纪以来，宪法是按照权力改造社会的工具这一理念被设计和应用的”。[③]

但是2004年宪法标志着我国宪法价值观的重大改变。2004年宪法第33条首次规定“国家尊重和保障人权”。这一规定具有重大的意义：“它实现了中国宪法根本精神的跃进：由推进权力之行使到公民权利之保障；它实现了宪法与权力关系的位移：从宪法是权力的工具变为宪法是人民规范权力的工具。”[④] 国家不仅要保护公民的基本权利，还要保护其他宪法没有明文规定的人权。同时，国家权力也来源于人权，“国家权力是人权除公民权利外的另一种法律转化形式，用于人权的保障。人权是国家权力的正当源泉”。[⑤]

同时2004年宪法第13条首次规定“公民的合法的私有财产不受侵犯。国家依照法律规定保护公民的私有财产权和继承权”。这里的“私有财产不受侵犯”明显是为了限制公权力的侵犯，2004年宪法使财产权具有了对抗公权力的权能。而公民的财产权是其他人权的基础，因此，宪法对财产权的保障就为其他人权的保障提供了物质性前提。[⑥]

---

① 蔡定剑：《国家权力界限论》，载《中国法学》1991年第2期，第55页。

② 例如，宪法第62条规定全国人大除拥有本条前列的14项权力外，还在第15款规定有“应当由最高国家权力机关行使的其他职权”。第67条也规定全国人大常委会有全国人大“授予的其他职权”。第89条第18款也确认国务院享有全国人大及其常委会“授予的其他职权”。

③ 周永坤：《宪法修正案（2004）评析》，载《江苏社会科学》2005年第1期，第116页。

④ 周永坤：《宪法修正案（2004）评析》，载《江苏社会科学》2005年第1期，第116页。

⑤ 焦洪昌：《“国家尊重和保障人权”的宪法分析》，载《中国法学》2004年第3期，第44页。

⑥ 周永坤：《宪法修正案（2004）评析》，载《江苏社会科学》2005年第1期，第119页。

可见，保障人权已成为我国宪法的一个重要原则。这种宪法价值观的转向将对我们解释刑法产生重要影响。在解释刑法基本立场时我们不应当忽视这种保障人权的宪法价值观：人权保障的价值观内在地要求法益侵害说，而不是规范违反说。

第四节　目的犯之“非法占有目的”

关于非法占有目的，存在诸多值得研究的问题：盗窃等取得罪是否以非法占有目的为必要、非法占有目的的含义、间接故意犯罪是否存在非法占有目的等。本节重点论述后两个问题，第一个问题放在本书第五章论述。

一、“非法占有目的”的含义

（一）英美刑法学中“非法占有目的”的含义

在英美刑法中，并没有使用“非法占有目的”的表述，而是使用“永久性剥夺权利的意图”这一概念。单从这两个概念字面的表述就可以看出两者的大体区别：“非法占有目的”似乎着眼于反对行为人获利；“永久性剥夺权利的意图”似乎着眼于反对行为人侵害他人的利益。这种字面含义的解释是一种“先前理解”。

英国的普通法和制定法（如侵占法以及1968年盗窃法）都坚持一个原则：盗窃罪和诈骗罪必须具有“永久性剥夺权利的意图”。例如，1968年盗窃法第1条第1款规定：“任何人以永久性地剥夺他人财产所有权的故意，欺诈性地将他人财产盗用的，构成盗窃罪”；第15条第1款关于诈骗罪的规定：“一个人怀有永久性地剥夺他人财产权利的意图，而通过任何欺骗行为获取属于他人所有之财产，应按公诉程序定罪，可被处以不超过10年的监禁。”那么如何理解“永久性剥夺权利的意图”？

第一，“永久性剥夺权利的意图”必须具有永久性。因此，如果出于暂时剥夺某人权利的意图而将他人财产据为己有，并不构成盗窃罪。例如，D未经授权将P的马匹牵走并骑了一个下午、一周或者一个月，只要他具有在该阶段结束时归还该马的意图，依据1968年的该法，他不构成犯罪。另外，1968年盗窃法第12条规定了未经授权而使用他人的机动车辆或其他运输工具罪。据此，盗用、骗用行为原则上不认为具有永久性剥夺他人财产的意图，因而不成立盗窃罪、诈骗罪。

但是，所谓的永久性也具有一些例外。1968年盗窃法第6条第1款规定，行为人虽然不具有使他人永久性丧失财产的意图而取得属于他人的财产，但如果行为人不顾及他人的权利，具有将该财产作为自己的财产进行处置的意思的，视为具有永久性剥夺他人财产的意图。第6条第2款规定，合法或者非法地占有或支配他人财产的人，在不能履行归还义务的情况下，为了自己而未经他人许可放弃该财产的，属于将他人财产作为自己的财产进行处置。也就是说，从心理事实上来看，即使行为人不具有永久性意图，但是只要他"具有将该财产作为自己的财产进行处置"的意思，则从规范上仍然认为他具有永久性意图。另外，在普通法中，下列三类案件中虽然行为人不具有心理事实的永久性意图，但是规范上仍然认为具有"永久性剥夺权利的意图"，构成盗窃罪、诈骗罪：一是为了索要金钱等而夺取他人财物的；二是以质押目的一时使用他人财物的，被认定为盗窃罪；三是以消费财物的价值的意思一时使用他人财物的。①

第二，"永久性剥夺权利的意图"并不一定要求有获利的目的。1968年盗窃法第1条第2款规定："据为己有行为是否出于获利目的而为，或者是否为窃贼自己的利益而为，并不重要。"因

---

① 参见［英］史密斯、霍根著：《英国刑法》，李贵方等译，法律出版社2000年版，第611~612页；［日］木村光江著：《主观的犯罪要素之研究》，东京大学出版社1992年版，第198页，转引自张明楷：《论财产罪中的非法占有目的》，载《法商研究》2005年第5期，第74页。

此，如果D取走P的信件并将它们扔进厕所，或者被告人以毁灭罪证的目的，将他人的马牵出后使之摔死于矿井的，他被认定为盗窃罪。尽管他的意图仅仅是使P遭受损失，而不是使他本人或者任何其他人获得利益。因为就盗窃罪的主观要件而言，只要行为人具有不诚实的完全剥夺所有人的财物的意思就够了，而不要求具有获利的意思。①

第三，关于“剥夺”的含义，可以借鉴《美国模范刑法典》的定义来理解。《美国模范刑法典》第223.0条给“剥夺”下了定义：“剥夺，指（a）永久地或者在财产的主要经济价值能被利用的较长期间内扣留他人财产，或者意图以支付报酬或者其他偿还金的方式扣留他人财产；或者（b）以使财产的所有人不可能恢复的方法处分财产。”② 该定义大体可以用来理解英国刑法中的“剥夺”。因为《美国模范刑法典》与英国1968年盗窃法关于盗窃罪和诈骗罪的规定有相同的部分。例如，《美国模范刑法典》第223.2条第（1）项规定：“行为人以剥夺他人的动产为目的，将他人的动产非法拿走或者非法控制的，构成盗窃”；第223.5条规定：“行为人明知财产为他人的遗失物、遗忘物，或者明知他人因对财产的性质、数量或者受领人的身份的错误认识而交付财产，仍取得对财产的控制时，如果行为人以剥夺所有权人的财产为目的，没有采取合理措施将财产返还享有所有权人的，成立盗窃。”

可见，在英美刑法学中，“永久性剥夺权利的意图”主要在于保护被害人的权利，而与行为人预期获利无关；而且，“永久性剥夺权利的意图”以永久性为原则，以暂时性为例外。

（二）德日刑法学中“非法占有目的”的含义

德国刑法第242条规定的盗窃罪要求行为人出于“非法占有

① 参见［英］史密斯、霍根著：《英国刑法》，李贵方等译，法律出版社2000年版，第603页。

② 美国法学会：《美国模范刑法典及其评注》，刘仁文等译，法律出版社2005年版，第156～162页。

的意图”。关于“非法占有”，德文的表述是“rechtswidrig zuzueignen”。日本学者宫泽浩一将其译为“不法地领得”，因此日本学者一般用“不法领得的意思”来表示盗窃等取得罪的目的。日文中的“领得”与汉语中的“所有”意思相近。我国台湾地区学者蔡墩铭将“rechtswidrig zuzueignen”译为“非法占为己有”，大陆学者童彦将其译为“不法所有”，徐久生将其译为“非法占为己有”，冯军将其译为“违法地占有”。德文中的“rechtswidrig”是应译为“不法”还是“非法”抑或“违法”，虽然也有争论的余地，但是意义不大。然而德文“zuzueignen”是应该译为“所有”还是“占有”，则关系到如何认识盗窃罪的法益，具有理论和实践的双重价值。①

但是，笔者认为，在德日刑法和我国刑法中，重要的问题不是“不法领得”（不法所有）或者“非法占有”哪种表述更加恰当，而是如何理解这种表述背后的含义。所以，本书为了论述的方便，一律按照我国刑法的规定，使用“非法占有目的”。

德国刑法分则对于“非法占有目的”作了明文规定。德国刑法理论认为，非法占有目的包括两个要素：一是排除占有，主要是指行为人意图获取财物本身或其经济价值，而持续性地排斥或破坏他人对财物的支配关系（消极要素）。如果在取得他人财物时具有返还的意思，则缺乏排除占有的意思，不成立盗窃罪或诈骗罪；但是，如果行为人打算在使用后将财物抛弃，则具有排除占有的意思。二是建立占有，主要是指行为人意图使自己或第三者具有类似所有人的地位，而将所取得之财物作为自己或第三者所有之财产（积极要素）。另外，德国刑法第248条b规定了盗用交通工具罪。这似乎表明如果仅有利用意思而没有排除意思，就不具有非法占有

① 参见冯军译：《德国刑法典》，中国政法大学出版社2000年版，第224页，注[33]。

目的。[①]

最具争议的是日本刑法学中的“非法占有目的”问题。与德国刑法明文规定的“非法占有目的”不同，日本刑法并没有规定盗窃等财产犯罪要有“非法占有目的”。因此，日本学者关于财产罪是否要求“非法占有目的”存在争议；非法占有目的必要说内部则进一步对如何理解“非法占有目的”的含义存在争议。

1. “非法占有目的”是否必要

必要说与不要说除了分别以本权说和占有说两种不同的财产罪保护法益论作为其实质理由外，还有各自不同的几点理由。

不要说的理由是：（1）必要说缺乏法律根据。因为日本等国的刑法并未把非法占有目的作为盗窃等取得罪的主观要件。（2）按照必要说，一时使用财物给被害人造成重大损失时，由于不具有非法占有的目的，不能当犯罪处理，这明显不利于保护他人的财产权益。（3）出于毁坏的目的而窃取财物的场合；如果只当做毁坏财物罪处理，而无视其作为手段的盗窃行为，这也显然不妥当。

但是，必要说提出：（1）日本等一些国家的刑法虽然没有明文规定非法占有的目的是盗窃等取得罪的主观要件，但德国等一些国家的刑法有明文规定，可见必要说并非无法律根据；（2）非法占有目的具有区别一时使用的非犯罪行为与盗窃等取得罪，以及区别毁坏财物罪与取得罪的机能，而按照不要说，则无法将两者区别开来；（3）盗窃等取得罪的法定刑比毁坏财物罪重的根本原因是主观方面的责任更重，这也是应该把非法占有目的作为盗窃等取得罪的主观要件的重要理由所在。[②]

---

① 参见张明楷：《论财产罪中的非法占有目的》，载《法商研究》2005年第5期，第73页。

② 参见刘明祥：《刑法中的非法占有目的》，载《法学研究》2000年第2期，第51～52页。

2. “非法占有目的”的含义

对于上述必要说和不要说的争议，日本的判例一贯站在“非法占有目的必要说”的立场。判例给“非法占有目的”下的定义是：“排除权利人，将他人之物作为自己之物，并按照该物的经济性用途加以利用、处分之意。”该定义前半段的所谓权利人排除之意，是指根据侵害占有意思达到什么程度（占有侵害的程度），而具有把轻微的使用盗窃从盗窃罪中予以排除的机能（可罚性限定机能）；后半段的利用、处分之意，则是指通过将占有侵害的目的限定为利用可能性的取得，而具有把盗窃罪与以妨害利用为目的的毁弃、隐匿罪区别开来的机能（犯罪个别化机能）。

对此判例，日本学界出现了以下四种不同的态度：（1）支持判例对非法占有目的所下定义的观点占主流（泷川、藤木、平野、大谷、中森）；（2）也有观点认为，成立盗窃罪只要有对于占有侵害的认识即可，不必有非法占有目的（大塚仁、植松、内田、曾根、佐久间、平川）；（3）认为非法占有目的是指“以自己为所有者而支配财物之意”，所以使用盗窃不具有可罚性，但在出于毁弃目的的场合，则可以肯定存在非法占有目的（团藤、小野、福田）；（4）认为非法占有目的是指“通过他人之物而获得某种经济性利益的意思”，在与毁弃罪的区别方面有非法占有目的之必要性，但使用盗窃原则上具有可罚性（江家、冈野、前田、中山）。可见，在有关盗窃罪和毁弃、隐匿罪的区别问题上，（1）、（4）与（2）、（3）相互对立；而就使用盗窃的不可罚性而言，则是（1）、（3）与（2）、（4）相互对立。①

概括起来讲，除了不要说之外，必要说关于“非法占有目的”的含义主要有三种学说：第一，排除权利者意思说。认为非法占有目的是排除权利者对财物的占有、自己作为所有者行动的意思。第

① 参见［日］西田典之著：《日本刑法各论》，刘明祥、王昭武译，中国人民大学出版社2007年版，第123页。

二，利用处分意思说。认为非法占有目的是按照财物本来用法利用的意思，即使是一时使用也是按照财物本来用法来利用，所以使用盗窃原则上构成盗窃罪。第三，折中说。认为非法占有目的既包括排除权利者对财物的占有、自己作为所有者行动的意思，又包括按照财物的本来用法利用和处分的意思。①

3. 对德日刑法学“非法占有目的”理论的评析

首先，关于“非法占有目的”是否必要的问题。日本刑法学界以及受日本刑法学影响比较大的我国刑法学者，对此问题分为必要说和不要说两大阵营。例如，刘明祥教授支持不要说，并举出八条理由。② 张明楷教授支持必要说，并举出五条理由。③ 肯定说和否定说分歧的焦点在于：非法占有目的是否具有区分罪与非罪的功能；要求非法占有目的是否违反罪刑法定原则；非法占有目的与财产罪保护法益的关系问题。

笔者认为，我国刑法学中的必要说和不要说都囿于日本刑法学的圈子进行思维。如果跳出日本刑法学的圈子，以旁观者的身份来看待必要说和不要说的争议，也许会看得更清楚一些。必要说和不要说的争议不能从“非法占有目的”本身来分析，而应该从“犯罪故意”来分析：如果犯罪故意已经能够区分罪与非罪、此罪与彼罪，那么就不需要非法占有目的；如果犯罪故意还不能够区分罪与非罪、此罪与彼罪，那么就需要非法占有目的来补充主观要素。由于日本刑法学认为盗窃罪的构成要件行为是“窃取”——违反占有人的意思，将他人所占有的财物转移为自己占有；其所重视的

---

① 参见［日］法曹同人法学研究室编：《详说刑法》（各论），法曹同人 1990 年日文版，第 163 页以下，转引自刘明祥：《刑法中的非法占有目的》，载《法学研究》2000 年第 2 期，第 47 页。

② 参见刘明祥：《刑法中的非法占有目的》，载《法学研究》2000 年第 2 期，第 52 ~ 53 页。

③ 参见张明楷：《论财产罪中的非法占有目的》，载《法商研究》2005 年第 5 期，第 71 ~ 72 页。

只是转移占有的客观事实。因此，盗窃罪的故意就只要求对这一转移占有的客观事实有认识和容忍即可，至于转移占有的动机或目的则不是故意所能够解决的问题。[①] 所以，在日本刑法学理论体系中，非法占有目的确实是必要的，它具有补充犯意所缺乏内容之功能。但是，正如本章第一节所说，在我国犯罪故意理论中，非法占有目的是可以也应当放在犯罪故意之中来理解的，因为我国刑法中的故意不限于对构成要件行为的认识，还包括对行为危害结果的认识。因此，在我国刑法学中，“非法占有目的”也是必要的，但是它不是故意之外的独立要素，而是故意的内容。

其次，关于“非法占有目的”含义的问题。笔者认为，在日本刑法学中，非法占有目的是一个功能性概念：区分盗窃罪与不可罚的盗用行为、区分盗窃罪与毁弃罪的功能，是非法占有目的理论产生的起点，也是该理论最终的落脚点。因此，非法占有目的的含义只能够从其功能推出，而没有一个预先存在的一成不变的含义。这也就是为什么赞成非法占有目的必要说的学者，对于非法占有目的之含义存在分歧的原因——由于没有预定的含义，不同学者都致力于设计一套“最精密”、“最合理”的理论来“最好”地实现非法占有目的之功能。就本书而言，本书比较赞同折中说的观点：非法占有目的包括排除意思和利用意思。

（三）我国刑法“非法占有目的”的含义

我国刑法学界关于非法占有目的之含义也存在争议，主要有以下几种观点：

（1）非法控制说。该说认为，“所谓非法占有目的，是指明知是公共的或他人的财物，而意图把它非法转归自己或第三者占

① 参见［日］西田典之著：《日本刑法各论》，刘明祥、王昭武译，中国人民大学出版社 2007 年版，第 116～123 页。

有”，或者说是指“非法掌握控制财物的目的”。[①] 这是从字面的、本来的含义来理解非法占有目的，这种观点认为，非法占有目的是故意的内容。

（2）不法所有说。但是，关于什么是“不法所有”，我国刑法学中存在两种完全不同的观点。第一，早期学者认为，不法所有是不法取得所有权的意思。例如，有的学者认为盗窃罪的犯罪目的是“非法所有”，即行为人盗窃财物不仅是为了控制、支配之，而且是在此基础上使用、处分该物，形成非法所有的事实状态。[②] “非法所有目的”，是指行为人通过实施犯罪行为取得财物的所有权，即取得对财物的占有、使用、受益和处分权能，而不仅仅是取得对财物的占有权能。[③] 第二，现在有的学者虽然提倡不法所有说，但不再重视取得所有权的意思，而是受日本刑法学影响，重视不法所有目的所具有的区分盗窃罪和非罪的盗用行为、盗窃罪和故意毁坏财物罪的功能，然后从该功能来推出不法所有目的含义。例如，张明楷教授认为，盗窃等取得罪中的非法占有目的是指不法所有的意思；而不法所有的意思，是指排除权利人、将他人的财物作为自己的财物，并遵从财物的用法进行利用、处分的意思，也就是包括“排除意思”和“利用意思”两层含义。其中的“排除意思”，是指达到了可罚程度的妨害他人利用财产的意思，或者说是引起可罚的法益侵害（妨害利用）的意思；“利用意思”，是指遵从财物可能具有的用途进行利用、处分的意思。[④] 也就是说，不法所有目的包括“排除意思”和“利用意思”，而不仅限于“取得所有权的意

---

① 刘明祥：《刑法中的非法占有目的》，载《法学研究》2000 年第 2 期，第 45 页。

② 参见张绍谦硕士论文：《盗窃罪诸问题的初步探索》，华东政法大学 1986 年，第 43 ~ 44 页。

③ 参见刘白笔、刘用生：《经济刑法学》，群众出版社 1989 年版，第 385 页。

④ 参见张明楷著：《刑法学》，法律出版社 2003 年版，第 751 页；张明楷：《论财产罪中的非法占有目的》，载《法商研究》2005 年第 5 期，第 76 ~ 79 页。

思”。

（3）非法获利说。该说认为，盗窃等非法取得他人财物的犯罪都属于图利性的犯罪，其主观要件不是以非法占有或不法所有为目的，而是以非法获利为目的。①

（4）意图永久排除权利人对财物的所有权说。该说认为，非法占有目的的规范含义包括两个方面：一方面是“意图非法永久获取财物所有权的权益”的意思；另一方面是“意图使用财物致使行为人的所有权无法实现”。前者行为人心理事实是“据为己有目的”；后者行为人心理事实是“使用目的”。但是从规范意义来看，两者内容具有共性，体现为：永久性和积极性。也就是说，行为人都具有通过自己的积极行为而永久性地排除权利人对财物的所有权的意思。② 这种观点受到英美刑法学的影响，立足于反对侵害他人财产权的立场。

本书不赞同“控制说”、“非法获利说”和“意图永久排除权利人对财物所有权说”，而采取“不法所有说”中的“排除和利用意思说”。理由如下：

第一，非法控制说的最大问题在于，无法充分理解盗窃等取得罪犯罪故意的内容——无法揭示犯罪故意的规范意义。根据我国刑法第 14 条，犯罪故意是指明知自己的行为会发生危害社会的结果，而持希望或放任的心理。如前文所述，故意认识和意志的对象，既包括行为本身的结果，也包括行为所造成的危害结果。例如，在盗窃罪中盗窃行为将他人占有的财物转移给自己占有，这只是一种事实上的行为结果，这种事实上的行为结果不一定是犯罪故意所要求的规范上的危害结果。也就是说，行为人仅仅认识和容忍自己的行

---

① 参见张瑞幸主编：《经济犯罪新论》，陕西人民教育出版社 1991 年版，第 255 页以下。

② 参见姜先良：《论刑法中的非法占有目的》，载《刑事法评论》（第 13 卷），中国政法大学出版社 2003 年版，第 564 页。

为将他人控制下的财物转移为自己控制，并不表示行为人具有盗窃罪的故意。非法占有目的的功能就在于给这种“行为结果的认识和容忍心理”补充以“危害结果的认识和容忍心理”，从而表明这种心理就是犯罪故意。如果从字面上将占有理解为控制，无法揭示盗窃罪故意的规范意义，最多只是把握了盗窃罪故意的心理意义。

非法控制说的另一个问题在于，区分罪与非罪、此罪与彼罪的功能不健全。按照非法控制说，犯罪故意是指认识和容忍自己行为转移占有（控制）他人财物的心理。这样，盗用行为当然也具有犯罪故意，从而盗用行为之可罚性只能够从客观方面加以排除。这样，至少从逻辑上讲，仅仅从客观方面将盗用行为出罪的功能不如从主观、客观两个方面来出罪的功能健全。另外，按照非法控制说，只有在不转移占有的情况下毁坏财物的，才构成故意毁坏财物罪；而只要转移占有了，即使行为人出于毁坏目的，也构成盗窃罪。这使得故意毁坏财物罪的范围过分缩小了。

第二，非法获利说最大的问题是，使得盗窃等取得罪的范围过分缩小。盗窃罪的故意是认识和容忍自己行为造成危害结果，非法占有目的之功能在于充分揭示犯罪故意的内容。而非法获利说却额外地要求在故意之外另具有获利目的，这使得盗窃罪成了获利型犯罪，而不是损害型犯罪。从司法实践来看，许多盗窃案件并不具有非法获利目的。例如，盗窃某些客观上不具有经济价值，但是被害人认为其具有特殊意义的纪念品、礼品的行为仍然构成盗窃罪。[①] 再如，甲与乙有仇，盗窃了乙一辆自行车，在回家的路上将其丢弃于马路边，甲的行为构成盗窃罪（不应当构成故意毁弃财物罪），但是甲并没有非法获利目的。

再从其他国家刑法学来看，也没有人要求盗窃罪必须以非法获利为目的。例如，前述德日学者对非法占有目的之理解虽有分歧，却无人主张非法获利说。英国 1968 年盗窃法明文规定盗窃罪无须

① 参见张明楷著：《刑法学》，法律出版社 2003 年版，第 748 页。

获利目的："据为己有行为是否出于获利目的而为，或者是否为窃贼自己的利益而为，并不重要。"（第1条第2款）

一些学者将非法占有目的理解为非法获利目的之原因有二：首先是对刑法基本精神理解有误。刑法并不反对他人获利，而是反对侵害他人利益。即使行为人没有获利但只要是侵害他人利益严重的，仍然可以构成犯罪；即使行为人获利了但是只要没有严重侵害他人利益，仍然不构成犯罪。其次是犯了"将熟悉与必须相混淆"的错误。人们所熟悉的盗窃罪一般是具有非法获利的目的，但不能够就此认为盗窃罪必须具有非法获利目的。这实际上是将事实强加于规范、以事实限制规范。[①]

第三，意图永久排除权利人对财物的所有权说仍然存在缩小盗窃罪范围的弊端。虽然这种观点认为即使行为人出于"使用目的"，但是由此导致行为人永久性地无法实现所有权，行为人认识并追求该结果时，也具有非法占有目的。例如，在合同诈骗案件中，行为人在签订合同时只具有先占有他人预付款再说，经营顺利就履行，经营不顺就不履行的心态，后来"只有当行为人的履行能力逐步恶化，且对自己不能履行合同将导致权利人无法实现其所有权的危害后果有明确认识，但仍然积极追求对财物的使用过程，才构成刑法上的非法占有目的"。[②] 可见，这种观点并不认为一时的使用且预定能够归还的使用行为具有非法占有目的。但是，按照前述张明楷教授的观点，即使行为人意图是一时使用并能够如期返还，但只要具有达到了可罚程度的妨害他人利用财产的意思，仍然具有非法占有目的。例如，行为人从某日上午7时至次日下午1时擅自使用他人汽车然后返还的；行为人为搬运赃物多次于夜间使用

---

① 参见张明楷著：《刑法分则的解释原理》，中国人民大学出版社2004年版，序说第9页。

② 参见姜先良：《论刑法中的非法占有目的》，载《刑事法评论》（第13卷），中国政法大学出版社2003年版，第565页。

他人汽车次日早晨返还的，都认定具有非法占有目的。①

第四，排除意思和利用意思的合理性在于能够合理地划定盗窃等取得罪的犯罪圈。

一方面，该说扩大了盗窃罪的范围。在传统的经济生活不发达的社会，财物的归属处于静止状态，使用财物往往以拥有财物的所有权为前提。也就是财物的使用权和所有权往往结合在一起。这时盗窃罪的成立往往要求具有取得财物的占有、使用、收益、处分权能的意思。所谓“非法占有目的”的含义，也就是具有取得财物的占有、使用、收益、处分权能的意思。但是，在经济高速发展的时候，为了充分利用财物的使用价值，所有权和使用权的分离已经十分普遍。很多情况下，人们追求的仅仅是财物的使用价值。所以，对于仅有一时使用意思的盗用他人财物的行为必然也就要作为犯罪来处理。这种趋势反映在了我国的司法实践中。1992 年最高人民法院、最高人民检察院《关于办理盗窃案件具体应用法律的若干问题的解释》第 7 条第（三）项规定：“对偷开汽车的，以非法占有为目的，变卖或者留用的，应定盗窃罪……为游乐，多次偷开汽车，并将汽车遗弃，严重扰乱工作、生产秩序，造成严重损失的，可以按扰乱社会秩序罪论处……”而 1998 年实施的最高人民法院《关于审理盗窃案件具体应用法律若干问题的解释》第 12 条第（四）项规定：“为练习开车、游乐等目的，多次偷开机动车辆，并将机动车辆丢失的，以盗窃罪定罪处罚……”比较前后两个司法解释可以看出，在计划经济时代盗窃罪的成立很重视具有取得财物占有、使用、收益、处分的意思。“变卖或者留用”的要求就体现了这种意思；不具有该意思的按扰乱社会秩序罪论处。但是在市场经济时代，盗窃罪的成立重视的是对他人财产权的侵害意思，即使行为人不具有取得财物占有、使用、收益、处分的意思，

① 参见张明楷：《论财产罪中的非法占有目的》，载《法商研究》2005 年第 5 期，第 73 页。

也构成盗窃罪。所谓的“排除意思”（达到了可罚程度的妨害他人利用财产的意思），就能够很好地将这种行为划入犯罪圈。

另一方面，该说又通过“利用意思”很好地划清了盗窃等取得罪与毁坏财物罪的界限。

此外，从解释方法上来看，将“非法占有目的”解释为排除意思和利用意思也是可以接受的。因为一个词通常的意义是在逐渐发展的，是在事实的不断出现中形成的。因此，当一个看起来是属于某一词的意义范围内的事物出现时，它好像就被自然而然地收纳进去了。这个词语的词义会逐渐伸展、逐渐扩张，直到人们根据事物本身的性质将应归入这个词语下的各种事实、各种概念都包含了进去。例如，1979 年刑法第 127 条中的“企业”一词，在制定时被想当然地理解为国有、集体性质的工商企业；但是，实行经济体制改革后，人们也自然而然地认为该条的“企业”包括私有企业。再如，在刑法制定后才出现的一种新型的具有杀伤力的工具，很自然地被人们认为是刑法中的“凶器”。所以，“人们可以这样形象地说：概念就像挂衣钩，不同的时代挂上由时代精神所设计的不同的‘时装’。词语的表面含义是持久的，但潮流（概念内容）在不断变化。”① “非法占有目的”的原初含义也许是“不法取得所有权的目的”；但是随着经济的发展，“非法占有目的”的含义应该超越“不法取得所有权目的”，而包括更加广泛的意义。

二、“非法占有目的”与故意的关系

我国绝大多数刑法学教材在阐述盗窃罪的主观方面内容时，都使用了这样一种表述：盗窃罪的主观方面“是直接故意，并且以非法占有为目的”。② 这句话的内涵与逻辑颇值得推敲，可能有这

---

① ［德］魏德士著：《法理学》，丁小春、吴越译，法律出版社 2003 年版，第 80 页。

② 马克昌主编：《刑法学》，高等教育出版社 2003 年版，第 531 页。

样两种理解：（1）非法占有目的与直接故意并列，是直接故意之外的主观超过要素。（2）因为行为人具有非法占有目的，所以本罪是直接故意（间接故意没有犯罪目的）。言下之意是，非法占有目的等于直接故意的意志要素。但是这样两种理解都是有问题的。

前一种理解将非法占有目的作为盗窃罪之外的主观超过要素。例如，有的学者认为，"'以非法占有为目的'就是盗窃罪主观方面除盗窃罪故意以外的又一构成要件。非法占有目的并不是盗窃罪主观方面直接故意本身的内容，因为盗窃故意的内容只能包括对盗窃罪客观构成要件要素的认识与希望，非法占有的目的，并不是对盗窃罪客观构成要件要素的认识"；其论据是，德日刑法学中的"非法占有目的"就是故意之外的主观超过要素。① 但是，以下两个问题很少有人思考：

第一，如果"非法占有目的"是与"故意"并列的主观超过要素，那么凭什么推导出盗窃罪的故意只限于直接故意，而不能够是间接故意？也就是说，推出直接故意的根据何在？第二，外国刑法学中故意与目的之关系能否适用于我国刑法学？也就是说，外国刑法学中目的与故意之关系与我国刑法学中目的与故意之关系是否一样？

笔者认为，如果将非法占有目的作为故意之外的主观超过要素，则无法推出盗窃罪只能够出于直接故意。而且照搬外国刑法学目的与故意关系的理论，也解决不了我国刑法学的问题。理由如下：

首先，外国刑法学通说确实将目的犯之目的作为故意之外的主观超过要素，但是却没有因此将盗窃罪作为直接故意犯罪。在德日刑法学中，目的犯中的犯罪目的与间接故意通常可以两立。或者说，犯罪目的并不意味着只能够是直接故意犯罪，也可以是间接故

① 参见董玉庭：《盗窃罪主观要件探微》，载《哈尔滨工业大学学报》（社会科学版）2003年第1期，第80页。

意犯罪。不仅短缩的二行为犯可以是间接故意，即使是断绝的结果犯，刑法理论也没有把间接故意排除在外。[①] 也就是说，如果认为盗窃罪中的非法占有目的是故意之外的主观超过要素，则无法将间接故意排除在外。上述我国论者一方面认为盗窃罪中的非法占有目的是与故意并列的主观超过要素，另一方面又认为盗窃罪只能够是直接故意。这本身就存在逻辑的混乱、论证的不足。

其次，德日刑法学中的故意仅仅是对构成要件行为的认识，即只要认识到自己实施的窃取行为将导致财物占有的转移就够了。而非法占有目的是不能够包括在这种故意内容中的。而我国刑法明文规定故意不仅要认识行为，还要认识行为的“危害结果”。在盗窃罪中，如果不联系非法占有目的就难以判断是否会发生“危害结果”。所以，在我国刑法理论中，正确的理解是：非法占有目的包含于盗窃罪故意。这一点在前文已有论述。

后一种理解将非法占有目的等于直接故意的意志要素，这也是不对的。故意的意志因素既包括对行为结果的追求（或放任），又包括对危害结果的追求。非法占有目的只是用来说明故意意志因素中对危害结果的追求。正如我国有的学者所言，只要我们能够正确揭示盗窃罪故意的内容，它就应该包括非法占有目的在内。[②]

总之，笔者认为，按照我国刑法理论，盗窃罪的主观方面只能够是直接故意而不能够是间接故意，因为非法占有目的并非盗窃罪故意之外的超过要素，而是包含于盗窃罪故意的意志因素。但是，笔者并不同意传统观点将“非法占有目的”等同于“直接故意的意志因素”，它只是直接故意的意志因素的一部分，即“非法占有目的”包含于“直接故意的意志要素”。

---

① 参见张明楷：《论短缩的二行为犯》，载《中国法学》2004 年第 3 期，第 151 页。

② 陆诗忠：《试论盗窃罪的目的要件》，载《河南师范大学学报》（哲学社科版）2001 年第 1 期，第 121 页。

第三章

目的犯之类型化

第一节　目的犯分类的方法：类型理论

犯罪是一种类型。犯罪作为一种类型，从客观方面又可以分为举动犯、行为犯、结果犯、结果加重犯；从主观方面可以分为故意犯、过失犯；故意犯又可以分为目的犯、直接故意犯、间接故意犯。这种分类的依据就是犯罪构成中的客观（要素）特征或者主观（要素）特征的强弱变化。而这就涉及了类型理论。因此，本书在对目的犯进行分类之前，先研究分类的方法——类型理论。以类型理论来研究目的犯具有重要意义，并将获得某些突破性的研究成果。

虽然人们对类型的观点存在较大的分歧，但是所有的类型理论都以这一想法为基础："类型或者以此种方式，或者以彼种方式，或者同时以此种及彼种方式，较概念为具体"。① 将类型方法引入社会学的是马克斯·韦伯，② 将类型思维引入法学的是拉德布鲁赫。③

① ［德］拉伦茨著：《法学方法论》，陈爱娥译，商务印书馆2003年版，第337页。

② ［德］拉伦茨著：《法学方法论》，陈爱娥译，商务印书馆2003年版，第337页。

③ 徐育安：《刑法上类推禁止之生与死》，作者发行1998年版，第62页。

类型经常被分为三种：一是经验类型。它的特性是在现实中发现，并借着直观的抽象作用从现实中加以建构。经验类型又可以分为两种类型：平均类型和频率类型。前者是根据统计学的调查所得到的平均值建构而成的，如人们在特定情景下的典型反应，某地某时节的典型气候。后者是通过概括大多数个别案例的共同特征而得到的，如典型的喀斯特地貌，典型的爱尔兰农舍。二是经验类型通过立法者的立法评价而提升为法律规范时，就是规范类型。规范类型不是存在物，而是应存在物。三是韦伯的理想类型。韦伯的理想类型是其比较、整理、描述现实特征的方法，是一种乌托邦式的思维形体，所以拉伦茨称之为逻辑的理想类型。①

一、韦伯"理想类型"理论

（一）韦伯"理想类型"的含义

"理想类型"（ideal - types），或称"纯粹类型"（pure type），是韦伯方法论中的一个核心概念，是他借以建构其社会理论的基本工具。"理想类型"中的"理想"并不是说这种类型是最好的，而是意味着从逻辑上的可能性中认识事物。使用"理想类型"认识和解释事物，就是通过逻辑上的"可能性"来认识"现实性"。②因此，"理想类型"是一种主观思维的建构，是一种"可能"存在的类型，而不是"现实"存在的类型。"理想类型"是通过强调个别可观察到的特征，以及摒弃其他的特征而建构的，目的在于供作比较的标准。③ 社会科学的根本任务不是认识客观世界的全部事

① 参见［德］拉伦茨著：《法学方法论》，陈爱娥译，商务印书馆2003年版，第337~339页；吴从周：《论法学上之"类型"思维》，载《法理学论丛——纪念杨日然教授》，月旦出版社股份有限公司1997年版，第334~335页。

② 参见苏国勋著：《理性化及其限制——韦伯思想引论》，上海人民出版社1988年版，第283页。

③ 参见［德］拉伦茨著：《法学方法论》，陈爱娥译，商务印书馆2003年版，第338页。

实，考虑到这个世界的复杂性和事实的无限多样性，认识全部事实也是不可能的。所以，社会科学家必须对事实进行选择，这种选择必须能够揭示事实之间的关联。这就要求社会科学家在选择“经验素材”（empirical data）之前就有一个自己主观建构的问题结构，以及符合这一问题结构的判断事实之间意义关联的理论框架。这种理论框架就是理想类型。① 理想类型方法目的不是侧重揭示各种文化现象之间的家族相似性，而主要在于辨析它们之间的差异。进一步地说，社会科学中理想类型研究方法的运用要经过“分离”、“抽象”、“适用”几个步骤：首先，社会科学家需要根据自己所欲研究的问题收集一些经验素材，从中分离一些反复出现的规律性因数；其次，根据一定的理论逻辑把这些规律性因素建构为一些基本类型；最后，借助这些理想类型去分析相关的具体事件，或解释历史发展和社会变迁的宏观进程。②

韦伯的“理想类型”与“规范类型”是不同的。虽然两者都是一种主观建构的产物，但是“规范类型对于什么是存在的描述，比对于什么是当为的描述来得少：亦即，对于规范类型而言，作为建构类型之要素的法律的评价观点，才是最重要的”。而理想类型是用来作为“规定与比较、整理与描述现实特征的方法。因其不像规范的理想类型般具有‘价值有限性’，故 Larenz 特称之为逻辑的理想类型”。③

（二）韦伯“理想类型”方法的应用

“正当性”是韦伯理想类型中的一个重要因素。韦伯认为任何一个既定秩序的合法性，都要以下列正当性中的一种为保证：一种

---

① 参见郑戈：《法律与当代人的命运：马克斯·韦伯法律思想研究导论》，法律出版社 2006 年版，第 62 页。

② 参见郑戈：《法律与当代人的命运：马克斯·韦伯法律思想研究导论》，法律出版社 2006 年版，第 64 页。

③ 吴从周：《论法学上之“类型”思维》，载《法理学论丛——纪念杨日然教授》，月旦出版社股份有限公司 1997 年版，第 334 ~ 335 页。

是纯粹的主观正当性，它包括：屈从于情绪的情感正当性；相信伦理、美学或其他终极价值的价值合理正当性；相信救赎必须顺从一定秩序的宗教正当性。另一种是客观的正当性，它包括：习惯的正当性和法律的正当性。

韦伯将受上述几种正当性信念支配引发的社会行动分为四种类型：第一，情感型行动，它来源于对情感正当性的信念；第二，传统型行动，它来源于对习惯正当性状态的期望；第三，价值合理型行动，它来源于对伦理、美学价值正当性和宗教价值正当性的信念；第四，目的—工具合理型行动，它来源于对法律正当性状态的期望。

韦伯又将上述几种正当性概括为合法性的三个基础，并依此基础建立起三种不同的统治类型。第一，卡里斯马型（Charismatic）统治，它以情感正当性为基础；第二，传统型统治，它以习惯正当性为基础；第三，法理型统治，它以伦理、美学或宗教价值的正当性，或者法律正当性为基础。①

韦伯也用他的理想类型方法来对法律进行分类。分类的标准有两条：一是形式性（formality），即一种法律制度“是否使用内在于这种法律制度中的决策标准”，根据该标准，可以将法律分为形式法（有法律内的标准）和实质法（无法律内的标准，求助于法律以外的其他实质标准）；二是理性（rationality），即一种法律制度“是否按照一种统一的决策标准来处理所有类似案件”，根据该标准，可以将法律分为理性法（有一种统一的决策标准，因而法律效果是可以预测的）和非理性法（没有一种统一的决策标准，因而法律效果无法被预测）。将这两条标准结合起来，就可以得到四种法律类型：形式理性法、形式非理性法、实质理性法、实质非

① 参见苏国勋著：《理性化及其限制——韦伯思想引论》，上海人民出版社 1988 年版，第 192～193 页。

理性法。[①]

（三）韦伯“理想类型”方法对本书研究的意义

虽然韦伯“理想类型”方法是其理解社会学的基本工具，但是其建构和应用理想类型的逻辑对本书研究目的犯也具有很大的启发性。

如前所述，“理想类型”是通过强调个别可观察到的重要特征，以及摒弃其他次要的特征而建构的，目的在于提供用作比较的标准。例如，情感正当性、价值合理正当性、宗教正当性、习惯的正当性、法律的正当性，是韦伯分析个人行动和社会统治的重要特征，而其他的特征则可以忽略。再如，韦伯以形式性和理性这两个重要特征来建构其法律类型。

我们在研究目的犯时，发现目的犯具有很多特征，如其客体特征、客观方面特征、主体特征、主观方面特征。其主观方面的特征，在于其比一般故意犯罪多出了一个特定目的。而该目的又具有不同特征，如目的是指向结果还是后行为；目的是否法定；目的是影响定罪还是影响量刑；目的的表述方式是使用“目的”，还是使用“意图”；等等。那么我们要比较目的犯与其他犯罪，以及比较不同目的犯之间的差异，我们必须强调个别的特征，而忽略其他的特征。也就是说，我们建构起各种目的犯类型，得依靠类型方法来进行研究。

① 参见郑戈：《法律与当代人的命运：马克斯·韦伯法律思想研究导论》，法律出版社2006年版，第112~113页。

目的犯
- 客体特征（可忽略）
- 客观方面特征（可忽略）
- 主体特征（可忽略）
- 主观方面特征（得强调）
  - 故意
  - 特定目的（重要）
    - ①目的指向结果或后行为
    - ②目的是否法定
    - ③目的影响定罪还是量刑
    - ④目的之表述方式
    - ……

在目的犯的上述诸特征中，其主观方面的“目的是指向结果还是后行为”、“目的是否法定”这两个特征具有重要意义，可作为目的犯划分的标准。根据“目的是指向结果还是后行为”，可以将目的犯分为“以结果为目的的犯罪”（断绝的结果犯）和“以后行为为目的的犯罪”（短缩的二行为犯）两类；根据“目的是否法定”，可以将目的犯分为法定目的犯和非法定目的犯两类。将“目的是指向结果还是后行为”与“目的是否法定”结合起来，就可以将目的犯分为四类：非法定的断绝结果犯—法定的断绝结果犯—法定的短缩二行为犯—非法定的短缩二行为犯。这四种目的犯的属性、犯罪构成、解释方法都有很大的差异。

二、考夫曼的类型理论

（一）考夫曼类型理论的含义

考夫曼基于存在论的立场，[①] 致力于探索存在与当为的联系。他认为，立法是使法律理念与将来的生活事实加以调适，法律发现是使法律规范与现实的生活事实加以调适。但是这种调适以理念（或规范）与事实之间存在一个一致性的第三者为前提，这个第三

① 颜厥安著：《法与实践理性》，中国政法大学出版社2003年版，第13页。

者就是事物本质。事物本质是一种观点，在该观点中存在与当为互相遭遇，它是现实与价值互相联系（对应）的方法论的所在。按照拉德布鲁赫的说法，“事物本质”是生活关系的意义，是存在中现实化的当为，是现实中显现的价值，是存在确定与价值判断的联系。而事物本质是指向类型的，从事物本质产生的思维是类型思维。①

对于法律尤其是刑法而言，刑法的构成要件都是不法类型，即类型化之非价的生活事实。类型是那些已存在于立法者与法律形成之前的事物，立法者的任务就是去描述各种类型。因此，立法和法律发现的成功或失败，都在于能否正确地掌握类型。“今日所谓的不安定性，主要不是由于法律概念的掌握较以往拙劣，而是不能够再确切地掌握位于法律概念背后的类型。”② 这是因为类型不能够像概念那样被定义，而只能够被描述。刑法对类型的描述有三种情况：第一种是完全放弃描述类型，而只给该类型一个名称。例如，我国刑法中的“故意杀人罪”、“故意伤害罪”、“强奸罪”、“盗窃罪”、“诈骗罪”、“抢夺罪”等，刑法只规定一个简单罪状。这种类型在具有较大弹性的同时也具有较大的不安定性。第二种是刑法尽可能精确地描述类型。例如，我国刑法中的“贷款诈骗罪”、“票据诈骗罪”、“信用证诈骗罪”、“信用卡诈骗罪”、“保险诈骗罪”、“合同诈骗罪”、“偷税罪”、“虚开增值税专用发票罪”、“非法经营罪”等，刑法详细地列举了行为类型。这种类型具有较大的安定性，但是可能不能适用现实生活的发展。第三种是刑法只是例示地描述类型。例如，我国刑法第 263 条的“抢劫罪”例示性地规定了“暴力”、“胁迫”，同时又概括性地规定了“其他方

① 参见［德］考夫曼著：《类推与“事物本质”——兼论类型理论》，吴从周译，学林文化事业有限公司 1999 年版，第 103、109 页。

② ［德］考夫曼著：《类推与“事物本质”——兼论类型理论》，吴从周译，学林文化事业有限公司 1999 年版，第 115 页。

法”。刑法第382条的“贪污罪”例示性地规定了“侵吞”、“窃取”、“骗取”，同时又规定了“以其他手段非法占有”。

考夫曼认为，类型是法律理念与生活事实的中间点，是规范正义与事物正义的中间点，它同时接受来自两者的光芒。因此，类型一方面在内容上比理念更丰富和直观，另一方面在效力、思想与恒久性上要胜过现象。所以，法律思维最后都是围绕着类型进行的。①

法律适用就是以类型为中介，使法律规范与生活事实进行同化，消融两者之间的距离，化解两者之间的鸿沟。考夫曼举了这样一个例子来说明。例如，刑法规定了“武器”，这个法律文字是始终不变的，但是生活事实却是不断变化的。某些在刑法制定当时根本还没有，因而不属于传统武器概念的东西，今日已经可以是武器了。又如，如果我们把一种新的腐蚀性化学品叫做“武器”，那不是从武器的抽象概念中得出的，而是从其意义，即法律所欲规范的生活事实的“本质”得出的。因此，“武器”不应该被理解为一个抽象定义式的概念，而应该被理解为一个类型。同样道理，德国法院认为电气并非物理上的“物”，不是盗窃罪的对象的论证，是值得怀疑的。②

（二）考夫曼类型理论对本书的意义

考夫曼类型理论对本书目的犯研究最大的意义就在于：将目的犯作为一种犯罪类型，对目的犯这种类型的法律解释旨在“调适”刑法规范与生活事实，“探索”目的犯背后的本质。例如，我国刑法中的“盗窃罪”和“伪造货币罪”，刑法并没有规定“以非法占有为目的”或者“以行使为目的”。那么能否将“盗窃罪”和

① 参见［德］考夫曼著：《类推与“事物本质”——兼论类型理论》，吴从周译，学林文化事业有限公司1999年版，第113页。

② 参见［德］考夫曼著：《类推与“事物本质”——兼论类型理论》，吴从周译，学林文化事业有限公司1999年版，第89、73页。

“伪造货币罪”理解为以特定目的为要素的目的犯呢？这就要求我们透过这类犯罪的字面规定，去探索这类犯罪的本质，而这类犯罪的本质是法律理念与生活事实的中介，是一种意义，一种观点。关于目的犯的解释适用，后文将有详细的论述。

三、类型理论评述

（一）类型的特征

通过前面对韦伯和考夫曼类型理论的介绍，我们可以发现，类型是一种思维的产物。相对于现实、具体的个别事物而言，它是普遍的，是一个由重复出现的个体所抽象而得出的普遍的思维产物。那么这种抽象的思维产物与概念这种抽象的思维产物有什么区别呢？是否真的有必要在概念之外再引进类型这种观念呢？

我们知道，“概念”是通过精确地列举出其固定不变的特征来加以定义的。例如，我们观察到若干事物都具有某些共同的特征，如a、b、c，于是我们将a、b、c三个特征抽象出来定义为X，则X为一切有且只有a、b、c三个特征的事物的共同的（抽象）概念。可见，类型与概念都是从反复出现的相似事物中舍弃不同且不重要的特征，保留相同且重要的特征而形成的一种特征共同体，一种思维形式。但是现在一般认为，“类型”是拿来与“抽象概念”作对比的，二者通常被认为是两种不同的思维方式。概括起来说，它们的不同点有：①

（1）概念是封闭的，只有所有特征都具备时概念才存在；类型是开放的，其特征中某一个或几个特征可以舍弃，并不影响类型的存在。

（2）概念与类型在其对事实对象的“归类程序”上也不同。前者只能够以“either... or”（是或者不是）的方式，将某一事实

---

① 参见吴从周：《论法学上之类型思维》，载《法理学论丛——纪念杨日然教授》，月旦出版社股份有限公司1997年版，第306页。

涵摄（Subsumtion）于概念之下；后者则可以“more or less”（或多或少）的方式，将某一事实归类（Zuordnen）于类型之下。

（3）概念适用于事实时，要求概念特征具有同一性；类型适用于事实时，只要求彼此具有相似性即可。

（4）概念具有可定义性，即透过穷尽地列举对象特征的方式加以定义；类型则无法加以定义，只具有描述性，即通过描述一连串具有不同强度的特征来加以描述。

（5）概念特征之数目与概念范围成反比例（概念的内涵特征越少，概念的适用范围越广；内涵特征越多，适用范围越小）；类型概念则不能够适用该逻辑法则。

进一步地说，类型具有以下几个重要特征：

第一，层次性。层次性是类型最基本的特性，之所以说是最基本的特性，是因为类型的其他很多特性都是由层次性衍生而来的。如前所述，类型是由数个不同的基本要素（Element）交织而成一体的，在类型中作为其构成部分之基本要素，其的有无和强度是可以变化的，其中有些可以退去，有些可以凸显。从而使得一个类型过渡到另一个类型。这样，相似的类型因流动过渡而形成一种次序排列的状态，一种由不同的中间形态所构成的类型序列，即相似的类型之间具有层次性。这种类型的层次性相对于概念，可以用来更好地理解现实。正如拉德布鲁赫所说：“生活现象的认识只是一种流动的过渡，但概念却要强硬地在这些过渡中划分出一条明确的界限。在生活现象仅仅显得‘或多或少’（模糊）地带，概念却要求须作出‘非此即彼’的判断。”①

犯罪是一种类型，因此也存在这样一个流动过渡的类型层次：例如，单独犯罪—共同犯罪—团伙犯罪—有组织犯罪—黑社会性质组织犯罪—黑社会组织犯罪—恐怖组织犯罪反映了犯罪组织形式的

① 转引自吴从周：《论法学上之类型思维》，载《法理学论丛——纪念杨日然教授》，月旦出版社股份有限公司 1997 年版，第 307 页。

凸显；再如，过失犯—间接故意犯—直接故意犯—目的犯的过渡反映了犯罪类型中主观要素的凸显。还有，我国刑法第 232 条规定："故意杀人的，处死刑、无期徒刑或者十年以上有期徒刑；情节较轻的，处三年以上十年以下有期徒刑。"刑法的这种规定实际上体现了类型的层次性：法官可以根据犯罪的事实、性质、情节和对社会的危害程度，从最重类型的刑罚到最轻类型的刑罚选择适用。

第二，开放性。类型的开放性，既表现为类型与类型之间的界限是开放的，又表现为类型与其构成要素之间的开放性。例如，有的学者强调，类型的开放性首先表现为类型与其构成要素的相互开放：一方面，类型向着要素开放，因为类型是要素的有机组合，所以把握类型的整体形象，得依靠对要素的分析；另一方面，要素向着类型开放，也就是说要素是类型的要素，而不是独立的要素，因此要理解要素的意义，也离不开类型的整体形象。在类型开放性的含义中，类型向着要素开放的一面可以帮助我们理解开放的构成要件理论。[①]

第三，意义性。类型的意义性，是指类型的建构因素是某种重要性观点或评价观点。之所以不同的要素组合可以归属于同一类型，起决定性的是这些不同的要素组合按照某种观点具有相同的意义。意义是类型的核心、灵魂。类型是"形散而神不散"，"形"是指类型的构成要素，它是流动过渡的，是或多或少的，是开放的；"神"是类型的意义，它是固定不变的，是各个要素的核心，是一个类型区别于另一个类型的关键。所以有的学者将类型的"意义性"叫做类型的"本质"。[②] 因此，类型思维是"在事物中，以灵智的慧眼穿过外表之象而把握'事物本然之理'"。[③] 也就是

① 杜宇：《再论刑法上之"类型化"思维》，载《法制与社会发展》2005 年第 6 期，第 112 ~ 113 页。

② 参见林立：《法学方法与德沃金》，中国政法大学出版社 2002 年版，第 138 页。

③ 林立：《法学方法与德沃金》，中国政法大学出版社 2002 年版，第 137 页。

说，类型思维是一种探寻事物本质的思维。正因如此，类型的意义性“在法学中具有无与伦比的重要性”。①

类型意义与类型要素之间是什么关系？也就是说，同一意义的类型是否得依靠某一个或几个固定不变的要素？对此问题是有争议的。我国台湾地区学者林立、黄茂荣认为类型的“意义”无须靠某一个或几个固定不变的要素来构成，即“类型的核心意义非由固定必要特征构成”，也就是说，同一意义的类型可能构成要素完全不同。而德国学者 Strache，我国台湾地区学者黄建辉、吴从周则认为类型的意义是靠一定数目与强度的重要的共同要素来体现的，即类型的意义离不开某些共同要素。也就是说，同一意义的类型必须具有某些共同的要素。② 对于这个问题，笔者认为上述两种观点都有一定的道理，但可能又都具有一定的片面性：没有考虑类型的层次性。类型是有层次性的，上位层次的类型较多地接近抽象，而下位层次的类型则较多地接近具体。比如说上位层次的“犯罪类型”相对于“目的犯类型”而言，抽象度要大些。因此，对于“犯罪类型”来说，整体意义——社会危害性可能更加重要，而各种犯罪具体的构成要件的差异性则被忽视。但是，对于“目的犯类型”来说，特定的犯罪目的具有决定罪与非罪、此罪与彼罪的功能，显然目的要素决定了类型的整体意义，特定目的是目的犯不可缺少的共同要素。

（二）类型理论的意义

1. 类型理论对立法与司法的影响

类型思维在法学中具有特别重要的价值，“立法以及法律发现

① 吴从周：《论法学上之类型思维》，载《法理学论丛——纪念杨日然教授》，月旦出版社股份有限公司 1997 年版，第 323 页。

② 参见林立：《法学方法与德沃金》，中国政法大学出版社 2002 年版，第 130 页；吴从周：《论法学上之类型思维》，载《法理学论丛——纪念杨日然教授》，月旦出版社股份有限公司 1997 年版，第 321 页；黄建辉：《法律上类型形成的理论基础》，载《中原财经法学》1997 年第 3 期，第 248 页。

的成功或失败，端赖能否正确地掌握类型”，“立法者的任务便是去描述各种类型”，而“法官必须在法律规范所意含的类型中掌握生活事实”。①“当立法者透过一个人工的过程，欲形成抽象的法律规范时，浮现在他的脑海中的并不是过度空洞的法律理念，也不是过度复杂的生活事实，而是一个类型的图像”，即“类型，系制定法背后的存在基础”。② 而“司法者应不断回到位于法律类型背后的‘生活类型’”。③ 具体来说，立法的过程便是将生活事实提升到经验类型，再将经验类型提升到规范类型，然后将规范类型制定为法律规范，即生活事实→经验类型→规范类型→法律规范；司法则是一个相反的过程，它是从法律规范出发去寻找背后的规范类型，再以法律规范与规范类型作为判断标准，同时对具体的案件事实进行抽象形成经验类型，从而以法律规范与规范类型来判断经验类型，即法律规范→规范类型→经验类型（←生活事实）。

就刑法而言，其立法、司法同样有这样一个逻辑。刑法上的犯罪类型是“被赋予各种犯罪属性后之行为类型”。行为类型是犯罪类型的基础，但行为类型要成为犯罪类型，必须经由立法者进行价值评价，赋予各种犯罪属性——刑事违法性和有责性。同样，犯罪类型也只是刑法规定的犯罪要件的基础，犯罪类型本身还不是刑法规定的犯罪要件。也就是说，虽然“犯罪类型与犯罪要件均属于法律概念，然而二者在法律概念上异其性质，即前者为实质概念而后者为形式概念。……犯罪类型与犯罪要件均对犯罪判断具有同等重要性”。④ 这里的行为类型就是一种经验类型；犯罪类型就是规范类型；犯罪要件就是法律规范。

---

① ［德］考夫曼著：《类推与“事物本质”——兼论类型理论》，吴从周译，学林文化事业有限公司 1999 年版，第 115 页。

② 杨日然教授纪念论文集编辑委员会：《法理学论丛——纪念杨日然教授》，月旦出版社股份有限公司 1997 版，第 331 ~ 332 页

③ 林立：《法学方法与德沃金》，中国政法大学出版社 2002 年版，第 142 页。

④ 蔡墩铭著：《刑法基本理论研究》，汉林出版社 1980 年版，第 43 ~ 52 页。

2. 类型理论对构成要件理论的影响

当我们提到贝林时，往往会将其与构成要件理论联系起来，但是我们仅限于对贝林构成要件理论本身的研究，而忽视了构成要件理论背后的方法论意义。在贝林之前，犯罪被定义为“被科处刑法的违法、有责的行为”，贝林批判了这一犯罪概念。明确地将构成要件符合性作为犯罪的成立要件。认为对于犯罪概念而言，确定的、作为轮廓的犯罪类型是特别重要的。[①] 可见，贝林开启了从犯罪概念研究到犯罪类型研究的转变。虽然贝林将构成要件作为一种行为类型有其的不足，但是其开启的类型思维方式对后世影响深远：麦兹格的违法类型，小野清一郎的违法有责类型其实正是将这种类型思维发扬光大。正如我国学者所说的，“在犯罪构成方法论中，涉及一个从事实到概念再到类型，最后到模型的演变过程”，其中“从罪名概念到犯罪类型，这是一个重大的跨越”，是“刑法理论的一次方法论革命”，而这种跨越或革命“恰恰是类型化思考的结果”。[②] 有学者甚至认为，当今的刑法学，在一定意义上就是一种“类型刑法学”。[③]

3. 类型理论对目的犯理论有着重要影响

可以说，在大陆法系中，目的犯的提出是类型思维发展的结果。当贝林将构成要件仅仅作为一种行为类型，而将一切主观要素、规范要素排除在构成要件外时，其对构成要件类型化的思维还是初步的，这时不可能产生目的犯的概念。麦兹格将构成要件理解为违法类型，只要是作为违法性基础的事实，主观的要素也好(只限于主观违法要素，不包括故意和过失)，规范的要素也好，都包含在构成要件之中。其对构成要件的类型化思维有了很大进

① 参见张明楷著：《刑法的基本立场》，中国法制出版社 2002 年版，第 96 页。

② 陈兴良：《刑法教义学方法论》，载《法学研究》2005 年第 2 期，第 50 ~ 52 页。

③ 张文、杜宇：《刑法视域中“类型化”方法的初步考察》，载《中外法学》2002 年第 4 期，第 424 页。

步，只有在这时，目的犯的概念才能够应运而生。我国刑法对目的犯的研究则始于一个困惑：某些犯罪，在故意之外，刑法还规定了特定目的，那么特定目的与故意是什么关系呢？为了区别这两种不同类型的犯罪，我国学者提出目的犯类型以区别于一般的故意犯罪类型。[①] 后来，又在法定目的犯的基础上提出了非法定目的犯类型。而要推动目的犯理论的发展，必须对非法定目的犯的类型继续深入研究。可见，目的犯理论提出和发展的历史，正是类型思维应用于刑法学的历史：故意犯罪类型→目的犯类型→法定目的犯类型→非法定目的犯类型→不真正的非法定目的犯类型、真正的非法定目的犯类型。

第二节　目的犯之理论分类

一、*德日刑法学目的犯的分类*

（一）德日刑法学目的犯的主要分类

（1）罗克辛从目的是否影响犯罪类型的角度将目的犯分为两类：[②] 一是目的影响犯罪类型的目的犯。例如，德国刑法第 263 条诈骗罪和第 242 条盗窃罪中都规定了“非法占有目的”。这种犯罪类型对目的作为条件的要求要大于有意识的和本身就是目的的对他人造成损害的行为。在仅仅通过欺诈而伤害他人（例如，为了使他人生气）时并不存在诈骗罪，只有在以非法占有为目的实施这种行为时，才能构成诈骗罪。“这个犯罪类型的特点不是取得他人的财产和支配权，取得他人财产和支配权这些行为本身是不受刑事

---

① 参见李希慧、王彦：《目的犯论纲》，载高铭暄、赵秉志主编：《刑法论丛》（第 5 卷），法律出版社 2002 年版，第 63 页。

② 参见［德］克劳斯·罗克辛：《德国刑法学总论》（第 1 卷），王世洲译，法律出版社 2005 年版，第 288 ~ 290 页。

惩罚的，而只有非法占有的努力才形成这个犯罪类型的特点”。也就是说，在这类犯罪中，目的的作用要大于实行行为：如果诈骗行为和盗窃行为不具有“非法占有目的”，则更加接近奸诈损害他人财产案件或取走他人物品类型，而不是目的犯。即使行为人预见到自己的行为肯定会发生损害他人财产的结果（直接故意），但是只要这种结果不是行为人所追求（意图）的，而是不得已接受的，也不具有犯罪目的，而不构成该类犯罪。例如，在列车开动前一刻，甲突然发现自己将“六联票”遗忘在家里了，但是他必须去上课，而上车前或下车后买票会浪费很多时间，因此，他试图在无票状态下作弊通过检票处，此种情况下甲不构成诈骗罪。再如，一名囚犯从监狱里逃了出来——因为缺少其他衣服——只好穿上监狱的囚服，并在出来后找到了第一个换衣服的机会，于是就把囚服扔掉了，此种情况不构成盗窃罪。二是目的不影响犯罪类型的目的犯。例如，德国刑法第 164 条诬告罪中“引起官方程序的目的”、第 257 条包庇罪中“确保犯罪所得好处的目的”、第 267 条伪造文书罪中“为了在法律事务中进行诈骗的目的”。这类犯罪目的的作用不是改变这个犯罪类型，而仅仅是把一种在结果上不过是有风险的行为排除了刑事惩罚。这类犯罪类型，在行为人追求（意图）该结果的情况下固然成立犯罪；在行为人不追求该结果，甚至对该结果的出现感到难堪，但只要他认为行为肯定会发生该结果（直接故意）时，也成立犯罪。例如，某女为促使男朋友和自己结婚而撒谎说自己拥有一些财产，不过这些财产被自己的亲戚非法扣留。该男朋友就催促某女举报那个亲戚。某女为了不说明自己的谎言而离开男朋友，明知不正确而告发，仍然构成诬告罪。可见，罗克辛是从犯罪类型的“意义”、“本质”来划分目的犯的，也就是先确定目的犯的法益，再看目的对法益是否有影响，从而将目的犯分为两类。也就是说，在第一类目的犯中，目的影响法益；在第二类目的犯中，目的不影响法益。

持类似观点的德国学者还有伦克拉（Lenckner）、格林（Gehrig)、萨松姆（Samson）等。伦克拉的观点取决于犯罪目的是要强化对法益的保护还是要从相反的方面加以限制。第一类案件存在于既遂被前置之处（如第164条、第257条、第267条、第288条）。在这类犯罪目的中应当永远包含确定的意识，即无条件故意第二级。相反，第二类案件存在于一种法益不是简单地被保护，而是只有处于特定的行为人动机的条件下才能受保护。这种情况存在于第263条之中。在这里，除了财产损失外，还限制性地要求非法占有目的。还有第242条，在这里，除了损害财产和支配权外，还额外地要求占为己有目的。相应的情况也适用于第249条、第253条、第259条。格林以类似的方式对两种犯罪目的作了区分。一种是作为“与受保护法益情节的外表相联系的特征”的犯罪目的（第242条、第263条）；另一种是与受保护的法益相联系的犯罪目的（第164条、第267条）。①

（2）日本一些学者按照目的对定罪量刑的影响，将目的犯分为真正目的犯和不真正目的犯。前者是指像伪造货币罪中的“行使的目的”一样，以目的的存在作为犯罪成立的要件；后者是指像持有鸦片罪中的“贩卖目的”一样，目的的存在只不过是刑罚加重的事由，或像关于藏匿犯人、隐灭证据罪由亲属实施时“为了犯人或逃走人利益”一样，目的的存在是刑罚的免除事由。②

（3）当然，在德日刑法学中最常见的是按照目的与行为的关系将目的犯分为断绝的结果犯与短缩的二行为犯。断绝的结果犯的构成要件包括客观的实行行为与主观的追求特定结果的目的，只要行为人实施了构成要件的客观行为，主观上追求特定结果的目的就可以实现。例如，投毒罪（德国刑法第229条）的构成要件行为

---

① 参见［德］克劳斯·罗克辛：《德国刑法学总论》（第1卷），王世洲译，法律出版社2005年版，第290页。

② 参见［日］大塚仁著：《刑法概说》（总论），冯军译，中国政法大学出版社2003年版，第124页；［日］木村龟二主编：《刑法学词典》，顾肖荣等译，上海翻译出版公司1987年版，第159页。

是“使人服用毒药或其他有害健康的药品”，目的是“意图损害他人健康”，只要行为人实施了构成要件的行为，“损害他人健康”的结果就可以发生。短缩的二行为犯的构成要件包括客观的实行行为与主观地追求实施第二个行为的目的，只要行为人实施第一个实行行为，即使没有实施第二个行为，犯罪也成立并既遂。例如，伪造货币罪（德国刑法第146条）的实行行为是“伪造行为”，目的是“意图供流通之用”。断绝的结果犯的结果是“抑制的”、“截短”，不需要有与之对应的行为，只要求存在于行为人的意识中，日本刑法学又称之为“直接目的犯”、“将结果作为目的的犯罪”。短缩的二行为犯原本有两个行为，但是法律出于刑事政策提前预防的考虑，将二行为或复行为缩短为一行为或单行为，第二个行为只要存在于行为人的意识中，日本刑法学又称之为“间接目的犯”、“将后行为作为目的的犯罪”。断绝的结果犯中，要求行为人对目的内容有确定的认识；短缩的二行为犯中，只要求行为人有未必的认识即已足够。断绝的结果犯中，实行行为与作为目的内容的结果之间是“原因·结果关系”；短缩的二行为犯中，第一个实行行为与第二个行为之间是“手段·目的关系”。[①]

（二）德日刑法学目的犯分类评析

由上可见，德日刑法学多从实质的角度来对目的犯进行分类，而不是从刑法的规定形式来分析目的犯之类型。例如，从目的与法益的关系、目的对定罪与量刑的影响、目的与实行行为的关系来研究目的犯的类型。这种实质的研究正好反映了一种类型思维方式。

---

① 参见［德］耶赛克、魏根特著：《德国刑法教科书》（总论），徐久生译，中国法制出版社2001年版，第384页；［德］克劳斯·罗克辛著：《德国刑法学总论》（第1卷），王世洲译，法律出版社2005年版，第208页；［日］大塚仁著：《刑法概说》（总论），冯军译，中国政法大学出版社2003年版，第124页；张明楷：《论短缩的二行为犯》，载《中国法学》2004年第3期，第147页；付立庆：《论主观违法要素的地位与范围——以日本刑法理论为依托的展开》，载陈兴良主编：《刑事法评论》（第17卷），中国政法大学出版社2006年版，第67页。

正如考夫曼所说的“‘事物本质’是指向类型的，从‘事物本质’产生的思维是类型式思维”。①

笔者认为，在上述分类中，断绝的结果犯与短缩的二行为犯的分类最具有价值，其有助于理解目的犯中特定目的与故意的关系；有助于对非法定目的犯的进一步分类。

近年来，德日刑法学中对断绝的结果犯和短缩的二行为犯的分类对我国刑法学也产生了影响，少数学者将德日刑法中的这种分类应用到了我国对法定目的犯的研究当中，做出了有意义的探索。②概括起来，依据这种分类方法可以将我国法定目的犯分为四种类型：（1）断绝的结果犯；（2）短缩的二行为犯；（3）既可能是断绝的结果犯，又可能是短缩的二行为犯的情况；（4）既非断绝的结果犯，亦非短缩的二行为犯的情况。但是，我国刑法学的这种探索还只限于法定目的犯范围，而对非法定目的犯能否分为断绝的结果犯和短缩的二行为犯没有研究。如果能够对非法定目的犯再进行分类，那么这种分类的依据是什么？分类的意义在哪里？对这些问题，我国刑法学的研究几乎付之阙如。

二、我国刑法学目的犯的分类

（一）我国刑法学目的犯的主要分类

1. 以刑法的规定方式为标准

我国刑法分则对目的犯的规定有三种方式：一是明确规定

---

① ［德］考夫曼著：《类推与“事物本质”——兼论类型理论》，吴从周译，学林文化事业有限公司1999年版，第109页。

② 参见姜先良：《论刑法中的非法占有目的》，载陈兴良主编：《刑事法评论》第13卷，中国政法大学出版社2003年版，第537～538页；张明楷：《论短缩的二行为犯》，载《中国法学》2004年第3期，第147页；董玉庭：《主观超过要素新论》，载《法学研究》2005年第3期，第62页。

"以……为目的";[①] 二是规定"意图……";[②] 三是规定"为……"。[③] 据此，不同的学者提出了不同的分类。

（1）有的学者把目的犯分为两类：第一，明文规定式目的犯（刑法明文"以……为目的"，或者"意图……"的犯罪）；第二，包含规定式目的犯（如盗窃罪）。[④] 但是，该分类忽略了刑法"为……"的规定方式。而且，像伪造货币罪等短缩的二行为犯，既非明文规定式目的犯，亦非包含规定式目的犯，而完全是法律没有规定特定目的之目的犯。

（2）有的学者把目的犯分为三类：第一，明文规定的目的犯（"以……为目的"、"意图……"）；第二，隐含的目的犯（"为……"）；第三，非法定目的犯（如伪造货币罪、虚开增值税专用发票罪）。[⑤]

（3）还有的学者把目的犯分为：第一，典型的法定目的犯（"以……为目的"）；第二，非典型法定目的犯（"意图……"、"为……"）；第三，非法定目的犯。[⑥]

上述学者将刑法的三种不同的规定方式任意地进行排列组合，而赋予其不同的名称。除了给人一种玩积木的感觉外，看不出有多

---

① 包括刑法第126条第1项与第2项、第152条、第175条、第187条、第192条、第193条、第196条、第217条、第218条、第224条、第228条、第239条、第240条、第265条、第276条、第303条、第326条、第345条第3项、第355条、第363条。

② 包括刑法第243条、第305条。

③ 包括刑法第163条（有争议）、第164条、第191条、第238条第3项、第269条、第319条、第385条（有争议）、第387条（有争议）、第389条、第391条、第393条。

④ 参见邵维国等；《论我国刑法中的目的犯》，载《大连海事大学学报》（社会科学版）2004年第1期，第34页。

⑤ 参见陈兴良：《目的犯的法理探究》，载《法学研究》2004年第3期，第74页。

⑥ 参见付立庆：《中国刑法中的典型的法定目的犯》，载《法学杂志》2006年第1期，第32页。

大的意义。笔者认为，上述刑法的三种不同的规定方式本质上对定罪量刑没有区别，统称为法定目的犯足矣。没有必要根据不同的规定方式，赋予不同名称。

2. 以犯罪主体为标准

例如，有的学者认为根据犯罪主体的不同，可以将目的犯分为以自然人为主体的目的犯和以单位为主体的目的犯。我国刑法中的目的犯绝大多数是由自然人主体构成的。以单位为主体的目的犯主要存在于法律规定的传播性或贪利性犯罪之中，而且其单位主体必须由法律规定。①

但是，这种分类的意义何在？我国刑法中的单位犯罪，绝大多数是既可以由自然人主体构成，也可以由单位构成。而像工程重大安全事故罪（刑法第137条），非法出售、私赠文物藏品罪（刑法第327条），私分国有资产罪与私分罚没财物罪（刑法第396条）等只能够由单位主体构成而不能由自然人主体构成的犯罪只占单位犯罪中的少数。而且，在这种只能够由单位构成而不能由自然人构成的单位犯罪中，几乎不存在目的犯。② 几乎任何由单位主体构成的目的犯，也可以由自然人构成，如刑法第152条规定的“以牟利或者传播为目的”的走私淫秽物品罪既可以由单位构成也可以由自然人构成。所以，笔者认为这种分类的唯一意义在于为增加目的犯类型的数量作出了“贡献”。

3. 以犯罪目的的表现形式为标准

例如，旧刑法时期有学者将目的犯分为三类：第一，反革命型

---

① 参见李希慧、王彦：《目的犯论纲》，载高铭暄、赵秉志主编：《刑法论丛》（第5卷），法律出版社2002年版，第82页。

② 也许有人会认为刑法第387条规定的单位受贿罪只能够由单位主体构成，而且具有“为他人谋取利益”的目的，是典型的以单位为主体的目的犯。但是，受贿罪和单位受贿罪中的“为他人谋取利益”不是主观要件，而是客观要件。受贿罪和单位受贿罪并不是目的犯。对此论述请参见刘明祥：《也谈受贿罪中的“为他人谋取利益”》，载《华中科技大学学报》（社会科学版）2004年第1期，第24页。

目的犯，即刑法明确规定“以反革命为目的”的犯罪；第二，贪利型目的犯，即刑法明确规定以“营利”、“牟利”、“谋利”、“出卖”、“勒索财物”等为目的的犯罪；第三，其他型目的犯，是指除上述目的犯以外的几种目的犯，如“以牟利或者传播为目的”的走私淫秽物品罪。①

4. 以犯罪目的对犯罪成立的不同影响为标准

依照此种分类方法可以将目的犯分为肯定性目的犯与否定性目的犯。肯定性目的犯，是指具有特定目的的犯罪而成立的目的犯。例如，刑法第152条的走私淫秽物品罪的成立，以“牟利或者传播为目的”为要件。我国刑法中大多数目的犯都属于肯定性的目的犯。否定性目的犯，是指具有某种特定目的，则否定犯罪成立的犯罪，即根据刑法规定，此类犯罪不能具有某种特定的犯罪目的，否则将不构成犯罪或不构成本罪。例如，刑法第364条的传播淫秽物品罪，该罪的成立不能具有牟利的目的，否则应依照刑法第363条传播淫秽物品牟利罪定罪处罚。再如，刑法第262条拐骗儿童罪不能具有“贩卖的目的”。②

但是，笔者认为，目的犯中不存在否定性目的犯，任何目的犯都是肯定性的。例如，本书第一章第二节所述，之所以把某种犯罪叫做目的犯，是因为这种犯罪构成的主观方面比一般犯罪多了一个特定目的，该特定目的对于犯罪成立具有特殊意义。所以，任何目的犯都是肯定性的，都以具有某种特定目的为积极构成要件。在我国刑法理论中，犯罪构成“包括了表明犯罪成立的一切积极的要件，是犯罪的成立要件意义上的犯罪构成”。③ 如果认为存在否定性目的犯，则任何犯罪都是目的犯：任何犯罪的成立要么具有特定

---

① 参见段立文：《我国刑法目的犯立法探析》，载《法律科学》1995年第3期，第44~45页。

② 陈建清：《论我国刑法中的犯罪动机与犯罪目的》，载《法学评论》2007年第5期，第131页。

③ 马克昌主编：《犯罪通论》，武汉大学出版社1999年版，第70页。

目的，而成为肯定性目的犯；要么不具有特定目的，而成为否定性目的犯——甚至过失犯罪也可以成为否定性目的犯。所以这种分类并没有多大的意义。

5. 以犯罪目的是否确定为标准

依照此标准，可将目的犯分为单一性目的犯和选择性目的犯。前者是指以某一特定的目的为构成要件的目的犯。我国刑法中的多数目的犯均属于此类。后者是指在刑法规定的若干特定目的中只要具备其中一个目的便可成立犯罪的目的犯。例如，刑法第276条破坏生产经营罪属于选择性目的犯，行为人具有“泄愤报复或者其他个人目的”之一即可。①

6. 以犯罪目的是否需要查证属实为标准

依照此标准将目的犯分为实质目的犯和形式目的犯。前者是指刑法规定的犯罪目的需要查证属实；后者是指虽然刑法规定了某一特定目的但是司法认定中并无须证实该目的之存在。例如，刑法第305条规定的伪证罪中的“意图陷害他人或者隐匿罪证”之目的，只要行为人实施了伪证行为就可以得以表征，无须另外查明目的之有无，同样的还有第269条规定的“为窝藏赃物、抗拒抓捕或者毁灭罪证”的转化型抢劫罪。对于形式目的犯，在刑法中完全可以取消，以免引起不必要的混乱。②

这种分类反映了论者对目的犯类型的认真思考，尤其是主张应当取消形式上的目的犯，具有一定的合理性。但是，笔者认为，任何目的犯之目的都必须查证属实。③ 如果目的犯之目的无法查证属实，则无法实现目的犯目的之功能。正如本书第一章第二节所述，

---

① 陈建清：《论我国刑法中的犯罪动机与犯罪目的》，载《法学评论》2007年第5期，第131页。

② 陈建清：《论我国刑法中的犯罪动机与犯罪目的》，载《法学评论》2007年第5期，第132页。

③ 论者所说的“目的是否需要查证属实”，所想要表达的意思也许是“目的对定罪量刑是否有意义”。

并非只要刑法以某种形式规定了某种目的，就一定是目的犯。论者所谓的形式目的犯，其中有些并不是目的犯；有些犯罪，如伪证罪（意图陷害他人或者隐匿罪证）以及转化型抢劫罪中（为窝藏赃物、抗拒抓捕或者毁灭罪证）也并非所谓的形式目的犯。因为这两个犯罪中的目的都具有“实质”的意义：有助于明确犯罪故意的内容或者行为的违法性；并非毫无疑义的“形式”。实际上，并不存在论者所说的“形式目的犯”。论者之所以提出形式目的犯类型，而又主张取消形式目的犯的规定，原因有二：一是将“出于泄愤报复或者其他个人目的”的破坏生产经营罪，以及“以牟利为目的”的倒卖型犯罪等不属于目的犯的犯罪当做了形式目的犯。这些犯罪中的目的对定罪量刑没有特别的意义，只是刑法的注意规定，也就是论者所说的“无须查证属实”。二是错误地理解了一些犯罪（如伪证罪等）中目的的意义，这些犯罪中的目的对定罪量刑具有意义，并非论者所说的“无须查证属实”。

（二）我国刑法学目的犯分类评析

由上可见，我国刑法学多从形式的角度来对目的犯进行分类，而不是从实质的角度来分析目的犯之类型（这与德日刑法学从实质的角度对目的犯进行分类形成鲜明的对比）。例如，从刑法对犯罪目的的规定方式、犯罪主体、目的的表现形式、目的的数量是单一还是多个、目的是否需要查证属实等角度来对目的犯进行分类。这种形式的分析严格贯彻了罪刑法定原则，但是缺乏对目的犯这种犯罪类型的构成要素及其与整体意义关系的研究，即缺少一种类型思维的方式。这种形式上的分类难以揭示目的犯中目的对定罪量刑的不同意义，因而虽然目的犯类型较多，但是对目的犯理论的发展没有多大的促进作用。因为我们研究目的犯不是为了分类而分类，而是通过分类，能够深化我们对目的犯这种犯罪类型的理解，能够揭示不同类型目的犯中目的对定罪量刑的意义，揭示不同类型目的犯犯罪构成上的差异，揭示不同类型目的犯法律适用方法上的差异。毕竟，“真正的科学，从本质上说是批判的，即对它进行区别、区分，找出差异。因此，进行区别、区分的能力，即批判能力，对于各门科学都有根本的重要性。”①

三、本书对目的犯的分类

（一）本书将目的犯分为四类：非法定的断绝结果犯（不真正的非法定目的犯）、法定的断绝结果犯、法定的短缩二行为犯、非法定的短缩二行为犯（真正的非法定目的犯）

笔者认为，在所有目的犯的分类标准中，有两条标准最为重要。标准一：目的的功能，即目的对于定罪量刑的意义；标准二：目的有无刑法的规定。标准一体现了定罪量刑的实质要求；标准二体现了罪刑法定的形式要求。

对于标准一（目的的功能），笔者认为目的犯目的之功能主要有两个：一是在断绝的结果犯中，特定目的不是主观超过要素，它不影响违法性，而主要是有利于明确犯罪故意的内容；二是在短缩的二行为犯中，特定目的是主观的超过要素，其功能在于影响违法性。所以根据标准一（目的的功能）可以将所有目的犯分为两类：断绝的结果犯和短缩的二行为犯。

对于标准二（目的有无刑法的规定），笔者认为要注意两点：一是并非只要法律有目的的规定，就是目的犯。例如，“出于泄愤报复或者其他个人目的”的破坏生产经营罪，以及“以牟利为目的”的倒卖型犯罪等不属于目的犯。二是即使法律没有明文规定特定目的，也可能解释为目的犯。例如，盗窃等取得型财产罪，即使刑法没有明文规定“非法占有目的”，也应当解释为目的犯。再如，伪造货币罪，即使刑法没有规定“行使目的”，通说也认为是目的犯。将这些刑法没有规定特定目的的犯罪解释为目的犯，也并不违反罪刑法定原则。至于刑法的规定方式，如“以……为目的”、“意图……”、“为了……”，则无关紧要。根据标准二（目

---

① 梁慧星著：《民法解释学》，中国政法大学出版社1995年版，第91页。

的有无刑法的规定)，可以将所有的目的犯分为法定目的犯和非法定目的犯。所谓法定目的犯，是指法律以某种形式明文规定了具有特殊意义的特定目的的犯罪；所谓非法定目的犯，是指法律虽无明文规定，但是应当解释为以特定目的为构成要件的犯罪。

标准一是实质的标准，标准二是形式的标准，两者的层次不同，因而不具有排他性，完全可以将两者结合起来。这样所有的目的犯可以分为四类：非法定的断绝结果犯、法定的断绝结果犯、法定的短缩二行为犯、非法定的短缩二行为犯。由于法定目的犯有法律的明文规定，所以相对而言较容易认定。成为问题的是非法定目的犯，由于刑法并没有明文规定特定目的，因此如何认定犯罪的成立就特别值得研究。笔者把“非法定的断绝结果犯”叫做“不真正的非法定目的犯”；把“非法定的短缩二行为犯”叫做“真正的非法定目的犯”。

标准一 标准二	断绝的结果犯	短缩的二行为犯
非法定目的犯	非法定的断绝结果犯 （不真正的非法定目的犯）	非法定的短缩二行为犯 （真正的非法定目的犯）
法定目的犯	法定的断绝结果犯	法定的短缩二行为犯

“不真正的非法定目的犯”和“真正的非法定目的犯”的结构和解释方法有重大区别：（1）前者属于断绝的结果犯，只要行为人实施了实行行为其目的就能够实现，比如说实施了信用证诈骗行为，其非法占有目的就可以实现；后者属于短缩的二行为犯，行为人在实施了实行行为后还需要进一步实施第二个行为，才可以实现其特定目的。（2）前者不是开放的构成要件；后者是开放的构成要件。（3）前者未规定特定目的，不是法律漏洞，而是法律的有意省略，因此其适用方式是狭义的法律解释；后者之所以未规定目的，是法律的漏洞，因此其适用方式是漏洞补充。（4）前者是我国非法定目的犯的主体；后者是例外。

在我国刑法中，属于“不真正的非法定目的犯”的有：(1) 刑法第120条规定的组织、领导、参加恐怖组织罪（以实施恐怖活动为目的）；(2) 第158条虚报注册资本罪（以取得公司登记为目的）；(3) 刑法第194～198条规定的6种金融诈骗罪（以非法占有为目的）；(4) 取得型财产犯罪都要求有“非法占有目的”，包括抢劫罪、抢夺罪、聚众哄抢罪、敲诈勒索罪、盗窃罪、诈骗罪、侵占罪、职务侵占罪；(5) 第279条招摇撞骗罪（以谋取非法利益为目的）；(6) 第316条脱逃罪（以逃避监管为目的）；(7) 第345条盗伐林木罪（以非法占有为目的）。

属于“真正的非法定目的犯”的有：(1) 刑法第170条的伪造货币罪（意图行使）；(2) 第172条的持有、使用假币罪（意图行使）；(3) 第173条的变造假币罪（意图行使）；(4) 第177条的伪造、变造金融票证罪（意图行使）；(5) 第178条规定的伪造、变造国家有价证券罪和伪造、变造股票、公司、企业债券罪（意图行使）；(6) 第205条的虚开增值税专用发票、用于骗取出口退税、抵扣税款发票罪（以骗取税款为目的）；(7) 第206条的伪造、出售伪造的增值税专用发票罪（意图行使）；(8) 第280条第1款规定的伪造、变造、买卖国家机关公文、证件、印章罪（意图行使）；(9) 第208条第2款规定的伪造公司、企业、事业单位、人民团体印章罪（意图行使）；(10) 第208条第3款规定的伪造、变造居民身份证罪（意图行使）；(11) 第375条第1款规定的伪造、变造、买卖武装部队公文、证件、印章罪（意图行使）；(12) 第177条之一妨害信用卡管理罪（以使他人财产上的事务处理出现错误为目的）。

（二）本书分类的意义

1. 有利于深化对目的犯主观要素的研究

关于特定目的与故意的关系，较早的观点认为，特定目的是直接故意的内容；现在的观点认为，目的犯的目的是独立于故意之外的主观超过要素。这两种观点，就其刑法理论基础而言，分别受到前苏联刑法学和德日刑法学的影响；就其方法论而言，是一种“非此即彼”的概念思维（目的不是在故意之内就是在故意之外），而不是一种“或多或少”的类型思维（目的犯之目的既可以在故意之内又可以在故意之外）。实际上目的与故意的关系并不是断然割裂的分离关系，而是流动过渡的模糊关系。

如果将目的犯分为四种：非法定的断绝结果犯（即不真正的非法定目的犯）、法定的断绝结果犯、法定的短缩二行为犯、非法定的短缩二行为犯（即真正的非法定目的犯）。那么在这四种类型的目的犯中，目的要素的独立性由弱到强，越来越凸显，也就是说目的与故意的关系由亲至疏，越走越远：

首先，在“不真正的非法定目的犯”中，目的与故意的关系是如此紧密，以至于对该特定目的无须加以规定，人们也不会忽略。例如，有的学者认为，刑法虽然没有规定信用证诈骗罪等金融诈骗罪要具备“非法占有目的”，但是“非法占有目的”是犯罪构成的“显性要件”，即因其一目了然而不需要明确规定在刑法条文中的要件。① 或认为该目的是“根据刑法条文之间的相互关系、刑法条文对相关要素的描述所确定的，成立犯罪所必须具备的要素”。② 为什么说该“非法占有目的”是“一目了然”、“必须具备”，有力的理由是，该目的同主观上的故意、客观上的实行行为的关系是如此密切，以至于很难说它是超过故意或行为的主观超过要素，因而没有独立规定的必要。有学者甚至明确指出，虽然刑法没有规定，但是“牟利目的是贩卖毒品罪所具有的必要要件。且其牟利目的……是故意的内容”。③ 因此，在这个意义上，“不真正

① 侯国云、陈丽华：《金融诈骗罪认定的几个问题》，载《中国刑事法杂志》2001年第5期，第29页。

② 张明楷著：《诈骗罪与金融诈骗罪研究》，清华大学出版社2006年版，第289页。

③ 谢秋凌、高巍：《论贩卖毒品罪之目的》，载《云南大学学报》（法学版）2006年第1期，第25页。

的非法定目的犯”是“不真正的”（非法定）目的犯，界于目的犯与普通故意犯的边缘。

其次，而对于像诬告陷害罪这样法定的断绝结果犯来说，“使他人受刑事追究”的意图与诬告的行为及诬告的故意，相对于前述不真正的非法定目的犯来说，关系要疏远些。在这种情况下，为了确保“使他人受刑事追究”的意图成为犯罪构成要件，必须由立法作出规定。但是，“使他人受刑事追究”的意图仍然是诬告陷害罪故意的内容，仍未超过诬告陷害罪故意的范围。

再次，对于像走私淫秽物品罪这样的法定的短缩二行为犯来说，“牟利或者传播目的”与走私行为及走私故意的关系更加疏远，也必须由立法明文规定，否则人们很难将该目的与走私淫秽物品的行为及其故意联系起来作为犯罪构成要素。而且，相对于前述断绝的结果犯来说，“牟利或者传播目的”已经是走私淫秽物品罪故意之外的主观超过要素。

最后，对于伪造货币罪这样的“真正的非法定目的犯”来说，特定目的与故意及客观行为的关系更加疏远，是一种最典型的主观超过要素。刑法未规定特定目的，属于刑法漏洞，所以必须通过漏洞补充的方法加以补充该特定目的。

2. 有利于深化对非法定目的犯解释适用的研究

非法定目的犯，一方面是目的犯，即以特定目的为构成要素的犯罪；另一方面刑法又没有规定目的。那么在刑法没有规定之处，要找到一个特定目的，实在是一个“巧妇欲为无米之炊”的难题。

将非法定目的犯分为“不真正的非法定目的犯”和“真正的非法定目的犯”两种类型，也许能够很好地解决非法定目的犯的适用难题：不真正的非法定目的犯适用狭义的解释方法——限制解释；真正的非法定目的犯适用漏洞补充方法——目的性限缩。这个问题留待第五章详细论述。

第三节　目的犯与相关犯罪类型之辨析

目的犯与倾向犯、表现犯具有天然的亲缘关系。当贝林把构成要件理解为“犯罪类型”的轮廓，而又排除构成要件中的主观要素时，目的犯、倾向犯、表现犯的理论都不可能诞生。只有当构成要件中的主观要素不断浮现时，目的犯、倾向犯、表现犯理论才得以有机会诞生。虽然 M. E. Mayer 早就发现了构成要件中的主观要素和规范要素，但却没有从正面加以肯定。只有麦兹格第一次明确提出了目的犯、倾向犯、表现犯的概念。这三种犯罪的共同点在于构成要件中存在着故意之外的特殊主观要素。

一、*目的犯与倾向犯*

（一）倾向犯的概念之争

关于倾向犯的概念，刑法学界存在很大的争议：有的着重于用违法要素来定义倾向犯；有的着重于用责任要素来定义倾向犯；有的则否定倾向犯概念。

1. 倾向犯是以主观倾向为违法要素的犯罪

麦兹格认为，倾向犯“乃行为者所表现某种主观的倾向，为法对于外部行为所要求之有意义的意欲，并由于行为者有无此主观的倾向之表现，而决定行为的违法性之有无及强弱之犯罪”。例如，猥亵罪、侮辱罪就是倾向犯。这种犯罪以行为出于主观的“猥亵”或“侮辱”之目的为必要。即使行为外形完全相同（例如，都是触摸妇女肉体），但如果不是出于猥亵之目的而是基于诊察或治疗之目的，则无违法性。所以，在倾向犯中，主观倾向具有左右行为违法性之作用。① 麦兹格关于倾向犯的这种观点不仅被德国刑法理论与审判实践普遍采纳，而且也曾被日本学者与法官广为

① 洪福增：《刑法理论之基础》，台湾地区刑事法杂志社 1977 年版，第 372 页。

接受。[1] 例如，大塚仁、野村稔都接受了这种观点。

德国的通说承认主观违法要素以及倾向犯的概念，认为倾向犯的特征是，“实行行为由行为人的意志方向所控制，该意志方向给予行为本来的特征或对被保护的法益以特别危险”。德国刑法学中的倾向犯包括四类：（1）性犯罪：要求行为不仅同被害人的羞耻感大相矛盾，而且还以淫欲的目的来实现；（2）行为人意志方向对被保护法益具有特别的危险倾向、致富目的、掩盖目的，或意图损害他人的犯罪；（3）行业性、习惯性或商业性的犯罪；（4）以“目的性动词”为构成要件的犯罪，如德国刑法第 263 条的“欺骗”、第 259 条的“帮助销赃”、第 242 条的“占为己有”、第 246 条的“侵占”，都是“目的性动词”。要理解这些行为的不法意义，就必须考虑行为人的想法和意图。[2] 因此，除了猥亵罪外，德国刑法理论还认为具有对保护法益的特别危险倾向（如“为自己或者第三人的利益”）的犯罪、职业犯、常习犯，以及其他一些性犯罪属于倾向犯。[3]

我国刑法通说虽然没有使用“倾向犯”的概念，但是实际上是赞同倾向犯概念的，并且将主观倾向理解为主观违法要素。例如，有的教材指出：强制猥亵、侮辱妇女罪的动机是通过猥亵行为“寻求性的满足和下流无耻的精神刺激”；[4] 还有的教材指出：强制猥亵、侮辱妇女罪“主观方面由直接故意构成，并且具有性刺激和性满足的目的”。[5] 有的学者明确指出：虽然支持倾向犯概念的学者多为刑法主观主义，但是即使站在刑法客观主义的立场，同样

---

① 张明楷著：《法益初论》，中国政法大学出版社 2000 年版，第 395 ~ 396 页。

② 参见［德］耶赛克、魏根特著：《德国刑法教科书》，徐久生译，中国法制出版社 2001 年版，第 384 ~ 385 页。

③ 张明楷著：《外国刑法纲要》，清华大学出版社 2007 年版，第 135 页。

④ 高铭暄、马克昌主编：《刑法学》（下编），中国法制出版社 1999 年版，第 832 页。

⑤ 周道鸾、张军主编：《刑法罪名精释》，人民法院出版社 1998 年版，第 461 页。

不能够否定倾向犯的理论价值。例如，“客观上同样是捏摸妇女乳房，如果不考察主观倾向，就无法判断该行为是否违法，因为合法行为中同样可能捏摸妇女乳房，如医生的诊断行为。只有捏摸妇女乳房是在刺激性欲时，才是强制猥亵、侮辱妇女罪规定的违法行为”；“主观倾向的意义在于说明行为之违法性及其强弱，对于倾向犯而言，如果缺乏主观倾向，就无法判断行为是否具有违法性”。①

2. 倾向犯是以主观倾向为责任要素的犯罪

小野清一郎虽然也承认倾向犯的概念，但是认为倾向犯是“以可以看出某种主观倾向的行为构成的犯罪”。② 这和麦兹格的定义有相同点，也有不同点。相同点在于，都认为主观倾向是主观构成要件要素。不同点在于，麦兹格认为这种主观倾向是主观违法要素，影响违法性的认定；而小野清一郎则认为这种主观倾向不是违法性要素，而是责任要素，影响道义责任。③

3. 否定倾向犯概念

日本学者平野龙一、内藤谦、町野朔、前田雅英等反对倾向犯的概念。例如，平野龙一认为，强制猥亵罪的法益是个人的性自由，只要行为人认识到自己实施的猥亵行为侵害了被害人的性自由即可；即使行为人并非出于刺激或满足性欲的倾向，也完全可能侵害被害人的性自由。内藤谦指出：强制猥亵罪以被害人的性自由作为保护法益，因此既然行为人实施了一定的客观行为，并且认识到该行为（具有犯罪故意），即使是出于报复、侮辱、虐待的目的，也成立犯罪。町野朔提出：既然行为人实施了明显侵害被害人的性

---

① 董玉庭：《主观超过要素新论》，载《法学研究》2005 年第 3 期，第 73 ~ 74 页。

② ［日］小野清一郎著：《犯罪构成要件理论》，王泰译，中国人民公安大学出版社 2004 年版，第 62 页。

③ ［日］小野清一郎著：《犯罪构成要件理论》，王泰译，中国人民公安大学出版社 2004 年版，第 67 页。

的羞耻心的行为，侵害了性的自主这种法益，只要行为人对这种行为存在故意就成立强制侮辱罪。除此之外，没有理由要求行为人具有特别的心理。前田雅英认为，如果承认倾向犯，有些场合可能反而会扩大处罚范围。例如，医生征得患者的同意，在进行医学上绝对必要的治疗时，以猥亵的内心倾向实施检查行为的，也有可能构成强制猥亵罪，而这是不合理的。“现在可以肯定的是，否认强制猥亵罪是倾向犯以及否认倾向犯概念的观点，在日本已成为通说”。①

我国学者张明楷教授反对将强制猥亵、侮辱妇女罪理解为倾向犯，甚至反对倾向犯概念本身。其所举原因有：（1）不要求行为人主观上出于刺激和满足性欲的倾向，也完全可以从客观上区分是否猥亵行为，因而完全可以区分罪与非罪；（2）不要求行为人主观上出于刺激和满足性欲的倾向，也完全可以区分强制猥亵、侮辱妇女罪与侮辱罪的界限；（3）不要求行为人主观上出于刺激和满足性欲的倾向，并不意味着不要求行为人主观上具有故意，因而不会导致客观归罪；（4）要求行为人主观上出于刺激和满足性欲的倾向，会导致不当地缩小或扩大处罚范围；（5）要求行为人主观上出于刺激和满足性欲的倾向，会导致强制猥亵、侮辱妇女罪和侮辱罪的不平衡；（6）要求行为人主观上出于刺激和满足性欲的倾向，是过于重视主观要素的表现；（7）要求行为人主观上出于刺激和满足性欲的倾向，可能来源于对事实的归纳。②

（二）目的犯与倾向犯的关系之争

赞同倾向犯概念的学者必然要进一步研究目的犯与倾向犯的区别。例如，有的学者认为，目的犯中的目的是犯罪行为产生的主观动因，犯罪目的与犯罪行为的产生联系比较密切；而主观倾向与犯罪行为的产生之间联系并不紧密，主观倾向一般是与犯罪行为同时

① 张明楷著：《法益初论》，中国政法大学出版社2000年版，第398页。

② 参见张明楷著：《法益初论》，中国政法大学出版社2000年版，第395页以下。

产生，伴随行为的过程。或者说，犯罪目的不但在整个犯罪行为实施过程中存在，而且往往也作为犯罪行为的起因存在；主观倾向虽然伴随犯罪行为的过程，但一般并不作为犯罪行为的起因，倾向犯的行为起因是不是此主观倾向并不重要。例如，“非法占有目的”、“营利目的”一般都是犯罪行为的起因，而刺激性欲这种主观倾向并不必然是行为的起因，只是淫秽行为实行过程的主观附随状态。①

概括起来，这种观点认为，目的犯之目的既是行为的起因，又伴随行为的始终；而倾向犯的倾向虽伴随着行为的始终，但不一定是行为的起因。

但是笔者认为，这种观点只是论者的一家之言，并没有什么依据，也并不合理：第一，目的犯之目的并不都是行为的起因。例如，2005 年最高人民法院《关于审理抢劫、抢夺刑事案件适用法律若干问题的意见》第 8 条规定：“行为人实施伤害、强奸等犯罪行为，在被害人未失去知觉，利用被害人不能反抗、不敢反抗的处境，临时起意劫取他人财物的，应以此前所实施的具体犯罪与抢劫罪实行数罪并罚；在被害人失去知觉或者没有发觉的情形下，以及实施故意杀人犯罪行为之后，临时起意拿走他人财物的，应以此前所实施的具体犯罪与盗窃罪实行数罪并罚。”很明显，即使行为人事先没有“非法占有目的”，而是在被害人失去知觉后临时起意，也应当以抢劫罪、盗窃罪论处。这说明，非法占有目的并非行为的“起因”，而只是“伴随行为的始终”。第二，主观倾向也往往是行为动机，行为人实施猥亵行为往往就是出于刺激和满足性欲的倾向，即刺激和满足性欲的倾向是其实施猥亵行为的起因。

实际上，德国学者虽然同时赞同目的犯和倾向犯两个概念，但是也没有将两者明确区别开来。例如，德国学者耶赛克一方面将刑法第 263 条的“诈骗罪”、第 242 条的“盗窃罪”作为目的犯，另

---

① 董玉庭：《主观超过要素新论》，载《法学研究》2005 年第 3 期，第 74 页。

一方面又将这两个犯罪作为倾向犯中的第四类“以目的性动词”为要件的倾向犯。[①]

（三）对倾向犯之争的辨析及本书的观点

从以上论述可以看出，学界关于倾向犯的争议大多是围绕强制猥亵、侮辱妇女罪进行的。因此，本书以强制猥亵、侮辱妇女罪为例来辨析有关倾向犯的争议。

有关强制猥亵、侮辱妇女罪是否倾向犯的争论，首先在于如何理解“猥亵行为”。赞同本罪是倾向犯的学者，往往认为“猥亵”客观方面表现为搂抱、捏摸乳房、接吻、抠摸下身等，主观方面除了对这些客观行为的认识和追求外，还有刺激和满足性欲的倾向。

例如，有的学者认为，“这里的猥亵，是指除奸淫以外的能够满足性欲和性刺激的有伤风化、损害妇女性心理，有碍其身心健康的性侵犯行为”；[②] 有的学者认为，猥亵行为，是指奸淫行为以外的一切刺激、兴奋、满足自己的性欲，或者能刺激、兴奋、满足他人性欲的伤风败俗的行为；[③] 有的学者认为，猥亵行为，是指能够使行为人自己或者其他人受到性欲上的刺激、兴奋或满足，而又不同于奸淫的违反健康的性风俗的行为；[④] 有的学者认为，猥亵行为，是针对妇女实施的，能够刺激、兴奋、满足行为人或第三人的性欲，损害善良风俗，违反良好性道德观念，且不属于奸淫的行为；[⑤] 还有的学者认为，猥亵是一个内涵丰富的概念，要想理解猥亵的含义，离开刺激下流性欲的主观倾向是不可能的。

---

① 参见［德］耶赛克、魏根特著：《德国刑法教科书》，徐久生译，中国法制出版社 2001 年版，第 298、384 页。

② 高铭暄、马克昌主编：《刑法学》，北京大学出版社 2005 年版，第 523 页。

③ 参见陈兴良著：《刑法疏议》，中国人民公安大学出版社 1997 年版，第 401 页。

④ 参见高西江主编：《中华人民共和国刑法的修订与适用》，中国方正出版社 1997 年版，第 535 页。

⑤ 参见肖中华著：《侵犯公民人身权利罪》，中国人民公安大学出版社 1998 年版，第 200 页。

否认强制猥亵、侮辱妇女罪是倾向犯的学者，往往认为“猥亵”客观方面表现为搂抱、捏摸乳房、接吻、抠摸下身等，主观方面表现为认识和容忍这些行为违反了妇女意志并侵害了妇女的性的羞耻心。

例如，有的学者认为，“猥亵妇女是针对妇女实施的，侵害妇女的性的羞耻心，侵害妇女的性的决定权，违反性行为秩序的行为”。“侵害妇女的性的羞耻心”实际上是导致妇女产生了性的羞耻心；“侵害妇女的性的决定权”，是指猥亵行为违反了妇女的意志，使妇女的性的自己决定权受到侵害；“违反性行为秩序”意味着猥亵行为为一般社会观念所不能容忍，凡是违反性行为诸准则的行为，都是违反性行为秩序的行为；① 有的学者认为，猥亵行为的法律评价，就在于行为违背被害人意志，侵害公众的正常性心理、道德情操。至于行为是否“淫秽下流”、是否“伤风败俗”等，并不是立法评价猥亵行为的出发点；② 有的学者认为，猥亵行为，是指违背妇女的意愿，以脱光衣服、抠摸等淫秽下流的手段猥亵妇女，也没有要求主观倾向。③

有关强制猥亵、侮辱妇女罪是否倾向犯的争论，其次在于如何理解猥亵行为的违法性。赞同本罪是倾向犯的学者往往将主观倾向作为判断行为违法性的一个依据；否认本罪是倾向犯的学者往往认为主观倾向不是违法性判断的依据，违法性判断的依据仅仅在于行为是否违反了被害妇女的意志，是否侵害了其性的羞耻心。

有关强制猥亵、侮辱妇女罪是否倾向犯的争论，归根结底在于论者是采取行为无价值论还是结果无价值论立场。采取行为无价值论的学者往往会赞同本罪是倾向犯；采取结果无价值论的学者往往

---

① 参见张明楷著：《刑法学》，法律出版社2003年版，第697页.

② 参见林亚刚：《我国刑法中强制猥亵妇女罪的立法与规范评价》，载《现代法学》2000年第2期，第85页。

③ 参见胡康生主编：《中华人民共和国刑法释义》，法律出版社1997年版，第333页。

会否认本罪是倾向犯。

本书始终坚持结果无价值论的立场，认为违法性的判断原则上不应当考虑主观要素（短缩的二行为犯是个例外）。因此，从这个立场出发本书否认强制猥亵、侮辱妇女罪是倾向犯，并否认倾向犯的概念本身。例如，医生的医疗行为，只要是在医疗行为许可的范围内，即使医生具有刺激和满足性欲的倾向，也不能够认为是违反性行为秩序的行为，也不能够认为具有违法性。

上述赞同本罪是倾向犯的学者举例说："在美术学院的画室里，众目睽睽之下的裸体女模特并没有感到自己被猥亵，因为画家们观察裸体女人并非为了刺激下流性欲，这让裸体的女人感到自己是美的化身。而一个流氓非要坐在画室里观看裸体女模特，这便是对女模特的猥亵，让女模特感到屈辱。由此可见，只有当观看裸体女人是为了刺激下流性欲时，妇女的性权利才受到侵害。"①

这里有几点值得推敲：首先，固然一般的画家面对裸体女模特不会有下流的邪念，但是并不能够排除一些初学画画的学生具有刺激性欲的倾向。其次，即使是一个"流氓"，只要他安静地待在画室里，没有其他侵害女模特的性的羞耻心的言行，难道就仅仅因为他具有"刺激下流性欲"的倾向，就认定其有罪吗？显然不能够。否则就是主观归罪。最后，论者所举例子逻辑不够严谨。"流氓"并不是一个身份，之所以称某人是流氓，是因为他实施了流氓行为。一个人安静地坐在画室里观看，没有实施任何其他侵害女模特的性的羞耻心的行为，怎么能够事先就认定是"一个流氓坐在画室里"，从而先入为主地认为要归罪于他呢？

因此，本书的结论是：主观倾向并不影响行为的违法性，也无助于犯罪故意的判断（根据我国刑法，犯罪故意是对"行为结果"和"危害结果"的认识和意志，而所谓的主观倾向对于明确行为

① 参见董玉庭：《主观超过要素新论》，载《法学研究》2005年第3期，第75页。

结果或危害结果都没有意义），所以不应该承认倾向犯的概念。

二、目的犯与表现犯

（一）表现犯的概念

麦兹格认为，表现犯乃行为者本身之精神现象，表现于外部行为之犯罪。其特征在于“行为者以一定的方法（如以歪曲方法）表现其内心所引起之精神现象于外部，或不为法所要求之表现”。前者为积极的表现犯，此系由于违反自己主观的确信而作虚伪陈述（即使客观上是真实的）而成立的犯罪（如伪证罪）；后者为消极的表现犯，此系由于明知有犯罪之情形，竟不进行申报（如不告密或检举等）而成立之犯罪。对于表现犯，如果不将外部的事实与行为者内心的精神现象加以比较，则不能判断其违法性之有无。①

小野清一郎认为，表现犯（语言表达方面的犯罪），是指以一定的心理状态为前提的语言表达构成的犯罪。例如，伪证罪、对于爆炸物犯罪的不检举告发罪。并且认为，倾向犯中的倾向是主观违法要素。②

大塚仁认为，表现犯，是指行为是作为行为人内部的、精神的经过或者状态而显现的。不比较外部的现象和行为人的精神面，就不能正确地判断其违法性和构成要件符合性。例如，伪证罪，只有在行为人违反其记忆作了虚伪的陈述时，才成为伪证罪。③

（二）伪证罪是否表现犯

伪证罪是否表现犯的问题在于如何理解伪证罪中的“虚伪”。

---

① 参见洪福增：《刑法理论之基础》，台湾地区刑事法杂志社1977年版，第371页。

② 参见［日］小野清一郎著：《犯罪构成要件理论》，王泰译，中国人民公安大学出版社2004年版，第62～67页。

③ ［日］大塚仁著：《刑法概说》（总论），冯军译，中国人民大学出版社2003年版，第125页。

伪证罪的实行行为是虚伪的陈述，关于虚伪的含义，有主观说和客观说两种激烈对立的观点。主观说认为，虚伪是违反证人的记忆（团藤重光、大塚仁、香川达夫、藤木英雄、大谷实），客观说认为，虚伪是违反客观的真实（平野龙一、中山研一、内藤谦、前田雅英）。对此，有四种情况：

	与记忆一致	与记忆不一致
客观上真实	Ⅰ	Ⅱ
客观上虚伪	Ⅲ	Ⅳ

对于上表中的情况Ⅰ，无论是主观说还是客观说都认为无罪。对于情况Ⅳ，无论是主观说还是客观说都认为是虚伪的陈述，而构成伪证罪。对于情况Ⅲ，主观说认为，由于其陈述与记忆一致不是虚伪陈述，当然无罪；客观说认为，虽然其陈述与客观不相符，是虚伪陈述，但是由于其陈述并没有违背自己记忆，所以没有犯罪故意，也不构成犯罪。最具争议的是情况Ⅱ：主观说认为这种案件必须处罚，因为违反记忆的证言有导致错误判决的抽象危险；相反，客观说则认为，只要陈述真实，则无损于国家的审判职能，主观说处罚的根据实际在于非难违反自己良心的发言这一点。可见，主观说的处罚范围要大于客观说。前田雅英赞同客观说，并认为，伪证罪不是表现犯；表现犯的概念也没有必要存在。①

可见，主观说依赖于主观的心理态度来判断行为的违法性，所以认为伪证罪的心理态度是主观的超过要素，从而赞同倾向犯的概念；客观说往往从客观的行为来判断行为的违法性，认为主观心态对于行为的违法性不产生影响，所以一般认为倾向犯的概念是不必要的。主观说往往是行为无价值论者的观点；客观说往往是结果无

---

① 参见［日］前田雅英著：《日本刑法各论》，董璠兴译，五南图书出版公司2001年版，第467～468页。

价值论者的态度。

（三）表现犯中心理状态的意义

关于表现犯中心理状态的意义，赞同表现犯概念的学者往往将表现犯中的心理状态当做主观的超过要素，认为其意义在于影响违法性判断。前述麦兹格和小野清一郎都将表现犯中的心理状态当做主观违法要素。否定表现犯概念的学者往往将表现犯中的心理状态当做故意的内容。例如，有学者认为，如果证言违反证人的记忆和实际体验但符合客观事实，就不可能妨害司法活动，即使有犯罪故意也不能够认定为伪证罪；如果证言符合证人的记忆和实际体验但与客观事实不相符合，则行为人没有伪证罪的故意，即使行为具有违法性，也不可能成立犯罪。[①] 也有学者赞同表现犯的概念，但是也主张这种心理状态是犯罪故意的内容，而不是主观超过要素。例如，有的学者认为，“在伪证罪的犯罪故意中，就已经包含了行为人对自己歪曲记忆中的事实进行作证的认知和追求。在伪证罪的犯罪故意中，对客观要素的认识内容应包含三个方面：首先，对需要证明的客观事实的认识。其次，对所作证明的认识。最后，对客观事实与所作证明之关系的认识。相对于行为人而言，对需要证明的客观事实的认识实际上就是行为人记忆中的事实，因此，对客观事实与所作证明之关系的认识就表现为歪曲记忆中的事实”。[②]

（四）本书的观点

通过上述分析，本书初步的结论是接受倾向犯的概念，赞同伪证罪是倾向犯。本书之所以赞同伪证罪是倾向犯，并非基于前述主观说的理由——心理状态是主观超过要素，而是认为心理状态对于明确犯罪故意的内容具有重要意义。

根据刑法理论，故意的认识对象是构成要件的客观事实；也就是说，构成要件的客观事实具有规制故意内容的功能。但是对于倾

---

① 参见张明楷著：《刑法学（第二版）》，法律出版社2003年版，第825页。

② 董玉庭：《主观超过要素新论》，载《法学研究》2005年第3期，第75页。

向犯来说，故意的内容不能够完全依靠客观要素来判断。例如，在伪证罪中，行为人所陈述的事实是否与客观事实相符合，对于行为人犯罪故意的认定无济于事；犯罪故意的有无取决于行为人所陈述的事实与行为人所记忆的事实是否一致。也就是说，在伪证罪中，行为人是否有犯罪故意，难以从客观上判断，而必须结合行为人主观心理态度来判断。在这一点上，表现犯有其存在的价值。

因此，表现犯与目的犯有相似之处。如前所述，笔者认为目的犯有两种：断绝的结果犯中特定目的之功能在于明确犯罪故意的内容；短缩的二行为犯中特定目的之功能在于明确行为违法性之有无。表现犯中心理状态之功能类似于断绝的结果犯中特定目的之功能：有助于明确犯罪故意的内容。

三、目的犯与预备犯

(一) 日本刑法中的预备犯属于目的犯

在日本，“刑法理论上没有争议地认为，预备犯是目的犯”，[①] 这和日本刑法对预备犯的规定以及日本学者对预备犯的理解有关。

对于预备犯，日本刑法不是在总则中作一般性的规定，而是就某些重大犯罪设置了例外性的个别处罚规定。在日本刑法典中，预备犯的规定主要有：

(1) 第78条内乱预备罪：“预备或者阴谋内乱的，处……”；(2) 第88条外患预备罪：“预备或者阴谋犯第八十一条和第八十二条之罪的，处……”；(3) 第93条私战预备罪：“以私自对外作战为目的进行预备和阴谋的，处……”；(4) 第113条放火预备罪：“以犯第一百零八条或者第一百零九条第一项之罪为目的进行预备的，处……”；(5) 第153条伪造通货预备罪：“以供伪造、

① 张明楷著：《外国刑法纲要》，清华大学出版社2007年版，第293页；[日] 大谷实著：《刑法各论》，黎宏译，法律出版社2003年版，第13页；[日] 前田雅英著：《日本刑法各论》，董璠兴译，五南图书出版公司2001年版，第23页。

变造货币、纸币或者银行券之用为目的，准备器械或者原料的，处……”；（6）第201条杀人预备罪：“以犯第一百九十九条之罪为目的进行预备的，处……”；（7）第228条第3款绑架预备罪：“以犯第二百二十五条之二第一项之罪为目的进行预备的，处……”；（8）第237条强盗预备罪：“以犯强盗罪为目的进行预备的，处……”。

日本学者往往根据刑法的规定来概括预备犯的概念，如大塚仁认为，“预备是为了实现某犯罪而以谋议以外的方法进行的准备行为”。① 大谷实与大塚仁的观点一样，认为“所谓预备，是指以阴谋以外的方法实施的、以实现犯罪为目的的准备行为”。② 平野龙一认为，“预备是未达着手实行的行为，是以实行犯罪为目的而实施的对完成犯罪起实质作用的行为。不仅包括准备物的行为，如购买用于强盗的短刀（也叫有形预备）是预备，而且连观察被害人住宅情况这样的行为（也叫无形预备）也是预备。但是，这种行为必须对完成犯罪起实质作用，不具有这种程度的危险性的行为，不能说是预备”。③

预备犯具有两个基本特征（或成立要件）：首先，客观上必须实施了对实现犯罪起实质作用的预备行为，包括有形预备行为和无形预备行为。其次，主观上必须具有实现基本犯罪的目的。例如，预备杀人罪在主观上必须具有杀人目的。而杀人预备罪的故意只是认识和容忍杀人的预备行为，而且仅此就够了。所以，杀人目的是故意之外的主观超过要素。这样，预备罪属于目的犯。④ 而且，

---

① ［日］大塚仁著：《刑法概说》（总论），冯军译，中国人民大学出版社2003年版，第215页。

② ［日］大谷实著：《刑法总论》，黎宏译，法律出版社2003年版，第272页。

③ ［日］平野龙一著：《刑法总论》（Ⅱ），有斐阁1975年版，第339页，转引自张明楷：《未遂犯论》，法律出版社、日本成文堂联合出版1997年版，第435页。

④ 参见张明楷著：《未遂犯论》，法律出版社、日本成文堂联合出版1997年版，第436～437页。

"这个犯罪目的就是自己去实现基本构成要件的目的，因此不包含他人实现这个目的的场合"。①

（二）我国刑法中预备犯不是目的犯

我国刑法第22条第1款规定："为了犯罪，准备工具、制造条件的，是犯罪预备。"据此，一般认为，预备犯是指为了实施犯罪，准备工具、制造条件，但是由于行为人意志以外的原因而未能着手实行犯罪的形态。

之所以说我国刑法中的预备犯不是目的犯，而日本刑法中的预备犯属于目的犯，这可以从我国刑法预备犯与日本刑法预备犯的差异之处得到说明。

我国刑法中的预备犯与日本刑法中的预备犯有着重大差异：一是刑法规定方式不同。日本刑法中的预备犯是由刑法分则规定的，以处罚预备犯为例外；我国刑法中的预备犯是由刑法总则规定的，以处罚预备犯为原则。而目的犯之特定目的是由刑法分则条文规定的，因为刑法总则的规定具有普遍性。如果说预备犯是目的犯，那么按照我国刑法以处罚预备犯为原则的立法例，则所有的直接故意犯罪都可能是目的犯。这显然是不合理的。

二是有无独立罪名不同。日本刑法中的预备犯是与基本犯并列的独立犯罪，有其独立的罪名（如第199条规定的故意杀人罪，第201条规定的预备杀人罪，它们是两个独立的罪名）；中国刑法中的预备犯并没有独立的罪名，其与基本犯具有相同的罪名（如我国司法实践中对于故意杀人罪的预备形态，往往表述为"故意杀人（预备）罪"）。预备犯和基本犯是同一个罪名，那么既然故意杀人（既遂）罪不是目的犯，故意杀人（预备）罪也不是目的犯。否则，就无异于说故意杀人罪既不是目的犯又是目的犯，这是自相矛盾的。

---

① ［日］野村稔著：《刑法总论》，全理其、何力译，法律出版社2001年版，第372页。

三是主观构造不同。在日本刑法中预备犯的故意要求并且只要求认识和容忍预备行为，目的是故意之外的主观超过要素。例如，大谷实认为，杀人预备罪中，行为人仅有实施准备行为的认识还不够，还必须有具体实施杀人行为的目的，所以本罪是目的犯。但是该目的不要求是确定的，如出于谈判决裂就杀死他人的意图而携带刀剑拜访他人的场合，行为人只要有附条件的目的或未必的目的就够了。而且该罪必须是出于自己亲自实施杀人行为的目的，如果是出于让他人杀人的目的而实施预备行为不属于本罪。[①] 我国刑法也要求成立预备犯必须是“为了犯罪”，但是如何理解“为了犯罪”与“犯罪故意”的关系是关键。马克昌先生认为，预备犯“必须是出于实现某种犯罪的目的。所以预备犯只能是故意犯，而且其故意只能是直接故意，如果出于间接故意或者过失，则不可能构成预备犯”。马先生虽然没有直接表明为了犯罪的目的与预备犯故意之关系，但是从“所以”一词表示的因果关系可以看出：“为了犯罪”的目的具有限定预备犯的罪过为直接故意的功能；也就是说，“为了犯罪”并非预备犯故意之外的主观超过要素，而是故意的内容。张明楷教授也认为，“‘为了犯罪’并不是独立的罪过，而是具体犯罪故意内容在预备阶段表现出来的具体目的”；“‘为了犯罪’，一方面表明行为人主观上具有犯罪的直接故意……”。而且“为了犯罪”既包括为了自己实施犯罪，也包括为了他人实施犯罪。[②] 可见，张明楷教授也认为“为了犯罪”的目的不是犯罪故意之外的主观超过要素，其功能在于将预备犯的罪过限定为直接故意，排除间接故意或过失预备行为的可罚性。所以，在我国刑法学中预备犯很难说是目的犯。

---

① 参见［日］大谷实著：《刑法各论》，黎宏译，法律出版社2003年版，第13～14页。

② 张明楷：《犯罪预备中的“为了犯罪”》，载《法学杂志》1998年第1期，第7页。

第四章

目的犯之犯罪形态

犯罪形态是犯罪行为的客观表现形式，由于社会生活中犯罪现象的纷繁复杂，刑法上的犯罪形态也是多种多样。例如，有的学者认为，“犯罪之状态，可分为犯罪行为之状态及犯罪行为人之状态两类。前者，系就行为方面加以观察，复可分为既遂与未遂，以及行为之单数与复数。后者，系从行为人方面加以观察，即为共犯之各种形态。”① 也就是说，犯罪形态包括犯罪停止形态、罪数形态、共犯形态。据此，本书拟分三节研究目的犯之既遂形态、目的犯之罪数形态、目的犯之共犯形态。

第一节　目的犯之既遂形态

一、*犯罪既遂的标准*

关于犯罪既遂与否的标准，在我国刑法学界存在很大的争议，概括起来主要有：“犯罪目的说”、“犯罪结果说”、“犯罪构成说”、“综合说”。②

---

① 高仰止著：《刑法总则之理论与实用》，五南图书出版公司1986年版，第306页。

② 黎宏著：《刑法总论问题思考》，中国人民大学出版社2007年版，第432页。

1. 犯罪目的说

该说以犯罪目的之实现为犯罪既遂的标志。例如，侯国云教授认为，犯罪既遂是"实施终了的犯罪行为，达到了行为人预期的目的"，因此是否达到行为人预期的目的是既遂和未遂的分界线。其理由是，既遂、未遂只存在于直接故意犯罪中，而直接故意犯罪都是有目的、有意志的；而所谓的既遂与否，就是指这种目的达到与否、意志实现与否。①

陈兴良教授曾经认为，犯罪目的说本身并没有什么缺陷。因为从语义上来说，得逞与否纯粹是个主观问题，所以犯罪得逞与否就是指犯罪目的实现与否。但是，之所以犯罪目的说难以贯彻，原因是在所谓的目的犯中，刑法错误地将犯罪动机规定为犯罪目的了。②

2. 犯罪结果说

该说认为，犯罪未得逞，是指没有发生法律所规定的作为构成要件要求的犯罪结果，并认为犯罪未遂一般只存在于发生物质性结果的犯罪之中；在发生非物质性结果的犯罪之中，因其损害结果不易测量，也就不区分既遂与未遂。③

3. 犯罪构成说

该说认为，犯罪构成是否齐备是区分犯罪既遂与未遂的标志：犯罪行为齐备了犯罪构成的全部要件就是既遂；犯罪行为没有齐备犯罪构成的全部要件就是未遂。并据此区分出结果犯、结果加重犯、危险犯、行为犯、举动犯等不同类型的犯罪既遂形态。这是我

---

① 参见侯国云：《对传统犯罪既遂定义的异议》，载《法律科学》1997 年第 3 期，第 68～69 页。该文最大问题在于，没有区分作为犯罪故意意志要素的犯罪目的与目的犯中特定目的之间的区别。因此，该文虽然对传统观点进行了诸多"异议"，但是对自身的致命弱点却视而不见，没有进行任何论述，所以该文基本上是无"意义"的。

② 参见陈兴良著：《刑法哲学》，中国政法大学出版社 2000 年版，第 330 页。

③ 转引自黎宏著：《刑法总论问题思考》，中国人民大学出版社 2007 年版，第 433 页。

国刑法学的通说。[①]

4. 综合说

该说认为，犯罪未得逞，是指没有达到犯罪人主观上的犯罪目的，即通过实施犯罪行为所追求的结果没有发生；或者说，犯罪未得逞，是指犯罪人所追求的、受法律制约的危害结果没有发生。该说的特点是从主客观两方面来理解“未得逞”：从客观方面说，是行为性质所决定的危害结果没有发生，从主观方面说，是行为人所追求的危害结果没有发生。首先，未得逞的本来含义就是犯罪目的没有实现；其次，未得逞是行为人直接故意的意志因素没有实现，不包括没有实现目的犯中的特定目的；最后，未得逞不是泛指行为人所追求的目的没有实现，而是指行为性质所决定的危害结果没有发生。[②]

对于上述四说，笔者认为：

第一，犯罪目的说是站在犯罪人的角度，纯粹从主观方面来判断既遂与未遂；犯罪结果说是站在立法者的角度，纯粹从客观方面来判断既遂未遂。而犯罪构成说和综合说则是从主客观两个方面来考虑问题：既考虑立法所规定的犯罪行为性质，又考虑行为人的主观意图。因而从方法论来看，犯罪构成说和综合说是比较科学的。

第二，上述四说都以形式上是否达到了犯罪目的，是否发生了犯罪结果，是否符合犯罪构成作为判断标准，而忽略了实质上的标准。正如有的学者所说的，既遂之“遂”，“不是自然行为的完成，而是法定的犯罪行为达到了值得用刑罚谴责并属于某种行为的一般的应罚状态”。[③] 犯罪既遂与未遂的区分，应该“以犯罪行为给刑法所保护的合法权益是否造成实害作为标准（可概括为‘权益实

---

① 参见马克昌主编：《犯罪通论》，武汉大学出版社 1999 年版，第 492 页。

② 参见张明楷著：《刑法学》，法律出版社 2003 年版，第 293 页。

③ 李洁：《从立法目的看犯罪既遂之“遂”的应有内涵》，载《法制与社会发展》1999 年第 3 期，第 65 页。

害说')"。①

第三，我国刑法学似乎夸大了各种学说之间的差异。实际上，在论述个罪的既遂标准时，人们也没有指出各种不同学说会导致什么差别。例如，关于故意杀人罪的既遂标准，有脉搏停止说、呼吸停止说、脑死亡说、综合判断说之争，但是这些争论与上述四种学说之争似乎没有多大的联系。再如，关于盗窃罪既遂标准的控制说、失控说、失控加控制说之争与上述四说之争也看不出有多大的联系。就是在刑法理论比较成熟的日本，也"基本上没有从总体上深入研究什么叫做'没有既遂'，学者们在其著书中只是简单地解释了一下'没有既遂'，提法不完全相同，但并没有就此进行争论，或许总体上的争论没有什么必要"。②

第四，本书不打算详细研究上述各种学说之间的是非争议，只是以通说的"犯罪构成说"为工具来分析目的犯既遂的认定。

二、*断绝的结果犯的既遂*

由于断绝的结果犯和短缩的二行为犯的构造存在很大差异，所以有必要分别论述两者既遂的情况。

断绝的结果犯不是结果犯的一种类型，作为目的犯类型之一的断绝的结果犯，既可以是结果犯（如盗窃罪、诈骗罪等），也可以是行为犯（如诬告陷害罪、伪证罪等）。本书以盗窃罪和诬告陷害罪为例，以犯罪构成说为标准来演绎断绝的结果犯的既遂和未遂。

（一）盗窃罪的既遂

关于盗窃罪的既遂标准，德日刑法学中存在四种不同的学说：(1) 接触说认为，行为人接触了属于行为对象的他人财物时，是

---

① 冯亚东、胡东飞：《犯罪既遂标准新论》，载《法学》2002年第9期，第41页。

② 张明楷著：《未遂犯论》，法律出版社、日本成文堂联合出版1997年版，第132页。

窃取的既遂；（2）取得说认为，排除他人占有，把财物转移为行为人或者第三者占有时，是窃取的既遂；（3）转移说认为，对财物进行了场所上的转移时，是窃取的既遂；（4）隐匿说认为，把财物隐匿到不容易被发现的场所时，是窃取的既遂。通说和判例采取的是取得说。因为所谓窃取，是指侵害他人对财物的占有，把该财物转移为自己或第三人占有的行为。取得说正好符合窃取的含义。而接触说不符合盗窃罪的本质，并且会使盗窃罪的既遂过于提前；转移说与隐匿说也不符合盗窃罪的本质，又会使盗窃罪的既遂过于推后。①

我国刑法学理论和实践主要存在着控制说、失控说、失控加控制说的争议。

第一，控制说认为，应以行为人是否控制了被盗财物为标准，已经实际控制的为既遂，没有实际控制的为未遂。例如，有的学者认为，“判断侵犯财产罪的既遂与未遂，应当以财产所有权是否受到实际侵害为标准，亦即应以行为人是否实际取得或者毁坏了公私财物，达到预期的犯罪目的为标准”。② 有的学者认为，“只有客观上行为人完成了盗窃行为并占有了公私财物，主观上达到了非法占有的目的，才能认为是盗窃罪构成要件的齐备”。③ 有的学者认为，“控制说区分盗窃既遂与未遂的标准较为科学”。④ 还有的学者认为，“仅有转移被害人财物的行为或者在形式上支配被害人财物的行为还不够，只有在该财物被行为人实际支配占有的时候，才可以说是犯罪既遂”。⑤

---

① 参见［日］大塚仁著：《刑法概说》（总论），冯军译，中国人民大学出版社2003年版，第195~196页。

② 刘白笔、刘用生著：《经济刑法学》，群众出版社1989年版，第386页。

③ 陈兴良等主编：《案例刑法教程》，中国政法大学出版社1994年版，第307页。

④ 王作富主编：《刑法分则实务研究》（下），中国方正出版社2003年版，第1255页。

⑤ 黎宏著：《刑法总论问题思考》，中国人民大学出版社2007年版，第435页。

第二，失控说认为，应以被害人是否失去对财物的控制为标准，已经失去控制的为既遂，没有失去控制的为未遂。例如，有的学者认为，“只要被害人丧失了对自己财物的控制，不管行为人是否控制了财物，都应当认定为盗窃罪既遂”。[①] 有的学者认为，对于盗窃罪，“以财物的所有人或持有人失去对被盗财物的控制作为既遂的标准，符合盗窃罪既遂的本质特征。至于行为人是否最终达到了非法占有并任意处置该财物的目的，不影响既遂的成立”。[②]

第三，失控加控制说认为，只有当被害人失去了对财物的控制并且行为人控制了该财物时，才是盗窃罪的既遂。例如，有的学者立志“扬失控说和控制说之长而补二者之短”，其方法就是对这两说加以调和折中，认为只有失控加控制说才是科学的。[③] 但是，该说又一再强调：盗窃罪的得逞或者完成是行为人非法占有公私财物的目的已经实现，这与控制说的立场并无两样。因此，所谓的失控加控制说并不是什么创新，只不过是控制说的翻版。[④] 因为在他人失去对财物的控制时，行为人未必控制了财产；而在行为人控制财产时，他人则必定失去了对财产的控制。所以，在我国刑法学界，实际上只有控制说和失控说两种主要争议。

刑法理论界关于盗窃罪既遂、未遂标准的控制说和失控说之争也反应在司法实践中。

1992 年最高人民法院、最高人民检察院《关于办理盗窃案件具体应用法律若干问题的解释》在“如何认定盗窃罪”中规定：“已经着手实行盗窃行为，只是由于行为人意志以外的原因而未造成公私财物损失的，是盗窃未遂。”根据这一规定，盗窃罪的既遂

---

① 张明楷著：《刑法学》，法律出版社 2003 年版，第 773 页。

② 高铭暄、马克昌主编：《刑法学》，北京大学出版社 2000 年版，第 515 页。

③ 参见赵秉志、吴大华：《盗窃罪既遂与未遂的认定》，载《疑难刑事问题司法对策》（第 10 集），吉林大学出版社 1999 年版，第 210～219 页。

④ 王志祥：《盗窃罪既遂标准新论》，载《中国检察官》2007 年第 3 期，第 31 页。

应当以盗窃行为是否“造成公私财物损失”为标准进行判断。该司法解释中所说的“造成公私财物损失”与“失控”并没有本质的区别，因为财产的所有人或持有人对财产失去控制的同时也就意味着造成公私财物损失。因此，上述“损失说”与“失控说”是同一个含义。① 也就是说，在 1992 年的解释中，司法者采取的立场是“失控说”。

但是，这一规定在 1998 年最高人民法院《关于审理盗窃案件具体应用法律若干问题的解释》中已被删去。而 2003 年最高人民法院《全国法院审理经济犯罪案件工作座谈会纪要》就贪污罪的既遂与未遂的认定问题指出：“贪污罪是一种以非法占有为目的的财产性职务犯罪，与盗窃、诈骗、抢夺等侵犯财产罪一样，应当以行为人是否实际控制财物作为区分贪污罪既遂与未遂的标准。”显然，上述纪要的立场是：盗窃罪应以“控制说”作为既遂的标准。

“研究每一种学说的合理性，必须要探索两种学说产生差异的情况”。② 控制说与失控说的差异主要有：

（1）两说的对立与是否坚持和贯彻法益侵害说有关。“控制说与失控加控制说所考虑的并不是法益何时受到侵害，而是行为人何时获取利益，这与法益侵害说相抵触”。“根据法益侵害说，盗窃罪的既遂标准应是失控说，即只要被害人丧失了对自己财物的控制，不管行为人是否控制了该财物，都应当认定为盗窃既遂。因为盗窃行为是否侵害了他人财产，不是取决于行为人是否控制了财产，而是取决于被害人是否对自己的财产失去控制。”③ 也就是说，盗窃罪既遂的实质标准应该是行为对被害人法益造成了严重的损害，而不是行为人是否获得了利益。

---

① 参见王志祥：《盗窃罪的既遂标准新论》，载《中国检察官》2007 年第 3 期，第 32 页。

② ［日］前田雅英著：《日本刑法各论》，董璠兴译，五南图书出版公司 2001 年版，第 467 页。

③ 张明楷著：《法益初论》，中国政法大学出版社 2000 年版，第 427 ~ 429 页。

（2）两说的对立与如何理解盗窃罪的危害结果有关。两说虽然都认为盗窃罪是结果犯，以发生一定的危害结果为犯罪既遂的标志，但是对于如何理解这种危害结果却有着较大的分歧。控制说认为，“盗窃罪构成要件完备的客观标志，就是盗窃行为造成了盗窃犯罪分子非法占有所盗财物的犯罪结果。而‘非法占有财物’这种犯罪结果的发生，只能理解为是盗窃犯获得了对财物的实际控制，而不能是其他含义”；① 失控说认为，“所有权的损害结果表现在所有人或持有人控制之下的财物因被盗窃而脱离了其实际控制”。②

（3）两说的对立与如何理解盗窃罪中的“非法占有目的”之功能有关。控制说似乎将“非法占有目的”理解为故意的内容，然后从主客观相统一的原则出发，要求只有当客观上非法占有控制了他人财物，主观上达到了非法占有他人财物的目的时，才是盗窃罪的既遂。而失控说则将非法占有目的理解为故意之外的主观超过要素，因此，只要行为人主观上有非法占有目的就够了，并不要求客观上有与之相对应的非法占有控制行为。③

上述两说的对立可以通过一个例子来说明。被告人李某盗窃本厂铝锭 11 块（价值数千元），后偷偷地将铝锭沉入铝锭厂附近的河水中，打算日后方便时再运走。由于七八月份连降几场大雨，河水暴涨，李某一直没有机会将赃物取走。直到洪水过后，李某才去取赃物。但由于洪水将铝锭冲离了原来的位置，李某未能捞到原来隐藏在河水中的铝锭。控制说和失控说基于上述理解上的差异而得出不同的结论：控制说认为李某构成盗窃罪未遂；失控说认为李某

---

① 王作富主编：《刑法分则实务研究》（下），中国方正出版社 2003 年版，第 1255 页。

② 高铭暄、马克昌主编：《刑法学》，北京大学出版社 2000 年版，第 515 页。

③ 参见王志祥：《盗窃罪的既遂标准新论》，载《中国检察官》2007 年第 3 期，第 33 页；张明楷著：《法益初论》，中国政法大学出版社 2000 年版，第 428 页。

构成盗窃罪既遂。[①]

对于上述控制说与失控说的争议，笔者支持失控说，但是与上述失控说的理由有所不同：

首先，本书坚持法益侵害说的立场是一贯的，因此盗窃罪的既遂应该以盗窃行为严重侵害了他人的财产权为标准。而行为对他人财产权的侵害明显应该以被害人失去对财产的控制为标准，而不是以行为人是否控制了财物为标准。站在法益侵害说的立场，那种认为盗窃罪“犯罪结果的发生，只能理解为是盗窃犯获得了对财物的实际控制，而不能是其他含义”的说法，简直难以理解。

其次，对于盗窃罪中“非法占有目的”之功能，本书的理解既不同于控制说，也不同于失控说。一方面，本书不同意失控说将非法占有目的理解为故意之外的主观超过要素。失控说的学者认为，“判断是否既遂时虽然不必考虑行为人超出故意内容的主观目的或意图，但不可能不考虑行为人的故意内容”。[②] 但是这里的问题是，如果将盗窃罪中的非法占有目的作为主观超过要素，而不必考虑，那么剩下的所“不能够不考虑”的行为人盗窃故意的内容是什么呢？例如，工厂里的一名工人将一件价值较大的精密仪器放在自己的口袋里带出了车间，如果不考虑非法占有目的，那该工人是否有盗窃罪的故意呢？这实在是难以明确的问题。如果连行为人是否有盗窃罪的故意都无法判断，又何以判断既遂与否？所以笔者认为，对于作为断绝的结果犯的盗窃罪来说，非法占有目的绝非是故意之外的主观超过要素。在判断盗窃罪既遂与否时，必须考虑行为人是否具有非法占有目的；另一方面，本书也不同意控制说要求有与非法占有目的相对应的非法占有控制的实际行为的观点。正如

---

① 参见张明楷著：《法益初论》，中国政法大学出版社 2000 年版，第 427～430 页。

② 张明楷著：《未遂犯论》，法律出版社、日本成文堂联合出版 1997 年版，第 136 页。

前文所述，与非法占有目的相对应的客观事实，不是非法占有控制的实际行为；而是行为具有非法占有控制的危险性，其实质内容就是行为造成对他人财产权利行使的妨害达到了一定的程度。行为人认识并容忍这种严重的妨害时，就具有盗窃罪的故意。因此，盗窃罪的既遂并不要求行为人客观上实际控制了他人的财物，而只要客观上其行为严重妨害他人财产权利的行使就够了。而行为导致他人失去对财产的控制，无疑是达到了严重程度的妨害他人财产权利的行使。这样以失控说作为盗窃罪既遂标准是合理的。

因此，按照本书对非法占有目的之功能的理解，既可以坚持失控说，从而避免控制说的不合理性，又可以避免失控说本身存在的不合理之处。

（二）诬告陷害罪的既遂

我国刑法第243条规定："捏造事实诬告陷害他人，意图使他人受刑事追究，情节严重的，处……"关于诬告陷害罪的既遂标准，刑法学主要有以下几种观点：

第一种观点认为，本罪的既遂以被诬陷对象受到刑事处分为标准。①

第二种观点认为，"确立本罪既遂的标准，应该以诬告陷害行为是否使被诬陷者的人格权和名誉权受到了实际损害为根据。受到实际损害的，构成犯罪既遂；否则，构成犯罪未遂。根据这一原则，本罪既遂的标准应该是诬告陷害行为已经导致司法机关开始对被诬陷者采取一定的行动，这种行动可以是对被诬陷者进行讯问，也可以是予以立案侦查。"②

第三种观点认为，本罪是行为犯，只要捏造事实，并且进行了

① 参见郑广宇：《诬告陷害罪刍议》，载《河北法学》1983年第3期，第32页。

② 李希慧：《诬告陷害罪若干问题研析》，载《法学评论》2001年第6期，第107页。

告发，不论司法机关是否对被害人进行了刑事追究，都构成本罪既遂。①

第四种观点认为，本罪是行为犯，其既遂与未遂的界限在于有关机关是否收到诬告材料或听到口头告诉，至于有关机关收到诬告材料后是否受理或者是否审阅材料以及是否着手进行侦查或者提起诉讼与既遂没有关系。具体地说，如果捏造事实向国家机关或有关组织告发，不管以口头形式或以书状形式，必须以国家机关或有关组织接到或听到诬告材料为既遂；伪造证据的故意栽赃陷害，必须以国家机关或者有关组织发现栽赃证据为既遂；向公众传播捏造的关于某人的犯罪事实，则以司法机关知道所捏造的事实为既遂。这种观点认为本罪的主要客体是公民的人身权利。②

第五种观点认为，“本罪是抽象危险犯，既遂标准是出现抽象的危险结果，即引起有关机关追究其责任的危险结果。例如，行为人用书信的方式向公安、司法机关告发，这一告发行为的完成并不等于诬告陷害罪既遂。一般而言，这一告发材料被有关单位收到时，就可推定‘引起有关单位对他人追究责任的抽象危险’已出现，此时可以认为发生了诬告陷害罪的既遂。”这种观点认为本罪的主要客体是司法机关的正常活动。③

第六种观点认为，本罪是抽象的危险犯，虚伪告诉、告发或者其他申告到达相关部门时，就是诬告罪的既遂。至于有关人员是否阅览了其内容、有关机关是否开始根据诬告进行侦查，均不影响诬告罪既遂的成立。例如，使用信件通过邮局诬告他人时，只是将信件交付邮局或者信件处于邮局人员的投递过程中时，还不是既遂；

---

① 参见高铭暄主编：《刑法学》（下卷），中国人民大学出版社 1999 年版，第 849 页。

② 肖中华著：《侵犯公民人身权利罪》，中国人民公安大学出版社 2003 年版，第 360 页。

③ 周玉华、鲜铁可：《论诬告陷害罪》，载《法商研究》1998 年第 4 期，第 75 页。

只有当该信件被投递至相关部门时，才是既遂。[1]

上述有关诬告陷害罪既遂标准的争议，主要集中在以下几个问题：

（1）诬告陷害罪是行为犯、结果犯还是危险犯？（2）诬告陷害罪的犯罪客体是什么？（3）如何理解诬告陷害罪中“意图使他人受刑事追究”？

上述第一种、第二种观点认为本罪是结果犯，以发生具体的危害结果为犯罪既遂的标准。所谓具体的危害结果，也就是诬告行为导致发生了对被害人人身权利的实际侵害；这种“具体的危害结果”或者表现为被害人受到了刑事处分，或者表现为司法机关已经对被害人采取了一定的行为。从另一个角度来看，这两种观点认为“意图使他人受刑事追究”不是主观超过要素，而要求有与之相对应的客观行为：或者只要求有客观的追求行为，或者更进一步要求追究行为导致被害人受到了刑事处分。这两种观点认为，本罪的客体或者主要客体是公民的人身权利。

第三种、第四种观点认为本罪是行为犯，以告发行为或者告发行为的效果到达司法机关为既遂的标准。至于司法机关是否对被害人采取一定的行动，不影响犯罪的既遂。这两种观点不要求有与“使他人受刑事追究”目的相对应的客观行为，而只要求有捏造犯罪事实并告发的行为。这两种观点认为，本罪的主要客体是公民的人身权利。

第五种、第六种观点认为本罪是危险犯，以造成发生一定物质结果的现实危险状态为标准：诬告行为到达了司法机关，从而被害人的人身权利具有被侵害的现实危险。这两种观点也不要求有与“使他人受刑事追究”目的相对应的客观行为，而只要求有捏造犯罪事实并告发的行为。这两种观点认为，本罪的主要客体不是公民

① 张明楷著：《未遂犯论》，法律出版社、日本成文堂联合出版1997年版，第194~195页。

的人身权利，而是司法机关的正常活动。

从结论上看，第五种、第六种观点与第三种、第四观点并没有本质区别。笔者认为：

首先，诬告陷害罪的主要客体不是公民的人身权利，而是司法机关的正常活动。在我国刑事立法中，诬告陷害罪确实是规定在侵犯公民人身权利、民主权利罪这一章中，因而一般论著都认为诬告陷害罪主要是侵犯了公民的人身权利。问题是，同样是侵犯公民的人身权利，为什么故意杀人罪和故意伤害罪要求有死亡和伤害的结果出现，而诬告陷害罪却不要求错捕、错判的结果出现呢？应该说前者对合法权益的侵害和行为无价值要大于诬告陷害罪，诬告陷害罪更有理由要求危害结果的出现。换言之，如果认为诬告陷害罪是侵害了公民的人身权利，就应当要求人身权利受到侵害的结果出现，而诬告陷害罪本身也可能出现这一结果。如果诬告陷害罪不要求危害结果的出现，就说明诬告陷害罪侵犯的主要不是人身权利，而是其他合法权益。另外，德国、日本的刑法典都没有将诬告罪与侵犯公民人身权利的犯罪规定在一起。①

其次，本罪是行为犯，不是结果犯或危险犯。所谓结果犯，是指以法定的物质性的危害结果作为犯罪构成客观方面必要条件的犯罪。② 如果认为本罪客体是司法机关的正常活动，则行为对这种抽象犯罪客体不可能造成物质性的危害结果；即使认为本罪的客体是公民的人身权利，也并不意味着都会产生物质性的危害结果。例如，对人身自由、人格尊严、名誉的侵害是不会表现为物质性的危害结果的。所以，应认为本罪是结果犯。所谓危险犯，是指以危害行为造成发生一定后果的客观危险状态，作为犯罪构成必要条件的

---

① 参见李希慧、童伟华：《论行为犯的构造》，载《法律科学》2002 年第 6 期，第 49 页；周玉华、鲜铁可：《论诬告陷害罪》，载《法商研究》1998 年第 4 期，第 71 页。

② 参见马克昌主编：《犯罪通论》，武汉大学出版社 1999 年版，第 495 页。

犯罪。对于危险犯，“判断其既遂的标准只能是行为人所实施的危害行为是否达到了足以造成一定危害结果的客观危险状态”。危险犯与结果犯的区别在于：“前者仅以行为人的行为具有发生某种危害结果的危险，作为犯罪构成的必要条件；而后者则以危害行为造成现实的危害结果，作为犯罪构成的必要条件。”① 由此可见，通说认为危险犯的“危险”是“发生物质性危害结果的危险”。如前所述，不管将本罪的犯罪客体理解为什么，都难以导致对犯罪客体发生物质性的危害结果；既然本罪不会出现物质性危害结果，也就不存在出现这种结果的危险，因而本罪不是危险犯。正如有的学者所说：“行为犯与危险犯对客体的侵犯颇为类似，即二者都不要求对合法权益造成有形的危害结果。但是仔细分析，我们却能发现二者存在显著的不同：危险犯对客体的侵犯，要求有造成实害结果的危险，行为犯则不要求有造成实害结果的危险。但是，行为犯毕竟侵犯了合法权益，否则无以成立犯罪。行为犯对合法权益的侵犯只能从行为本身体现出来，而不是从结果（包括危险结果）上体现出来。”②

最后，“意图使他人受刑事追究”不是主观的超过要素，但是也不要求有与之完全相对应的追究刑事责任的行为。一方面，“使他人受刑事追究的目的”表示了行为人所捏造并诬告的必须是犯罪事实，即行为人的诬告陷害行为必须具有使他人受到刑事追究的危险性。正如有的学者所说：“所谓捏造犯罪事实，是指行为人所捏造的事实客观上符合我国刑法所规定的具体犯罪的构成，而不是行为人主观上认为是犯罪的事实。如果行为人自以为他所捏造的是某种犯罪事实，而实际上不符合刑法所规定的具体犯罪的构成，那

① 马克昌主编：《犯罪通论》，武汉大学出版社 1999 年版，第 500 页。

② 李希慧、童伟华：《论行为犯的构造》，载《法律科学》2002 年第 6 期，第 48～49 页。

么，就不能构成诬告陷害罪。”[①] 例如，行为人以为通奸是犯罪行为，于是捏造他人通奸并告发，即使其意图是使他人受刑事追究，也不构成诬告陷害罪。也就是说，“意图使他人受刑事追究”并不完全是主观的超过要素，它要求有客观上的“使他人受刑事追究”的危险性存在。进一步地说，如果将“意图使他人受刑事追究”理解为主观的超过要素，则凭什么判断“行为人以为通奸是犯罪行为，于是捏造他人通奸并告发的案件”不构成犯罪呢？例如，在走私淫秽物品罪中，只要行为人具有牟利或者传播目的，即使行为人误将一般物品当做淫秽物品走私，也成立犯罪未遂，而不是不构成犯罪。因为“牟利或者传播目的”是故意之外的主观超过要素，对故意的认定没有影响，对客观行为的认定也没有影响。所以，本书一直认为，作为断绝的结果犯的诬告陷害罪，其“意图使他人受刑事追究”不是主观超过要素，而是故意的内容。

另一方面，虽然将“意图使他人受刑事追究”作为故意的内容，但是并不要求客观上有“使他人受刑事追究”的行为或结果，而只要求行为具有“使他人受刑事追究的危险性”。需要说明的是，这种“危险性”是行为的危险性，即行为的属性；而不是作为结果的危险性，即不需要其行为导致发生某种实害结果的危险。这也说明本罪是行为犯，而不是危险犯。

总之，诬告陷害罪的主要客体是司法机关的正常活动，而且本罪是行为犯。本罪的既遂以诬告陷害的行为侵害了司法机关的正常活动为标准，具体来说只要诬告的效果到达司法机关就是本罪的既遂。

三、短缩的二行为犯的既遂

短缩的二行为犯的基本特点是，“完整”的犯罪行为原本由两

---

① 李希慧：《诬告陷害罪若干问题研析》，载《法学评论》2001 年第 6 期，第 104 页。

个行为组成，但刑法规定，只要行为人以实施第二个行为为目的实施了第一个行为（即短缩的二行为犯的实行行为），就是犯罪既遂，而不要求行为人客观上实施第二个行为；与此同时，如果行为人不以实施第二个行为为目的，即使客观上实施了第一个行为，也不成立犯罪（或者仅成立其他犯罪）。不管是按照犯罪目的说、犯罪结果说还是构成要件说，短缩的二行为犯的既遂都不要求以目的内容的实现为标准。这一点似乎没有什么异议。①

因此，对于短缩的二行为犯来说，其重点和难点就是犯罪性质的认定，而不是既遂标准的认定。也就是说，有时候刑法对某罪的规定是否有两个实行行为还存在争议：如果确实是规定了两个实行行为，则是复合行为犯，只有当两个行为都实现时才是犯罪既遂；如果刑法只是规定了一个实行行为，而对第二个行为只是作为目的来规定，则是短缩的二行为犯，以第一个行为的实现作为犯罪的既遂。也就是说，短缩的二行为犯既遂问题的难点就在于，判断某种犯罪是短缩的二行为犯还是复合行为犯。本书以绑架罪和受贿罪为例从正反两个方面论述这个问题。

（一）绑架罪的既遂

关于绑架罪的既遂标准，学界主要有几种观点：②

（1）勒索财物结果说。该说以行为人是否实际勒索到财物作为犯罪既遂的标准。主要理由是，本罪的危害行为是绑架和勒索两个行为的结合，其中绑架是过程和手段；勒索财物不仅是目的，而且是结果行为。

（2）勒索财物行为说。该说认为，行为人在主观上以勒索财物为目的，在客观上实施了绑架和勒索行为才是本罪的既遂；如果

① 参见张明楷：《论短缩的二行为犯》，载《中国法学》2004 年第 3 期，第 151 页。

② 参见金泽刚：《犯罪既遂的理论与实践》，人民法院出版社 2001 年版，第 337～338 页。

勒索行为尚未实施的，应认定为犯罪未遂。

(3) 控制人质说。该说主张以勒索财物为目的，绑架并控制了人质时，就是本罪的既遂。

上述三种学说的分歧在于对本罪属性有不同的理解：勒索财物结果说和勒索财物行为说认为本罪的客观方面有两个实行行为——绑架他人的行为和勒索财物的行为，[①] 亦即认为本罪是复合行为犯。控制人质说认为本罪的客观方面只有一个行为——绑架他人的行为，勒索财物是犯罪目的而不是行为，亦即认为本罪是短缩的二行为犯。因此，关于本罪既遂标准的争议，实质是关于本罪是复合行为犯还是短缩的二行为犯的争议，表现在客观方面就是复合行为说与单一行为说的争议。

复合行为说认为本罪客观方面由绑架行为和勒索财物行为组成，二者缺一不可。理由是：第一，绑架勒索罪的罪名就暗示了本罪包含绑架行为和勒索行为两个方面；第二，虽然刑法第 239 条未将勒索财物的行为加以描述，而是将其作为犯罪目的之内容，但根据主客观相统一的原则，勒索财物的目的决定了与之相适应的勒索财物行为的存在；第三，事实上，实践中绑架罪的犯罪分子在绑架他人或偷盗婴幼儿后，都往往有勒索财物的实行行为；第四，单一行为说会遇到一些实际问题：一是犯罪中止问题，按照单一行为说，只要行为人实施了绑架行为就是犯罪既遂，即使绑架后行为人翻然悔悟而释放人质的，也不能够按照犯罪中止处理，这是不合理的，因为绑架罪的最低刑是 10 年有期徒刑。二是共同犯罪问题，按照单一行为说，在行为人实施绑架行为后，他人参与勒索财物行为的，也不是共同犯罪，这也是不合理的。[②]

---

① 本书只以绑架勒索行为为例，而不讨论偷盗婴幼儿和绑架人质的情况。

② 参见孙光骏、李希慧：《论绑架勒索罪的几个问题》，载《法学评论》1998 年第 1 期，第 58 ~ 59 页；肖中华著：《侵犯公民人身权利罪》，中国人民公安大学出版社 2003 年版，第 271 ~ 272 页。

单一行为说认为，从绑架罪的立法本意来看，行为人只要出于勒索财物的目的实施了绑架行为，就已经具备了该罪的全部法定要件。与勒索目的相对应的勒索行为只是犯罪情节，而非犯罪构成客观行为。①

本书赞同单一行为说，并认为复合行为说的理由值得商榷，论述如下：

第一，罪名不是解释法律的根据，而是解释法律的结果；解释法律的根据应该是立法规定。上述复合行为说认为，"绑架勒索罪"的罪名就暗示了本罪具有绑架和勒索两个行为，这是没有说服力的。而且1997年最高人民法院《关于执行〈中华人民共和国刑法〉确定罪名的规定》已经将第239条确定为绑架罪。罪名的改变也不会导致犯罪构成的改变。

第二，主客观相统一原则并不排斥主观超过要素的存在。复合行为说认为，"根据主客观相统一的原则，勒索财物的目的决定了与之相适应的勒索财物行为的存在"。这实在是个误解。主客观相统一原则是有限度的，任何一个原则都会有例外。主客观相统一原则的限度由罪过来划定。"在罪过的界限内，每一个主观要素必有一个客观要素与之对应，有一个客观要素必有一个主观要素与之对应。但是主观方面的内容较为复杂，有些情况下会超出罪过的界限，在罪过之外的主观要素未必有客观要素与之对应。例如，目的犯中的犯罪目的，此目的就是一种单纯的主观要素，并无客观要素与之对应，因此如果我们对主客观方面相统一的分析离开了罪过的界限，那么主客观就会出现难以统一的情形，罪过之外的主观要素因为没有与之相对应的客观要素而成为超过因素，理论界也称之为主观超过因素。"② 主观超过要素超过了客观要素，即不存在与之相对应的客观要素；主观超过要素也超过了故意范围，即主观超过

---

① 参见高铭暄主编：《刑法专论》，高等教育出版社2002年版，第705~706页。

② 董玉庭：《主观超过要素新论》，载《法学研究》2005年第3期，第63页。

要素不是故意的内容。立法之所以在主客观统一的限度外另行规定主观超过要素，是为了限制处罚范围。主观超过要素作为例外，并不违背主客观相统一原则。而刑法所规定的绑架罪之勒索财物的目的就是一个典型的主观超过要素，不要求有勒索财物的行为与之对应。

第三，复合行为说在解释方法上犯了想当然的错误。复合行为说认为，“事实上，实践中绑架罪的犯罪分子在绑架他人或偷盗婴幼儿后，都往往有勒索财物的实行行为”，并以此为理由论证法律就是将勒索财物作为实行行为加以规定的。① 这在解释方法上是错误的。“‘将熟悉与必须相混淆’是人们常犯的错误。人们在解释具体犯罪的构成要件时，习惯于将自己熟悉的事实视为应当的事实，进而认为刑法规范所描述的事实就是自己熟悉的事实”。② 复合行为说的论者认为，实践中经常发生的绑架案件犯罪分子绑架他人后往往有勒索财物的行为，据此认为法律规定绑架罪本来就是把勒索财物当做构成要件行为。这实际上是以事实来解释规范，认为规范所描述的事实就是自己所熟悉的事实。

第四，至于绑架罪的共犯问题，复合行为说认为，只有将勒索财物当做行为，才能够将在他人绑架行为实施后参与勒索财物的行为作为共犯处理。但是，按照单一行为说，对于这种情况也是能够作为共犯来处理的：“如果前行为人所实施的短缩的二行为犯仍处于持续过程中，后行为人知道真情却实施第二个行为的，应认定为短缩的二行为犯的共犯。例如，甲事先以勒索财物为目的绑架了A，将A置于自己的实力支配下，乙知道绑架真情后，帮助甲向A的亲属B勒索财物。由于绑架行为仍在持续过程中，乙也知道真

---

① 肖中华著：《侵犯公民人身权利罪》，中国人民公安大学出版社2003年版，第272页。

② 张明楷著：《刑法分则的解释原理》，中国人民大学出版社2004年版，序说第9页。

情，而且实施了勒索财物的行为，故应认定为绑架罪的共犯（共同正犯）。这是承继的共犯的表现形式之一。如果前行为人所实施的短缩的二行为犯已经结束，不再处于持续状态，后行为人参与实施第二个行为的，不成立短缩的二行为犯的共犯，符合其他构成要件的，认定为其他犯罪。"①

第五，至于绑架罪的中止问题，单一行为说一般认为，只要行为人实施了绑架罪中的绑架行为就是犯罪的既遂，即使后来释放了被绑架人也不能构成绑架罪的中止。这样处理确实过于严厉。但是造成这种状况的原因在于刑罚规定的不合理。为了弥补刑罚过重的弊端，有的学者认为可以依照刑法第 63 条来处理。但是也有学者认为，即使按照单一行为说，行为人在实施绑架行为后释放被绑架人的仍然可以成立犯罪中止。②

总之，笔者认为绑架罪只有一个实行行为，即绑架行为；勒索财物是主观超过要素。因此，绑架罪是短缩的二行为犯，而不是复合行为犯。本罪的既遂以行为人控制了被绑架人为标志。

（二）受贿罪的既遂

我国刑法第 385 条第 1 款规定："国家工作人员利用职务上的便利，索取他人财物的，或者非法收受他人财物，为他人谋取利益的，是受贿罪。"据此，我国刑法中的受贿罪包括两种情况：一是索取型受贿罪，它不要求"为他人谋取利益"的要件；二是收受型受贿罪，它要求"为他人谋取利益"的要件。本书在此只论述收受型受贿罪的既遂。

关于受贿罪中的"为他人谋取利益"是主观要件还是客观要件，其内容是什么，在我国刑法学中存在很大的争议。这种争议直接影响着犯罪既遂的认定。

---

① 张明楷：《论短缩的二行为犯》，载《中国法学》2004 年第 3 期，第 156 页。

② 参见阮齐林：《绑架罪的法定刑对绑架罪认定的制约》，载《法学研究》2002 年第 2 期，第 43 ~ 44 页。

（1）主观要件说认为，“为他人谋取利益”是一种意图，因此受贿罪是目的犯。例如，有的学者认为，“为他人谋取利益应当理解为意图为他人谋取利益，承诺、实施和实现都是这一意图的客观表现。对于构成受贿罪来说，只要具有为他人谋取利益的意图即可。因此，为他人谋取利益是受贿罪的主观表现，受贿罪应当理解为目的犯”。[①] 按照这种理解，受贿罪是目的犯中的短缩的二行为犯，特定目的（为他人谋取利益）对受贿罪的既遂不产生影响。

（2）客观要件说认为，“为他人谋取利益”是客观行为，而不是主观意图；受贿罪不是目的犯。但是“为他人谋取利益”作为一种行为有一个前后发展的过程，具有轻重缓急的差别。“为他人谋取利益”可以表现为最初的承诺为他人谋取利益、准备为他人谋取利益、实施为他人谋取利益、实现为他人谋取利益。因此也就相应地存在不同的客观说。当然，不管哪种学说，都没有人要求受贿罪的既遂以实现了为他人谋取利益为要件。因此，客观要件说实际上可以分为两种观点：

第一种是旧客观说。该说认为，“为他人谋取利益”是一种谋取利益的行为。例如，有的学者认为，“非法收受他人财物为他人谋取利益，是指行为人违反法律的规定对行贿人主动交付的财物来之不拒，或消极、被动地接受，并利用职务之便为行贿人谋取利益的行为。不管所谋取的是非法利益还是正当利益，不影响本罪的成立。”[②] 有的学者认为，为他人谋取利益既可以是已经着手实施谋取利益的实行行为，也可以是谋取利益的准备行为。[③]

第二种是新客观说。该说认为，“为他人谋取利益”作为客观要件，只是一种最低要求，不要求客观上有为他人谋取利益的行

---

① 陈兴良：《目的犯的法理探究》，载《法学研究》2004 年第 3 期，第 73 页。

② 肖扬主编：《中国新刑法学》，中国人民公安大学出版社 1997 年版，第 664 页。

③ 参见刘明祥：《也论受贿罪中的“为他人谋取利益”》，载《华中科技大学学报》（社科版）2004 年第 1 期，第 27 页。

为，更不要求有为他人谋取利益的结果；而只要有为他人谋取利益的承诺即可，这种承诺既可以是明示的也可以是暗示的，既可以是真实的也可以是虚假的。因为只要受贿人承诺为他人谋取利益，则说明行贿人的财物与受贿人的职务之间就形成了对价关系——受贿罪的客体受到了侵害。①

（3）要件取消说认为，对于“为他人谋取利益”不论是理解为主观要件还是客观要件，不论是理解为具体行为还是承诺，都不科学；只有取消“为他人谋取利益”才是合理的。②

这三种观点的分歧会导致受贿罪的成立和既遂标准的不同要求。主观要件说将受贿罪理解为目的犯，因此“为他人谋取利益”虽是受贿罪的成立要件，但是该目的是否实现不影响犯罪的既遂；按照取消说，“为他人谋取利益”既不影响犯罪的成立，也不影响犯罪的既遂；按照客观要件说，将“为他人谋取利益”理解为行为，只有当两个行为都具备时，才成立受贿罪的既遂。

对于上述各种学说的争论，笔者赞同旧客观说，认为“为他人谋取利益”应该理解为谋取利益的具体行为。理由如下：

第一，主观说没有立论的依据，而且不合理。首先，从刑法的表述来看，还不能直接断定“为他人谋取利益”是主观要件。刑法分则有许多“为……”的规定（而不是“为了……”）。至于“为……”所标明的究竟是主观要素还是客观要素，则需要具体分析。大致有以下几种情况：一是明显属于主观要素的情形，如刑法第 191 条第 1 款的“为掩饰、隐瞒其来源和性质”。二是明显属于客观要素的情形，如刑法第 198 条第 4 款规定的“为他人诈骗提供条件”。三是既可能是主观要素也可能是客观要素的情形，如刑法

---

① 参见张明楷：《论受贿罪中的“为他人谋取利益”》，载《政法论坛》2004 年第 5 期，第 144 页以下。

② 参见朱建华：《受贿罪“为他人谋取利益”要件取消论》，载《现代法学》2001 年第 4 期，第 126 页以下。

第 111 条规定的“为境外的机构、组织、人员”，相对于窃取、刺探、收买国家秘密或者情报的行为而言，属于主观要素；相对于非法提供国家秘密或者情报而言，则属于客观要素。四是究竟是主观要素还是客观要素仍具有争议的情形，如受贿罪中的“为他人谋取利益”。[①] 其次，主观说与实际情况不符。一般认为，行贿与受贿是对向犯，对行贿人来说，之所以给国家工作人员以财物，其目的（或意图）是要利用国家工作人员的职务为自己谋取利益，即“以钱换权”；反过来，对受贿人来说，之所以利用职务为行贿人谋取利益，其目的（或意图）是要取得行贿人的财物，即“以权换钱”。而不是像“主观要件说”所说的那样，“为他人谋取利益”是受贿人主观上的目的（或意图）。[②]

第二，取消要件说没有立法依据，我国刑法第 385 条明确规定受贿罪有两种情况：索取型受贿罪不要求“为他人谋取利益”；收受型受贿罪要求“为他人谋取利益”。索取贿赂的危害性要大于收受贿赂的行为，所以为了使这两种行为的社会危害性相当，收受贿赂还要求另有“为他人谋取利益”的要件。

第三，新客观说的问题在于：是否只需要承诺为他人谋取利益，而无须有为他人谋取利益的行为就会侵害受贿罪的法益。新客观说认为，受贿罪的客体是职务行为的不可收买性，也就是职务行为与财物的不可交换性，简单地说就是不能够进行权钱交易。这种职务行为的不可收买性表现为两个方面：一是职务行为的不可收买性本身；二是公民对职务行为不可收买性的信赖。[③] 对此受贿罪客体的分析，本书完全赞同。但是否只要有承诺行为，而不需要谋取

① 参见张明楷著：《刑法分则的解释原理》，中国人民大学出版社 2004 年版，第 162～163 页。

② 刘明祥：《也论受贿罪中的“为他人谋取利益”》，载《华中科技大学学报》（社科版）2004 年第 1 期，第 26 页。

③ 参见张明楷：《论受贿罪中的“为他人谋取利益”》，载《政法论坛》2004 年第 5 期，第 144～145 页。

行为，就能够侵犯职务行为的不可收买性，本书持否定态度。因为：

首先，只有承诺行为是不会侵害职务行为不可收买性本身的。因为行为人并没有利用职务为他人谋取利益，这样行贿人用“钱”没有买到“权”，所以并没有真正产生职务行为与财物的交换。只有当受贿人确实有为他人谋取利益的实际行动时，才在“权钱”之间建立了对价关系。

其次，只有承诺行为也不会侵害公民对职务行为不可收买性的信赖。由于行贿受贿的秘密性，这里的“公民”首先是指行贿人，而不是指一般人。所谓的“钱能够买权”，是人们从事实的权钱交易中得到的一种认识，从而相信职务行为也是可以收买的。但是，如果行贿人交付了财物，受贿人只是承诺，却没有谋取利益的实际行动（是否谋取到利益是另外一回事），行贿人最多只是感到受贿人具有“不可期待性”（不可期待受贿人收受了财物后会兑现其承诺）。所损害的不是“公民对职务行为不可收买性的信赖”，而是“公民对公务人员可期待性的信赖”。行贿人只能感觉“钱买不到权”。如果所有受贿人都“只承诺，不办事”，一般人也就不会相信权钱可以交易。所以，只有承诺行为不会侵害公民（行贿人和一般人）对职务行为不可收买性的信赖。

所以，承诺行为不会侵害受贿罪的法益，真正侵害受贿罪法益的是谋取利益的实际行为。

基于上述分析，笔者认为，“为他人谋取利益”是受贿罪客观方面的行为，收受型受贿罪客观方面由两个行为构成：收取财物的行为和为他人谋取利益的行为。受贿罪是复合行为犯而不是短缩的二行为犯。而按照通行的构成要件齐备说，犯罪既遂的标准是犯罪行为齐备了犯罪构成的所有要件。

所以笔者认为，收受型受贿罪的既遂标准是：当受贿人先收受他人财物，后为他人谋取利益时，为他人谋取利益的行为标志着受贿罪的既遂；当受贿人先为他人谋取利益，后收受财物时，以收受到财物为受贿罪既遂的标志。

第二节 目的犯之罪数形态

本节所研究的目的犯之罪数形态，是指目的犯之目的实现行为对于罪数的影响。由于断绝的结果犯和短缩的二行为犯中的目的实现行为具有不同的意义，所以有必要分别论述。

一、*断绝的结果犯的罪数形态*

一般来说，在断绝的结果犯中，“其目的通过行为人的构成要件行为本身或者作为其附随现象，自然被实现，不需要为其实现实施新的行为”。① 例如，在洗钱罪中，只要行为人实施了“提供资金账户”、“协助将财产转换为现金或者金融票据”、“通过转账或者其他结算方式协助将资金转移的”、“协助将资金汇往境外”等构成要件行为，就自然实现了“掩饰、隐瞒其来源和性质”的目的。例如，在盗窃罪中，只要行为人实施了盗窃财物的行为，其非法占有他人财物目的就自然实现，并不需要行为人再实施目的实现行为。

但是，在断绝的结果犯中有一种特殊情况，行为人实施了构成要件的行为后，其特定的目的并不能自然实现，还需要行为人进一步实施目的实现行为。例如，行为人盗窃他人存折、信用卡等金融票证后并不能自然实现其非法占有他人财物的目的（行为人盗窃存折、信用卡的目的不是为了占有存折或信用卡，而是为了占有他人财物），只有进一步实施目的实现行为，其非法占有目的才能实现。

下面以“盗窃信用卡并使用”为例来说明断绝的结果犯的罪

① ［日］大塚仁著：《刑法概说》（总论），冯军译，中国人民大学出版社 2003 年版，第 124 页。

数问题。

根据我国刑法第 196 条第 3 款规定，盗窃信用卡并使用的，按照盗窃罪定罪处罚。对于如何评价刑法的这条规定，我国刑法学界存在较大争议。

1. 肯定说

该说认为，盗窃信用卡并使用的行为按照盗窃罪处理是合理的。其理由有：第一，盗窃信用卡并使用的属于牵连犯，即牵连触犯盗窃罪和信用卡诈骗罪两个罪名，应从一重处断，按照盗窃罪定罪处罚；[①] 第二，盗窃罪是主行为，行为人冒用他人名义使用信用卡的行为是盗窃罪的继续，是从行为，按照主行为吸收从行为的原则，应定盗窃罪；[②] 第三，这是刑法中的结合犯，刑法将盗窃信用卡的盗窃罪和使用他人信用卡的信用卡诈骗罪结合为盗窃罪；[③] 第四，盗窃信用卡并使用是盗窃罪的不可罚的事后行为。[④]

2. 否定说

该说认为，盗窃信用卡并使用不应该定盗窃罪，而应该按信用卡诈骗罪来处理。其理由有：第一，信用卡不同于货币，本身并非财物，持卡人失去信用卡并不会直接造成财产损失。因此，盗窃信用卡的行为不可能触犯盗窃罪的罪名，自然不应发生与信用卡诈骗罪相牵连的问题，同样不存在盗窃罪这种主行为吸收信用卡诈骗罪之从行为的现象。[⑤] 第二，“使用”是主行为，“盗窃”是辅行为，

---

① 参见王作富主编：《刑法》中国人民大学出版社 1999 年版，第 319 页。

② 参见陈明华主编：《刑法学》中国政法大学出版社 1999 年版，第 508 页。

③ 刘宪权：《信用卡诈骗罪的司法认定》，载《政法论坛》2003 年第 3 期，第 89 页。

④ 参见王永杰：《论盗窃并使用信用卡共同犯罪行为的认定》，载《政治与法律》2006 年第 6 期，第 24 页。

⑤ 刘明祥著：《财产罪比较研究》，中国政法大学出版社 2001 年版，第 259 页；张明楷著：《刑法学》，法律出版社 2003 年版，第 635 页。

即使按照牵连犯理论来解释，也应该是定信用卡诈骗罪而不是盗窃罪。[①] 第三，使用信用卡的行为不是盗窃信用卡行为的“事后不可罚的行为”。所谓“事后不可罚的行为”，是指已经合并在前行为加以处罚的后行为。限于对于前行为所破坏的法益的再一次侵害，后行为并未扩大前行为所造成的损害范围，这也是将后行为包括在前行为评价范围内的原因。否则，后行为若另行破坏被害人之另一新法益，或危害第三人的法益，则不能为前行为所吸收，而应数罪并罚。盗窃信用卡的行为并没有侵害财产权，只有使用信用卡的行为才侵害了财产法益，而且侵害了信用卡管理秩序。也就是说，后行为（使用行为）已经超出了前行为（盗窃行为）的法益侵害的范围，不能够包含于前行为的评价中。[②]

3. 肯定说与否定说的评析

上述肯定说与否定说的争议，反映了学者对于“盗窃信用卡并使用”的罪数形态理解上的分歧。有的学者认为，盗窃信用卡并使用属于实质的一罪，只构成盗窃罪，其中理由各异：或认为是吸收犯，或认为是结合犯，或认为使用行为是不可罚的事后行为；有的学者认为，盗窃信用卡并使用属于处断的一罪，是牵连犯，应以盗窃罪论处；有的学者认为，盗窃信用卡并使用属于单纯的一罪，只构成信用卡诈骗罪。

进一步来说，笔者认为争议的关键问题是如何理解“盗窃信用卡”本身的行为性质：肯定说认为，“盗窃信用卡”行为本身就符合盗窃罪的犯罪构成，“使用信用卡”行为又符合信用卡诈骗罪的犯罪构成，只是基于法律的规定作为实质的一罪，或基于行为之间的牵连关系作为处断的一罪；否定说认为，“盗窃信用卡”的行

---

① 参见李文燕等：《信用卡诈骗罪》，载单长宗等主编：《新刑法研究与适用》，人民法院出版社 2000 年版，第 426 ~ 427 页。

② 参见赵秉志等：《盗窃信用卡并使用行为的定性分析与司法适用》，载《浙江社会科学》2000 年第 6 期，第 44 页。

为本身不符合盗窃罪的犯罪构成，“盗窃信用卡并使用”只符合信用卡诈骗罪的犯罪构成，是单纯的一罪。因此，要理解“盗窃信用卡并使用”的罪数形态，得先理解单纯的盗窃行为是否符合盗窃罪的犯罪构成。

笔者认为，单纯的“盗窃信用卡行为”不符合盗窃罪犯罪构成，不能构成盗窃罪。理由如下：

首先，单纯的盗窃信用卡行为不具备盗窃罪的犯罪对象和犯罪客体。盗窃罪的犯罪对象是财物，其侵害的法益是财产权。如果认为盗窃信用卡的行为是盗窃罪，则意味着信用卡是盗窃罪的犯罪对象，行为人的盗窃行为通过作用于信用卡而侵害了他人的财产权。这种理解是有问题的。信用卡只是银行或者金融结构发给消费者的一种信用凭证，它本身并不是财物（也不是货币），不具有财物的使用、收益权能。而且信用卡都设有密码，即使被害人丢失了信用卡，只要密码没有泄露，也不会导致财产的损失，甚至连财产损失的危险都很小。所以盗窃信用卡与盗窃财物或货币是有本质区别的：盗窃信用卡并不会侵害他人的财产权，盗窃财物或货币则直接侵害了他人的财产权；盗窃财物或货币后使用的一般行为不具有刑法意义，盗窃信用卡后使用的行为是刑法所规范的信用卡诈骗罪中的“冒用他人信用卡”。也就是说，单纯盗窃信用卡的行为是不具有“严重的社会危害性”的。如果说盗窃信用卡的行为具有一定的社会危害性，那么也不是对持卡人财产权的危害（持卡人的财产权由密码所保护，不会受到危害），而是对信用卡管理秩序的危害。也就是说，盗窃信用卡行为侵害的客体不是他人财产权，而是信用卡管理秩序。

其次，单纯的盗窃信用卡行为无法确定是否达到“数额较大”的标准。我国刑法规定，盗窃罪必须达到“数额较大”才构成犯罪。但是，单纯盗窃信用卡的行为无法确定是否达到了“数额较大”的标准。最高人民法院1997年通过的《关于审理盗窃案件具体应用法律若干问题的解释》第5条第（二）项规定：“……不能即时兑现的记名有价支付凭证、有价证券、有价票证或者能即时兑现的有价支付凭证、有价证券、有价票证已被销毁、丢弃，而失主可以通过挂失、补领、补办手续等方式避免实际损失的，票面数额不作为定罪量刑的标准，但可以作为定罪量刑的情节。”根据该规定，单纯盗窃信用卡而不使用的，“失主可以通过挂失、补领、补办手续等方式避免实际损失”，因此信用卡的票面数额不能作为定罪量刑的标准。既然没有标准，那么盗窃信用卡的数额就难以确定。如果以信用卡本身的工本费作为标准，则盗窃信用卡的社会危害性“显著轻微”，不可能构成犯罪。

最后，并不能够因为刑法规定有“盗窃”行为就构成盗窃罪。例如，我国《刑法修正案（五）》第1条规定，“窃取、收买或者非法提供他人信用卡信息资料的”构成妨害信用卡管理秩序罪，而不是盗窃罪。

总之，单纯盗窃信用卡的行为并不构成盗窃罪。①

既然单纯盗窃信用卡的行为不构成盗窃罪，则前述肯定说的“牵连犯”论据、“结合犯”论据、“不可罚的事后行为”论据都难以成立。

首先，盗窃信用卡并使用不构成牵连犯。所谓牵连犯，是指以实施某一犯罪为目的，其方法行为或结果行为又触犯其他罪名的犯罪形态。牵连犯是“处断的一罪”，即其本来是数罪，但因其形态上的特殊性，在适用刑罚时按一罪处理。也就是说，牵连犯可以分为两部分，即本罪与他罪。所谓本罪，是行为人基于其犯罪目的而实施的具体犯罪。所谓他罪，是行为人的方法行为或结果行为所构

---

① 再如，对于单纯盗窃空白支票的行为（没有使用），陈兴良教授也认为不构成盗窃罪（参见陈兴良：《盗取空白现金支票伪造后使用行为的定性研究》，载《华东刑事司法评论》第8卷，第311页）。进一步来说，单纯盗窃他人设有密码的银行存折（没有使用）的行为是否构成盗窃罪，也是个值得研究的问题。我国刑法通说肯定其构成盗窃罪。但是这个论断理由并不充分，值得商榷。

成的犯罪。[①] 如前所述，既然盗窃信用卡的行为不构成盗窃罪，那么盗窃信用卡的行为本来就是一罪，而不是处断的一罪。

其次，盗窃信用卡并使用不构成结合犯。所谓结合犯，是指两个以上各自独立而罪名不同的犯罪行为，根据刑法的规定结合而成的一种新的犯罪。结合犯分为两部分，即原罪和新罪。其中原罪是结合要素，新罪是合成产物。例如，日本刑法中的强盗强奸罪就是典型的结合犯，原罪是强盗罪和强奸罪，新罪是强盗强奸罪。[②] 既然盗窃信用卡的行为不是盗窃罪，那么盗窃信用卡并使用的场合就缺乏结合犯的结合要素，难以成立结合犯，此其一；其二，即使盗窃信用卡的行为构成盗窃罪，认为盗窃罪与信用卡诈骗罪结合为盗窃罪也不当。因为"既然原罪是两个以上各自独立而又罪名不同的犯罪行为，它们结合而成之罪怎么会成为原罪中某一种犯罪的严重情况，而没有成为新罪呢？这无论是在立法上还是学理上都有些不好解释"。[③]

最后，同样道理，盗窃信用卡的行为既然不构成盗窃罪，使用信用卡的行为就不可能是"不可罚的事后行为"。另外，即使认为盗窃信用卡的行为构成盗窃罪，使用信用卡的行为也不是"不可罚的事后行为"。因为盗窃罪和信用卡诈骗罪的犯罪对象并不相同：前者的犯罪对象是信用卡；后者的犯罪对象是他人的财物，信用卡是犯罪工具。盗窃罪和信用卡诈骗罪的犯罪客体不同：前者侵犯的是财产权；后者侵犯的主要是信用卡管理秩序。

4. 本书观点

综上所述，从理论上来讲"盗窃信用卡并使用的"行为并不符合盗窃罪的犯罪构成，而完全符合信用卡诈骗罪中的"冒用他人信用卡"的情况。我国刑法之所以在第 196 条规定了信用卡诈

① 参见吴振兴著：《罪数形态论》，中国检察出版社 1996 年版，第 39、274 页。
② 参见吴振兴著：《罪数形态论》，中国检察出版社 1996 年版，第 176 ~ 177 页。
③ 吴振兴著：《罪数形态论》，中国检察出版社 1996 年版，第 181 页。

骗罪后特别规定“盗窃信用卡并使用的，依照本法第二百六十四条的规定定罪处罚”，即意味着，这种情况原本是符合信用卡诈骗罪而不符合盗窃罪的，只是刑法基于某种考虑将其特别规定以盗窃罪处理。也就是说，这种规定是刑法的特别规定（法律拟制）。

所谓法律拟制，是指原本不同的行为，法律拟制为相同的行为，给予相同的处理。在法律拟制的场合，“立法者明知 T2 和 T1 在事实上并不完全相同，但出于某种目的仍然对 T2 赋予与 T1 相同的法律效果，从而指示法律适用者，将 T2 视为 T1 的一个事例，对 T2 适用 T1 的法律规定”。例如，刑法第 269 条规定：“犯盗窃、诈骗、抢夺罪，为窝藏赃物、抗拒抓捕或者毁灭罪证而当场使用暴力或者以暴力相威胁的，依照本法第二百六十三条的规定定罪处罚。”此即法律拟制。因为该条规定的行为（T2）原本不符合刑法第 263 条规定的构成要件（T1），但第 269 条对该行为（T2）赋予与抢劫罪（T1）相同的法律效果；如果没有第 269 条的规定，对上述行为就不能以抢劫罪论处。①

刑法第 196 条第 3 款规定，对于盗窃信用卡并使用的行为按照盗窃罪定罪处罚，就是法律拟制。通过前文分析可知，盗窃信用卡并使用的行为原本并不符合盗窃罪的构成要件，而符合信用卡诈骗罪的构成要件。但是，刑法仍然赋予盗窃信用卡并使用的行为以盗窃罪的法律效果。之所以法律要设立此特别拟制，原因是：行为人通常在盗窃现金等财物的时候盗窃了信用卡；如果行为人不使用所盗窃的信用卡，则被害人记载于信用卡上的财产不会受到损失，故不宜将记载于信用卡上的财产数额认定为盗窃数额；但是，如果行为人使用了所盗窃的信用卡，也不再单独作为信用卡诈骗罪来处

① 张明楷著：《刑法分则的解释原理》，中国人民大学出版社 2004 年版，第 254 页。

理，而是将所使用的数额与所盗窃的其他财物累计为盗窃数额。①

总之，“盗窃信用卡并使用的，按照盗窃罪定罪处罚”是法律拟制，是法律在第264条一般盗窃罪之外另设的特别盗窃罪。从罪数形态来看，这不是处断一罪的牵连犯，也不是实质一罪的结合犯或吸收犯，而是单纯的一罪（单纯的盗窃罪而不是单纯的信用卡诈骗罪）。

二、短缩的二行为犯的罪数形态

短缩的二行为犯原本由两个行为构成——第一个行为是目的犯之实行行为，第二个行为是目的之实现行为，但法律规定只要行为人以实施第二个行为为目的实施了第一个行为，就成立犯罪。短缩的二行为犯之成立，并不需要现实地实施第二个行为（目的之实现行为）。但是“为了实现其目的，需要行为人或者第三者实施与其构成要件性行为不同的行为”。② 因此，如果短缩的二行为犯之目的实现行为由行为人本人来实施，就存在罪数的问题；如果由行为人与第三者共同实施，就存在共犯问题；如果目的实现行为只能由第三者实施，则不存在罪数问题，也不存在共犯问题。所以，必须首先分析短缩的二行为犯中的目的实现行为，哪些可以由行为人实施，哪些不可以由行为人实施。

第一种情况，大部分短缩的二行为犯的目的之实现行为既可以由行为人本人实施，也可以由第三者实施。例如，违规制造枪支罪之“非法销售”既可以由违规制造枪支的行为人实施，也可以由

① 既然“盗窃信用卡并使用的，按照盗窃罪定罪处罚”是法律拟制规定，那么其他类似情况，法律没有特别拟制规定的，就不能按照盗窃罪来处理。例如，被告人周某于2004年从工厂盗窃了一张加盖了公章的空白支票，后又使用该空白支票骗取现金。法院并没有认为被告人构成盗窃罪，而是按照票据诈骗罪来处罚（参见最高人民法院编：《刑事审判参考》2004年第1辑，法律出版社2004年版，第11～16页）。

② ［日］大塚仁著：《刑法概说》（总论），冯军译，中国人民大学出版社2003年版，第124页。

其第三者实施；拐卖妇女、儿童罪中的“出卖”既可以由拐骗、绑架、收买、接送、中转者实行，也可以由第三者实行；绑架罪之“勒索财物”既可以由绑架者实施，也可以由第三者实施；伪造货币罪、伪造、变造金融票证罪、伪造、变造国家有价证券罪之“行使”既可以由伪造、变造者实施，也可以由第三者实施；走私淫秽物品罪之“传播”既可以由走私者实施，也可以由第三者实施。

第二种情况，有的短缩的二行为犯之目的实现行为只能够由第三者实施。例如，我国刑法第164条、第389条、第391条、第393条规定的各种行贿罪，都要求“谋取不正当利益”。但是“谋取不正当利益”对于行贿者来说，只是一个目的或意图，行贿者本人并无法实现该目的。因为如果行贿者本人能够实现该目的，他也就不会去行贿了。行贿人要实现谋取不正当利益的目的，必须依靠受贿者。因此，实现“谋取不正当利益”者只能是受贿者，而不能是行贿者。

区分这两种不同的情况是有意义的：有利于短缩的二行为犯之罪数和共犯的认定。由于第二种情况中的目的实现行为不能够由目的犯之犯罪主体实施，只能够由其他人实施，所以就不存在罪数问题和共犯问题。例如，我国刑法第390条规定：“对犯行贿罪的，处……；因行贿谋取不正当利益，情节严重的，或者使国家利益遭受重大损失的，处……情节特别严重的，处……”据此，获得了不正当利益只是法定刑加重的情节，并不存在罪数的问题。受贿者为行贿者谋取利益也不构成行贿罪的共同犯罪，如根据第399条规定，司法工作人员收受贿赂，同时又徇私枉法、枉法裁判的，按照受贿罪和徇私枉法罪（或者枉法裁判罪）的牵连关系，从一重罪处断。

第一种情况中的犯罪，如果由目的犯之犯罪主体本人实施目的实现行为（第二个行为），则存在罪数认定的问题；如果由他人与目的犯之犯罪主体共同实施目的实现行为（第二个行为），则存在共犯的问题。本节论述罪数问题，共犯问题留待下一节论述。

第一种情况中，即使由行为人实施了目的犯的实行行为（第一个行为）和目的实现行为（第二个行为），也并不都适用数罪并罚。这里又可以分为几种情况：

第一种情况行为人实施了第一个行为之后，又实施了第二个目的实现行为，该第二个行为不再独立评价，而只构成目的犯一罪。

例如，根据刑法第 126 条规定，依法被指定、确定的枪支制造企业、销售企业，违反枪支管理规定，以非法销售为目的，制造无号、重号、假号的枪支就构成了“违规制造枪支罪”。如果行为人又将其制造的无号、重号、假号的枪支非法销售，则构成“违规制造、销售枪支罪”。因为“违规制造、销售枪支罪”是个选择性罪名，行为人实施其中一个行为就构成此罪，行为人实施其中两个行为还是构成此罪。

根据刑法第 240 条规定，只要行为人以出卖为目的，实施拐骗、绑架、收买、接送、中转妇女、儿童行为之一，就构成“拐卖妇女、儿童罪”。如果行为人实施了上述行为，又实施出卖行为，仍然只构成“拐卖妇女、儿童罪”。因为“拐卖妇女、儿童罪”是个概括性罪名，概括性包括了出卖行为。

根据刑法第 239 条规定，只要行为人以勒索财物为目的绑架他人，就构成了绑架罪。如果行为人绑架他人以后又实施勒索财物的行为，该勒索财物的行为也不再构成敲诈勒索罪，而是被前面的绑架行为所吸收，只构成绑架罪。

第二种情况，行为人实施了第一个行为以后，又实施了第二个目的实现行为，第一个行为和第二个行为都构成犯罪。但是由于第一个行为和第二个行为之间存在牵连关系，而从一重处断。

例如，根据我国通说，如果行为人以行使为目的伪造货币，则构成“伪造货币罪”（第 170 条）；如果行为人行使伪造的货币，则构成“持有、使用假币罪”（第 172 条）；如果行为人伪造货币后又行使其所伪造的货币，因为伪造行为和使用行为具有原因和结果的牵连关系，所以以“伪造货币罪”和“持有、使用货币罪”从一重处断。[①] 日本刑法学的通说也认为这种情况应按照牵连犯处理。[②] 行为人以行使为目的伪造、变造汇票、本票、支票构成伪造、变造金融票证罪（第177条），如果行为人又使用了伪造、变造的汇票、本票、支票则又构成票据诈骗罪（第194条第1款），按照牵连犯从一重处断；行为人以行使为目的伪造、变造金融凭证又使用的，以伪造、变造金融票证罪（第177条）和金融凭证诈骗罪（第194条第2款）从一重处断；行为人以行使为目的伪造、变造信用证或者附随单据、文件又使用的，以伪造、变造金融票证罪（第177条）和信用证诈骗罪（第195条）从一重处断；行为人以行使为目的伪造信用卡后又使用其伪造的信用卡，以伪造、变造金融票证罪（第177条）和信用卡诈骗罪（第196条）从一重处断；行为人以行使为目的伪造、变造国家有价证券又行使的，以伪造、变造国家有价证券罪（第178条第1款）和有价证券诈骗罪（第197条）从一重处断。

第三种情况，行为人实施了第一个行为以后，又实施了第二个目的实现行为，第一个行为和第二个行为都构成犯罪。按照数罪并罚处理。

例如，行为人以传播为目的走私淫秽物品进境的行为构成走私淫秽物品罪（第152条）；如果行为人又传播该淫秽物品的，同时构成传播淫秽物品罪（第364条第1款）。应以走私淫秽物品罪和传播淫秽物品罪数罪并罚。[③]

---

① 参见薛瑞麟：《论持有、使用假币罪》，载《中国法学》1999年第4期，第137页。

② 参见［日］大谷实著：《刑法各论》，黎宏译，法律出版社2003年版，第313页；［日］西田典之著：《日本刑法各论》，刘明祥、王昭武译，中国人民大学出版社2007年版，第255页。

③ 参见张明楷：《论短缩的二行为犯》，载《中国法学》2004年第3期，第154页。

- 短缩的二行为犯
  - 目的实现行为由行为人本人实施
    - 目的实现行为不再独立评价，只构成目的犯一罪（第126条、第240条、第239条）
    - 目的实现行为触犯另一罪名，按牵连犯从一重处断（第170～172条；第177～194、195、196条；第178～197条）
    - 目的实现行为触犯另一罪名，数罪并罚（第152～364条）
  - 目的行为由行为人本人与他人共同实施
    - 就目的犯成立共犯
    - 就目的实现行为成立共犯
  - 目的实现行为不能由行为人本人实施
    - 不存在罪数和共犯问题（各种行贿罪）

第三节　目的犯之共犯形态

共同犯罪问题是一个很复杂的问题；目的犯的共同犯罪问题是一个更加复杂的问题。

我国刑法第25条第1款规定："共同犯罪是指二人以上共同故意犯罪。"共同犯罪的特征有：犯罪主体必须是二人以上；犯罪客观方面必须有共同的犯罪行为，即各共同犯罪人的行为都指向同一犯罪事实，彼此联系，互相配合，它们与犯罪结果之间都存在因果关系；犯罪主观方面必须具有共同的犯罪故意。所谓共同的犯罪故意，是指共同犯罪人通过意思联络，认识到他们的共同犯罪行为会发生危害社会的结果，并决意参与共同犯罪，希望或者放任这种结果发生的心理态度。其认识因素包括：行为人认识到不是自己一个人单独实施犯罪，而是与他人互相配合实施犯罪；不仅认识到自己的行为引起的结果，而且认识到其他共同犯罪人的行为引起的结果；预见共同犯罪行为与共同犯罪结果之间的因果关系。其意志要素包括：行为人决意参与共同犯罪；行为人希望或放任自己的行为以及共同犯罪行为会发生的结果。①

目的犯的共同犯罪与一般的共同犯罪在犯罪主体、犯罪客体方面并没有什么区别，其特别之处在于共同犯罪的主观方面：成立目的犯的共同犯罪必须是所有共犯者都有特定的犯罪目的。因此，当有的人具有特定目的，而有的人不具有特定目的时，他们是否能够成立共同犯罪就是一个值得研究的问题。我国学者一般是按照共犯与身份的思路来处理有目的者与无目的者共同犯罪的情况。因此，本书先研究目的与身份的关系，再研究有目的者与无目的者共同犯罪时的处理。

一、目的犯目的与身份的关系

关于身份问题，与德日刑法不同，我国刑法总则中并没有规定。德国刑法典第 28 条使用了“特别的人的标志”（besondere persoenliche Merkmale，或者译为特别的个人本身的要素）的表述；日本刑法第 65 条表述为“身份”；我国台湾地区“刑法”第 31 条表述为“身份或者其他特定关系”。

关于目的是否可以作为身份的一种，德国刑法学一般认为目的等一时性心理状态能够包含于“特别的个人本身的要素”，对此笔者并无异议；“然而并非所有主观要素皆被理解为‘特别之个人本身的要素’。例如，即便同属于‘目的（意图）’，谋杀罪之‘为能够实施其他犯罪或隐瞒其他犯罪之目的（意图）’被认为属于‘特别之个人本身的要素’，而盗窃罪（第 242 条）及强盗罪（第 249 条）之‘取得目的（意图）’，或恐吓取财罪（第 253 条）及诈骗罪（第 263 条）之‘得利目的（意图）’则并非‘特别之个

① 参见马克昌主编：《犯罪通论》，武汉大学出版社 1999 年版，第 510 页以下。

人本身的要素'，此乃通说立场"。[①]

日本刑法第 65 条规定："对于因犯罪人身份而构成的犯罪行为进行加工的人，虽不具有这种身份，也是共犯；因身份而特别加重或者减轻刑法时，对于没有这种身份的人，判处通常的刑罚。"该条第 1 款规定的是有身份者与无身份者犯罪成立之"连带性作用"；第 2 款规定的是有身份者与无身份者刑罚处罚之"个别性作用"。那么对于目的是否身份，日本刑法学见解存在分歧意见。否定说认为，身份之文理解释要求身份概念有继续性，无继续性之目的不是身份；肯定说认为，第 65 条第 2 款之身份实际上属于责任要素，因此未必要求具有继续性要素。有的人认为"目的犯"之目的（如伪造货币罪之"行使目的"）系主观违法要素，属于违法身份而具有连带性作用；麻药取缔法第 64 条第 2 项之"营利目的"则属于责任要素而具有个别性作用。[②]

我国台湾地区刑法学存在与日本刑法学大致相同的肯定说和否定说。

我国大陆刑法学通说则否定目的属于身份。通说认为，刑法中的身份，是指行为人所具有的影响定罪量刑的特定资格和人身状况。它的事实特征是行为人所具有的特定资格和人身状况；它的法律特征是这种特定资格和人身状况影响定罪和量刑。目的虽然也能够影响定罪和量刑，但是目的是行为人的主观特征，是犯罪构成主观方面要件；它不是行为人的特定资格和人身状况，不是犯罪构成主体方面的属性。所以目的并不属于身份。[③]

笔者认为，在我国刑法学中目的是否属于身份并不是一个重要的问题。因为一方面我国刑法并不像德日刑法那样明确规定了身份

---

① 甘添贵、陈子平等：《共犯与身份》，学林文化事业有限公司 2001 年版，第 10 页。

② 甘添贵、陈子平等：《共犯与身份》，学林文化事业有限公司 2001 年版，第 20 页。

③ 参见马克昌主编：《犯罪通论》，武汉大学出版社 1999 年版，第 579 页。

与共犯的关系，身份与共犯的关系问题本身也就是一个学理探索的问题，而不是一个法律规定的问题；另一方面，即使目的不属于身份，也不影响我们按照身份与共犯关系的思路来探讨目的与共犯的关系。

二、无目的者加工目的犯之实行行为

目的犯是一种特殊的犯罪。从前文关于目的犯的罪数形态的论述中可以发现，无特定目的者不仅可以参与目的犯之实行行为，还可以参与目的犯之目的实现行为，对这两者应该分别论述。这里先论述无目的者加工目的犯之实行行为的情况。

（一）当甲具有特定目的，乙不具有特定目的但是明知甲具有该目的而与甲共同实行目的犯之实行行为时，乙与甲成立共同犯罪

这里的问题是，为什么这种情况下乙与甲能够成立共同犯罪？成立的是目的犯的共犯还是非目的犯的共犯？对此，存在两种不同的观点：

第一种观点认为，“我国刑法规定的某些犯罪必须具有一定的犯罪目的才能构成，对于这类犯罪的共同犯罪来说，具有一定的犯罪目的只是对在犯罪过程中起主要作用的共犯者即主犯是必要的，至于其他共犯者，他们可以任何别的目的参加这类犯罪，都不影响这类犯罪的共同犯罪的成立。一事物的性质是由主要矛盾的主要方面决定的。共同犯罪故意具有的一定的犯罪目的，实际上就是主犯的犯罪目的，至于其他共犯者，不管他们抱着什么样的目的”。“某些犯罪构成要求以主观方面具有一定的犯罪目的为条件，这类的共同犯罪，一定的犯罪目的只是对主犯的要求，其他共犯者只要明知这类犯罪的性质而参与这类犯罪，就可以构成这类犯罪的共同犯罪，而不管他们的个人目的是什么。”同时，这种观点认为，“应按主犯的犯罪性质确定共同犯罪的罪名，即主犯具有目的犯的目的，不论从犯有无此种目的，均应按目的犯定罪；反过来，主犯

无目的犯的目的，即使从犯有此目的，也都只能按非目的犯定罪”。①

第二种观点认为，不具有特定目的的人知道其他共同犯罪人具有特定目的仍与之共同实施犯罪，就表明其具备了“为了他人实现目的”的主观要素。“无目的犯的目的者与有此目的者共同实施犯罪行为，只要其明知对方有那种目的，就应按目的犯的共犯定罪，而不论其在共同犯罪中起什么作用”。②

这两种观点的实质区别在于：第一种观点认为，无特定目的者即使知道他人具有特定目的而与其共同实施犯罪时，也并不因此而获得特定目的。所以，如果有目的者是主犯，就按照目的犯定罪；如果无目的者是主犯，就按非目的犯来定罪。第二种观点认为，无特定目的者既然知道他人具有特定目的仍与其共同实施犯罪，就表明其已获得了特定目的。所以，各共犯人成立目的犯的共同犯罪。

笔者同意第二种观点，认为第一种观点确实值得商榷。首先，第一种观点采取的是行为共同说，第二种观点采取的是犯罪共同说。关于共同实行的故意，行为共同说认为只要有共同行为的意思就足够了；犯罪共同说认为，需要行为人对特定的犯罪有共同的故意。③ 上述第一种观点认为，无特定目的者乙明知甲具有特定目的而与其共同实行犯罪，其共同实行的故意仅仅是共同行为的意思，而不是对特定目的犯的犯罪故意，乙并不因共同实行犯罪就具有特定目的。这明显是采取行为共同说对共同实行故意的理解。第二种观点认为，无特定目的者乙明知甲具有特定目的而与其共同实行犯

---

① 参见林文肯、茅彭年：《共同犯罪理论与司法实践》，中国政法大学出版社1987年版，第25~28页；刘明祥：《论目的犯》，载《河北法学》1994年第1期，第12~13页。

② 参见张明楷：《论短缩的二行为犯》，载《中国法学》2004年第3期，第154页；刘明祥：《论目的犯》，载《河北法学》1994年第1期，第13页；李希慧、王彦：《目的犯的犯罪形态研究》，载《现代法学》2000年第6期，第24页。

③ 参见陈家林著：《共同正犯研究》，武汉大学出版社2004年版，第86页。

罪，其共同实行的故意是指同犯一罪的故意，即对特定的目的犯具有共同的故意。乙也因为共同犯罪获得了特定目的。这显然是采取犯罪共同说对共同实行故意的理解。而我国刑法学通说是否定行为共同说，而采取犯罪共同说的。

其次，第一种观点对“意思联络”理解片面。两个不同的犯罪故意之所以能够结合为一个共同犯罪的故意，其根本原因即在于两个共同犯罪人之间的“意思联络”。正如有的学者所说：“共同犯罪的意思联络的作用，一是使共同犯罪人之间产生共同犯罪的认识，二是使共同犯罪人之间形成共同犯罪的意志”。“共同故意并不取决于每个犯罪人的故意内容的共同性，而是取决于每个犯罪人主观联系的一致性”。“正是通过意思联络，数个行为人的犯罪故意才能同化为一体，不仅产生共同的认识，而且形成共同的意志，共同指向一个危害目的”。①

例如，甲具有传播淫秽物品的故意和牟利的目的；乙只具有传播淫秽物品的故意，无牟利的目的。如果乙明知甲具有牟利的目的，而与其共同实施传播淫秽物品的行为，则构成“传播淫秽物品牟利罪”的共同犯罪。② 这里，从逻辑上来说存在三种犯罪故意：甲具有的传播淫秽物品牟利罪的犯罪故意，乙具有的传播淫秽物品罪的犯罪故意，甲、乙共同实行传播淫秽物品牟利罪的犯罪故意。正是共同犯罪人之间的意思联络使本无牟利目的的乙也获得了牟利目的（乙的牟利目的可以不是为自己牟利，而是为甲牟利），与甲形成了传播淫秽物品牟利罪的共同故意，而构成传播淫秽物品牟利罪的共同犯罪。

再次，第一种观点对“目的”的含义理解片面。第一种观点似乎认为，目的只能够是为了自己，而不能是为了他人。例如，按

---

① 姜伟：《论共同故意》，载《法商研究》1994 年第 4 期，第 36～38 页。

② 参见刘明祥：《论目的犯》，载《河北法学》1994 年第 1 期，第 13 页；张明楷：《论短缩的二行为犯》，载《中国法学》2004 年第 3 期，第 154 页。

照第一种观点的理解，不具有非法占有目的的乙，即使知道甲具有非法占有目的而与其共同实行盗窃行为，也不具有非法占有目的。这种理解是片面的，因为犯罪目的既可以是为自己的目的，也可以是为他人的目的。

最后，第一种观点确定罪名不合理。第一种观点认为，无特定目的者与有特定目的者共同实行犯罪时，应按主犯的犯罪性质来确定罪名。笔者认为这是不合理的。主犯与从犯是在确定罪名以后才认定的，否则就是先定罪后量刑。而且，如果无特定目的者与有特定目的者在共同犯罪中都是主犯，则无法确定罪名。

总之，笔者认为，当甲具有特定目的，乙不具有特定目的但是明知甲具有该目的而与甲共同实行目的犯之实行行为时，乙与甲成立目的犯之共同犯罪。

（二）当甲具有特定目的，乙不具有特定目的且不知甲具有该目的而与甲共同实行目的犯之实行行为时，乙与甲不成立目的犯的共同犯罪

我国刑法理论认为，共同犯罪是主客观两个方面的有机统一，是以同一个犯罪构成为成立前提的。如果行为人一方有目的犯之目的，另一方无此目的，并且也不知道对方有此目的，那就表明无目的的一方虽与对方具有相同的故意内容，但并不具备特定目的要件，因而与目的犯的主观要件不完全相符，也就不可能构成共同犯罪。①

上述观点具有一定的合理性，但是有必要进一步细化。在这里要注意区分断绝的结果犯和短缩的二行为犯两种不同的情况：前者不可能构成共同犯罪；后者可能构成部分共同犯罪。

按照本书的立场，断绝的结果犯中的特定目的是故意的要素；短缩的二行为犯中的特定目的是故意之外的主观超过要素。因此，在断绝的结果犯的场合，甲具有特定目的，乙不具有特定目的也不

① 参见刘明祥：《论目的犯》，载《河北法学》1994 年第 1 期，第 12 页。

知道甲有特定目的，就表明甲具有目的犯的犯罪故意，而乙不具有目的犯的犯罪故意，两者不可能构成共同犯罪。例如，甲以非法占有为目的盗窃米店的大米，乙并不知道甲有非法占有目的而帮助其搬运大米，则乙虽然有搬运大米的“事实故意”，但并没有盗窃大米的犯罪故意。按照犯罪共同说，乙和甲没有共同实行犯罪的故意，不构成共同犯罪。

但是在短缩的二行为犯场合情况有所不同。由于短缩的二行为犯中的特定目的是故意之外的主观超过要素，所以无特定目的者与有特定目的者有可能具有共同犯罪的故意。例如，甲具有传播淫秽物品的故意和牟利的目的，乙具有传播淫秽物品的故意但是没有牟利的目的，也不知道甲具有牟利目的，而与甲共同实施传播淫秽物品的行为。则甲、乙具有传播淫秽物品罪的犯罪故意和犯罪行为，按照部分犯罪共同说，甲与乙在传播淫秽物品罪的范围内成立共同犯罪。当然，甲按照传播淫秽物品牟利罪处罚。

（三）当不具有特定目的者甲教唆乙实施以特定目的为构成要件的目的犯时，甲与乙不能成立共同犯罪

例如，出纳员甲知道保险柜里空无一文，甲也不具有非法占有目的，然而甲却教唆乙去盗窃该保险柜。再如，不具有行使目的者丙教唆丁伪造货币，然后在丁伪造行为完成之前，丙又去公安机关告发。在这两个例子中，甲、丙是否构成教唆之目的犯的教唆犯？

这里实际涉及未遂教唆中的教唆者是否具有可罚性的问题。

关于未遂教唆中的教唆者是否可以处罚，在德日刑法学中存在很大的争议：“共犯从属性说的观点承认未遂的教唆的可罚性，认为教唆犯的故意内容不包括认识与希望或放任结果的发生；共犯独立性说的观点否认未遂的教唆的可罚性，认为教唆犯的故意内容包括认识与希望或放任结果的发生。”① 可见，不具有特定犯罪目的者教唆他人犯目的犯时是否可罚，关键在于判断教唆者是否具有教

① 参见张明楷著：《刑法学》，法律出版社2003年版，第348页。

唆故意。而关于教唆者是否有教唆故意的判断，共犯从属性说和共犯独立性说具有不同态度。

在共犯从属性说中，（1）有的学者认为，教唆行为并非该当基本构成要件之实行行为，乃该当修正构成要件之教唆行为，即“使他人实施违法行为之行为”。因此，教唆之故意无须及于基本构成要件之全部内容，仅须有“使被教唆者产生实施一定犯罪之决意（正犯意思）之意思”，以及“使被教唆者根据该决意而实施构成要件行为（正犯实行）之意思”为已足，而无须达于犯罪结果之认识（团藤重光、大塚仁、藤木英雄、大谷实等）。（2）也有的学者认为，教唆犯也是透过正犯而间接侵害法益或间接地惹起犯罪结果之发生。因此，教唆犯之故意，除须有前述之“正犯意思”和“正犯实行”之认识外，尚须有实现基本构成要件结果（正犯结果）之认识（平野龙一、福田平、曾根威彦、川端博、前田雅英）。

共犯独立性说认为，教唆犯也要有教唆行为与教唆故意，即具有完整之违法性、完整之犯罪性，与一般基本犯罪类型并无区别。也就是说，教唆行为与实行行为本身并无不同。因此，教唆之故意，除须有正犯意思与正犯实行之认识外，自然也包括实行基本构成要件结果（正犯结果）的认识。①

因此，对于不具有特定目的之教唆者教唆他人犯目的犯之情况，共犯从属性说中的观点（1）认为，教唆者有“使被教唆者产生实行一定犯罪之决意（正犯意思）之意思”，以及“使被教唆者根据该决意而实施构成要件行为（正犯实行）之意思”。这就足以说明教唆者具有教唆的故意，应该作为共同犯罪来处理。而共犯从属性说中的观点（2）和共犯独立性说认为，由于教唆者没有特定的犯罪目的，教唆者并没有想要实现危害结果的意思，所以没有教唆故意，不能够按照共同犯罪处理。

---

① 参见陈子平：《刑法总论》（下册），元照出版有限公司2006年版，第174页。

从德日刑法学动向来看，现在德国刑法学主流观点对未遂教唆持否定态度（不可罚说）。而且，德国刑法学说的讨论重心开始向目的犯、抽象危险犯以及形式上既遂实质上尚未终了事例的处理过渡，出现进一步扩大未遂教唆不可罚领域的新动向。德国刑法学认为，在无特定目的者教唆他人实施目的犯的情况下，虽然被教唆者成立目的犯，但教唆者由于无特定目的，不构成教唆犯，不能按照共同犯罪来处理。日本刑法学也逐步实现从可罚说与不可罚说的对立向不可罚说占优势地位转变。①

然而，我国刑法学从一开始就走向与欧陆日本刑法学不同的发展方向，绝大多数学者坚持可罚说（肯定说）。②

笔者认为，未遂教唆中的被教唆者当然应当按照犯罪未遂来处理，但是教唆者并不能够与被教唆者构成共同犯罪。因为成立共同犯罪除了要求各个共同犯罪人客观上具有共同的犯罪行为外，还要求他们主观上具有共同的犯罪意思。具体到无特定目的之教唆者教唆他人犯目的犯的场合，虽然被教唆者通过意思联络，接受了教唆，产生了犯罪故意和特定目的，并实施了犯罪行为，但是教唆者并没有因为意思联络而产生特定犯罪目的。教唆者和被教唆者之间难以达到犯罪主观方面完全一致的程度，不能成立共同犯罪。

三、无目的者加工目的犯之目的实现行为

上文论述了无目的者加工目的犯之实行行为时是否构成共同犯罪的问题；这部分论述无目的者加工目的犯之目的实现行为时是否构成共同犯罪的问题。具体可细分为以下几种情况：

（1）无目的者不能够参与目的实现行为，无法与目的犯之行

---

① 参见杨金彪：《未遂教唆可罚性理论新动向》，载《浙江社会科学》2007 年第 5 期，第 66～72 页。

② 参见许发民：《陷害教唆行为研究》，载《甘肃政法学院学报》2007 年第 3 期，第 13 页以下；杨彩霞：《未遂教唆研究》，载《云南大学学报》（法学版）2004 年第 4 期，第 65～66 页。

为人成立共同犯罪。在大部分的断绝的结果犯中，只要行为人实施了实行行为，其特定目的就自然实现，无须行为人或第三者实施其他行为。所以，无目的者不能够参与目的实现行为，无法构成共犯。例如，在洗钱罪中，只要行为人实施了“提供资金账户”、“协助将财产转换为现金或者金融票据”、“通过转账或者其他结算方式协助将资金转移的”、“协助将资金汇往境外”等构成要件行为，就自然实现了“掩饰、隐瞒其来源和性质”的目的。无目的者只能够参与洗钱罪的实行行为，却无法参与目的实现行为。

（2）无目的者能够参与目的实现行为，但是按照单独犯罪处理，不与目的犯的行为人构成共同犯罪。例如，在行贿罪中，行贿者的目的是“为谋取不正当利益”；受贿者为行贿人实现谋取利益之目的。受贿者单独构成受贿罪，不存在与行贿人的共同犯罪。

（3）无目的者能够参与目的实现行为，但是只构成目的犯一罪，作为承继的共犯。例如，甲事先以勒索财物为目的绑架了A，将A置于自己的实力支配下，乙知道绑架真情后，帮助甲向A的亲属B勒索财物。由于绑架行为仍在持续过程中，乙也知道真情，而且实施了勒索财物的行为，故应认定为绑架罪的共犯（共同正犯）。

（4）无目的者能够参与目的实现行为，仅就目的实现行为成立共犯。例如，1998年8月某日，马某先后两次到其妻子的爷爷张某住处盗窃存折四张，价值17300元。其中，有三张存折在同一银行。他先后分两次将两张活期存折内的现金取出，在取第三张价值12000元的定期8年存折时，由于存款期限未到，加上数额较大，马某害怕露出马脚，便找到朋友行某帮忙，并许诺把钱取出后给他些钱花。此时，正好行某急需用钱，在得知存折是马某偷来的情况下，便答应帮忙。在取款时，行某对营业员谎称是张某的孙子，因爷爷摔跌，急需用钱，并持马某提供的张某的身份证，连本带息把12600元全部取出，自己得款2600元，把10000元交给了马某。

第一种观点认为，行某在主观上明知是犯罪所得的赃物，客观上实施了帮助马某取款的行为，是对赃物的一种转移行为，应定窝赃罪。

第二种观点认为，存折作为一种记名有价支付凭证，在款未取出前，票面数额不应作为定罪量刑的标准，但可作为定罪量刑的情节。也就是说马某把存折偷出仅仅是完成了盗窃行为的一半，行某在偷存折前虽然未参与，但在实施过程中，明知是犯罪所得存折而帮助马某取款，属于盗窃过程的延续行为，应按盗窃罪共犯处理，所以定盗窃罪。

第三种观点认为，马某把存折盗出，已完成了盗窃的行为，行某不能按盗窃共犯处理。行某为了实现马某对他的许诺，能给自己一些钱花，主观上有非法占有财物的目的，客观上用虚构事实，隐瞒真相的方法把款骗出，且数额较大，符合诈骗罪的构成要件，应定诈骗罪。①

本书倾向于第三种观点，行某与马某构成诈骗罪的共同犯罪，而不是盗窃罪的共同犯罪。

① 孟永等：《明知是偷来的存折而帮助取款的行为如何定性》，载《检察实践》1999年第2期，第62页。

第五章

目的犯之法律适用

第一节　目的犯之法律适用现状

一、目的犯之法律适用之重点：探求非法定目的犯之目的

所谓法律适用，就是在一般—抽象性的“法律规范”中发现有效的法，并将其符合事实地适用于当时的纠纷。[①] 也就是说，法律适用是一个合理地发现有效的法，并从有效的法合乎逻辑地推出法律判断的过程。可见，法律适用的过程实际上是一个法律论证的过程：发现有效的法的过程是外部论证的过程；从有效的法推出法律判断的过程是内部论证的过程。按照德国学者阿列克西（Alexy）的观点，内部论证是指法律判断从用以立论之前提中逻辑地导出，所关心的主要问题是各个前提与结论之间的逻辑关系，其最主要的形式就是法律三段论；外部论证则是证明各个前提本身的正确性，所关心的问题是这些作为推论基础的各个前提本身是否合理。[②]

对于目的犯之法律适用来说，同样存在着内部论证和外部论证

---

① ［德］魏德士著：《法理学》，丁晓春、吴越译，法律出版社 2005 年版，第 287 页。

② 参见颜厥安著：《法与实践理性》，中国政法大学出版社 2003 年版，第 13 页。

两个环节。其内部论证与一般犯罪形态的法律适用没有什么区别；重要的问题是目的犯之外部论证——如何获得目的犯之有效的法规范？

目的犯基本上可以分为法定目的犯和非法定目的犯。对于法定目的犯来说，其外部论证的重点就是如何解释刑法对构成要件要素的规定——具体来说就是如何理解刑法中所规定的特殊目的。例如，如何理解刑法第 126 条规定的“以非法销售为目的”；如何理解第 192 条、第 193 条规定的“以非法占有为目的”；如何理解第 243 条规定的“意图使他人受刑事追究”；如何理解第 305 条规定的“意图陷害他人或者隐匿罪证”；等等。只要对刑法规定的各个要素进行合理的解释，就能够得出有效的法规。

但是对于非法定目的犯来说，其外部论证就存在一个特殊的问题——非法定目的从何而来？非法定目的犯，是指法律没有明文规定的特殊目的，但是一般作为目的犯适用的犯罪。既然法律没有明文规定特殊目的，那法官凭什么将这些犯罪解释为目的犯呢？其解释方法是什么呢？这确实是一个值得研究的问题。例如，对于盗窃罪，我国刑法并没有规定“以非法占有为目的”，那么通说为什么认为盗窃罪必须“以非法占有为目的”呢？其所使用的方法是什么呢？再如，对于伪造货币罪，我国刑法并没有规定“以行使为目的”，那么通说为什么认为伪造货币罪必须“以行使为目的”呢？其使用的方法是什么？进一步地说，对于盗窃罪和伪造货币罪所使用的方法是否相同？对于这些问题，我国刑法学还缺乏深入的研究，而且学者之间的分歧也很严重，远没有形成较成熟的理论体系。

由于法定目的犯已经对特殊目的等构成要件要素作出了规定，所以其法律适用与一般犯罪形态的法律适用没有多大的区别，所以本书不再论述法定目的犯之法律适用。而非法定目的犯由于刑法没有规定特殊的犯罪目的，所以如何探究刑法没有规定之特殊目的就是非法定目的犯法律适用的难点。因此，本章所讲的“目的犯之法律适用”仅限于“非法定”目的犯之法律适用，而不涉及“法定”目的犯之法律适用。

二、目的犯法律适用的理论分歧

前苏联学者特拉伊宁认为，“目的和动机，都不是必要的构成因素，而只是犯罪构成的选择的因素：它们在法律中可能有规定，但也可能没有规定。从表面上看来，要在那些法律根本没有提到目的或动机因素的犯罪构成中寻找它们，似乎是没有根据的。然而实际上并非如此：在许多场合——而且这一点对于审判实践有着重大的意义——法律上虽然没有谈到目的或动机，但是如果对相应的犯罪构成进行比较深刻的分析，就必须承认，法律上没有直接规定的一定的目的，仍然是这些构成的必要因素。”①

问题是怎样在法律无规定之处寻找该特定目的？对此，我国刑法学界存在以下几种观点：

第一种观点认为，对于非法定目的犯“尽管刑法没有明文规定，但可以通过限制解释将某些犯罪确认为目的犯”。例如，伪造货币罪，可以通过限制解释而得出其必须具有行使目的；虚开增值税专用发票罪，可以通过限制解释而得出其必须具有骗税目的。②“认为虚开增值税专用发票罪是非法定的目的犯，从法条的字面上来看，是对法律规定作了某种限制解释”。③ 限制解释属于狭义的解释方法，而不是漏洞补充的方法。因此，在这种观点看来，在伪造货币罪、虚开增值税专用发票罪中，刑法没有规定特定目的并不是法律漏洞，其解释方法是限制解释。

第二种观点认为，在非法定目的犯中，法律没有规定特定目

---

① ［前苏联］A. H. 特拉伊宁著：《犯罪构成的一般学说》，薛秉忠译，中国人民大学出版社 1958 年版，第 187 页。

② 陈兴良：《目的犯的法理探究》，载《法学研究》2004 年第 3 期，第 76 页。

③ 陈兴良：《不以骗取税款为目的的虚开发票行为之定性研究——非法定目的犯的一种个案研究》，载《法商研究》2004 年第 3 期，第 133 页。

的，属于隐藏的法律漏洞。而“隐藏的法律漏洞的适用方法是目的性限缩。那么，对于作为隐藏的法律漏洞的目的犯当然就是通过目的限缩的方法来进行漏洞补充。为了贯彻立法者的意旨，对于目的犯通过违反字面地补充出特定目的——这是法律规范本身并非包含的规则，来将那些不具备特定目的的行为排除在外，以限缩案型规范的适用范围”。并以盗窃罪为模本，演绎了目的性限缩的漏洞补充方法。① 这种观点与第一种观点完全相反，将所有的非法定目的犯都当做法律漏洞，其解释方法是目的性限缩。

第三种观点认为，“超法规的目的犯的存在基础无非有两种可能：其一，此超法规的犯罪目的虽未明文加以规定，但应属于法律应有之义，无须加以规定，解释学只是发现立法真意而已。其二，法律未规定特定的犯罪目的，是法律的一种缺陷或漏洞，为了克服此种法律缺点，解释学才超法规地补充某种犯罪目的作为犯罪之成立条件。在罪刑法定原则之下，第二种设定超法规目的犯的理由恐怕很难具有说明力，即使法条确有漏洞，也应该通过修改刑法实现完善。”② 论者在这里敏锐地注意到了非法定目的犯的法律适用有两种情况：第一种情况就是狭义的解释；第二种情况就是法律漏洞的补充。但不足之处是，论者认为刑法漏洞只能够通过修改刑法来完善，而不能够适用漏洞补充，否则有违罪刑法定原则。

三、目的犯法律适用理论分歧的评述

以上三种观点代表了“探究非法定目的犯之目的”的不同方法，对于深化非法定目的犯理论研究具有开拓性意义。但是仔细分析上述三种观点及其论证过程，可以发现这几种观点也反映出了我国刑法学对非法定目的犯法律适用的诸多理论误区。

---

① 参见刘艳红：《论非法定目的犯的构成要件构造及其适用》，载《法律科学》2002 年第 5 期，第 56 ~ 58 页。

② 董玉庭：《主观超过要素新论》，载《法学研究》2005 年第 3 期，第 73 页。

误区一：真正的非法定目的犯与不真正的非法定目的犯不分

上述前两种观点认为不论是盗窃罪、诈骗罪，还是伪造货币罪、虚开增值税专用发票罪，要么都不是法律漏洞，从而适用狭义的法律解释方法（限制解释）；要么都是法律漏洞，从而适用漏洞补充的方法（目的性限缩），而没有区别不同情况。第三种观点似乎注意到了非法定目的犯适用的两种不同情况，但是很可惜没有深入地分析论证。本书的基本立场是，我国刑法中的非法定目的犯可以分为两种不同的类型：不真正的非法定目的犯（非法定的断绝结果犯）、真正的非法定目的犯（非法定的短缩二行为犯）。两者之间存在巨大的差异：（1）前者不是开放的构成要件；后者属于开放的构成要件。（2）前者的目的是故意的内容，并非主观超过要素；后者的目的是故意之外的主观超过要素。（3）前者未规定特定目的，不是法律漏洞，该目的是刑法条文的应有之义，因此其适用方式是狭义的法律解释；后者之所以未规定目的，是法律的漏洞，因此其适用方式是漏洞补充。（4）前者的解释方法是限制解释；后者的解释方法是目的性限缩。

误区二：目的性限缩与限制解释不分

由于我国学者没有区分不真正的非法定目的犯和真正的非法定目的犯，所以在论述非法定目的犯的法律适用时，不可避免地陷入一种“非此即彼”的困境：要么使用限制解释，要么使用目的性限缩，从而也就不可能将这两种不同的方法区分开来。实际上，在法学方法论中，目的性限缩与限制解释有重大的区别。

误区三：可补充的法律漏洞与不可补充的法律漏洞不分

前引第三种观点认为，在罪刑法定原则之下，即使刑法确有漏洞，也应该通过修改刑法实现完善，而不能够补充。还有学者认为，对于刑法漏洞补充，存在一个两难的困境：不在实践中采用漏洞补充突破立法，则无法及时应对社会变迁；采用漏洞补充突破立法，则会造成司法权对立法权的侵犯。相比较而言，在我国保障人权是更加紧迫的任务，所以刑法的漏洞只能通过立法进行补充，不允许司法裁量。[①]

这种观点将法律漏洞简单化了，忽略了法律漏洞的多样性。法律漏洞基本上可以分为明显漏洞和隐藏漏洞。明显漏洞的补充方法是类推适用；隐藏漏洞的补充方法是目的性限缩。对于刑法而言，明显漏洞是不能通过类推适用来补充的，否则有违罪刑法定原则；但是隐藏漏洞是可以也应该要补充的，这种漏洞的补充并不违反罪刑法定原则。

因此，要能够准确地解释非法定目的犯，首先必须明确非法定目的犯的构成要件构造：非法定目的犯是否开放的构成要件？非法定目的犯是否法律漏洞？只有明确这些前提性问题后，才能够研究非法定目的犯的解释方法。本章第二节论述了非法定目的犯是否开放的构成要件；第三节论述了非法定目的犯是否法律漏洞；第四节论述了非法定目的犯的适用方法。

第二节　非法定目的犯是否开放的构成要件

我国学者刘艳红教授认为，非法定目的犯属于开放的构成要件。这种观点对于理解非法定目的犯的构成要件构造，对于研究非法定目的犯的解释方法具有重要的意义；而且这种观点是立基于我国刑法非法定目的犯特殊性之上的，具有很强的现实意义（虽然德国学者和日本学者几乎无人认为非法定目的犯是开放的构成要件，但这并不意味着我国刑法非法定目的犯不可以是开放的构成要件）。但是，是否所有的非法定目的犯都是开放的构成要件，则是一个值得进一步商榷的问题。本书的观点是：非法定的断绝结果犯（不真正的非法定犯）不是开放的构成要件；非法定的短缩二行为犯（真正的非法定目的犯）是开放的构成要件。

① 参见蒋熙辉：《刑法解释限度论》，载《法学研究》2005年第4期，第116页。

一、开放的构成要件之真意

开放的构成要件是德国学者 Welzel 在考察构成要件该当性和违法性之间的关系时提出来的；它是相对于封闭的构成要件而言的。在封闭的构成要件场合，行为该当构成要件原则上就具有违法性，法官只需要消极地查明是否存在例外的违法阻却事由；而在开放的构成要件场合，行为该当构成要件并不能够推定其具有违法性，要证明该当构成要件的行为具有违法性，法官还得积极地查明违法性要素（如行为人是否具有保证人义务、是否具有结果预见和回避义务等）。

“开放的构成要件最重要的特点是，因为构成要件对禁止要素规定的不完整性导致无法征表行为的违法性，从而还需要法官在从事合法化事由判断之前，寻找是否有其他违法要素的存在。构成要件规定的不完整性以及违法性判断的需要补充性，这才是开放的构成要件的本质”。也就是说，开放的构成要件有两个特征：一是构成要件规定的不完整性。所谓构成要件规定的不完整性，是指刑法规范中欠缺行为类型中的某些要素，如欠缺行为类型中的目的要素，欠缺保证人的保证义务，欠缺行为人的结果预见义务和结果防止义务等。这是开放的构成要件的前提。二是违法性判断的非自足性。所谓违法性判断的非自足性，是指从构成要件符合性推导不出违法性，还需要法官在构成要件之外补充所欠缺的要素，才能够进行违法性判断。①

Welzel 认为开放的构成要件的外延包括：（1）一般的违法要素（如德国刑法第 240 条）；（2）特殊的违法要素（如职务行为的合法性、法律或规定的有效性、管辖权限、行为人要素、缺少某种职权、缺少主管部门及警方的允许、包庇犯罪的预备行为）；

① 参见刘艳红：《开放的犯罪构成要件理论研究》，中国政法大学出版社 2002 年版，第 76、152～158 页。

(3) 社会的不相当性；(4) 不真正不作为犯；(5) 过失犯。但是"Welzel 在提出开放的构成要件概念时没有提及目的犯作为开放的构成要件的情形"。①

刘艳红教授认为，Welzel 所划定的开放的构成要件的外延，一方面过宽，即一般的违法要素、特殊的违法要素和社会的不相当性不是开放的构成要件；另一方面又过窄，即非法定目的犯也应当作为开放的构成要件。

二、不真正的非法定目的犯不是开放的构成要件；真正的非法定目的犯是开放的构成要件

开放的构成要件具有两个重要特征，即"构成要件规定的不完整性"和"违法性判断的非自足性"。本书以这两个特征为标准来衡量非法定目的犯是否开放的构成要件。

(一) 非法定目的犯是否具有"构成要件规定的不完整性"

构成要件规定的不完整性，是指构成要件缺乏对某些要素的规定。构成要件是行为类型的轮廓，因此构成要件的完整与否是指行为类型的完整与否；构成要件不完整，是指缺少行为类型中的某些要素，因而难以判断行为是否符合行为类型。因此，"非法定目的犯是否具有构成要件规定的不完整性"，意即"非法定目的犯有无目的要素的规定"。这又依赖于如何理解"法律有规定"（或"法律无规定"）。

张明楷教授认为，对于"法律有规定"不能够只理解为"法律有明文的规定"，而应当理解为"法律有文理的规定"，即法律条文虽然没有"明文规定"，但根据具体条文的文理，能够合理认为法律规定了某构成要件要素时，就属于"法律有规定"。因此"法律有规定"并不一定指明文规定。因为刑法要以简短的语言表

---

① 参见刘艳红：《开放的犯罪构成要件理论研究》，中国政法大学出版社 2002 年版，第 9～17、201 页。

述罪刑规范，当分则条文对一个方面的表述足以表明另一方面的含义时，往往省略对另一方面的明文规定。所以，“法律有规定”既包括明文的规定，也包括隐含的规定。①

据此，法律对目的犯的规定可能有三种态度：明文规定之目的犯（法定目的犯）；隐含规定之目的犯（不真正的非法定目的犯 = 非法定的断绝结果犯）；没有明文规定，也没有隐含规定，但是应当解释为具有目的之目的犯（真正的非法定目的犯 = 非法定的短缩二行为犯）。

在我国刑法中，属于“不真正的非法定目的犯”（非法定的断绝结果犯）的有：（1）刑法第 120 条规定的组织、领导、参加恐怖组织罪（以实施恐怖活动为目的）；（2）第 158 条虚报注册资本罪（以取得公司登记为目的）；（3）刑法第 194 ~ 198 条规定的 6 种金融诈骗罪（以非法占有为目的）；（4）取得型财产犯罪都要求有“非法占有目的”，包括抢劫罪、抢夺罪、聚众哄抢罪、敲诈勒索罪、盗窃罪、诈骗罪、侵占罪、职务侵占罪；（5）第 279 条招摇撞骗罪（以谋取非法利益为目的）；（6）第 316 条脱逃罪（以逃避监管为目的）；（7）第 345 条第 1 款盗伐林木罪（以非法占有为目的）。

这些犯罪的一个共同特点是，刑法都没有明文规定特定的目的，但是刑法对其他要件的规定隐含了对特定目的之规定。例如，刑法第 120 条规定的“组织、领导恐怖活动组织的”，“积极参加的”犯罪行为，刑法对该行为的规定就隐含了对犯罪目的（“以实施恐怖活动为目的”）之规定，这似乎是理所当然的。再如，刑法第 158 条规定了“申请公司登记使用虚假证明文件或者采取其他欺诈手段虚报注册资本，欺骗公司登记主管部门，取得公司登记”，该规定显然隐含了本罪“以取得公司登记为目的”为要件。

---

① 参见张明楷：《罪过形式的确定——刑法第 15 条第 2 款“法律有规定”的含义》，载《法学研究》2006 年第 3 期，第 100 ~ 101 页。

又如，“非法占有目的”也是财产罪中有隐含规定的：有的学者认为，“‘以非法占有为目的’是我国立法中‘诈骗’、‘骗取’用词中的应有之义”；[①] 有的学者认为，“诈骗”是“讹诈骗取”的意思，“讹诈”是指虚构事实，隐瞒真相，意图使他人陷于错误认识；“骗取”是指对财物的非法占有；[②] 有的学者认为，刑法第194~198条明确规定了“使用伪造的、变造的、作废的、骗取的、冒用他人的”或直接规定“虚构、编造”等行为方式，而这种行为方式本身“足以说明行为人具有非法占有的目的”。[③] 有的学者认为，在金融诈骗罪一节中，只有第192条集资诈骗罪、第193条贷款诈骗罪和第196条恶意透支行为规定了“非法占有目的”；而第194条票据诈骗罪、金融凭证诈骗罪，第195条信用证诈骗罪，第196条信用卡诈骗罪（恶意透支除外），第197条有价证券诈骗罪，第198条保险诈骗罪都没有规定“非法占有目的”。这是因为在这些犯罪中，“其客观行为就清楚地表明行为人具有非法占有目的，刑法没有必要强调规定”。[④]

既然在不真正的非法定目的犯中，刑法对于特定目的已有隐含规定，就不能够说刑法没有规定，因为刑法的规定方式包括明文规定和隐含规定；既然刑法对特定目的有规定，就不能够说刑法规定不完整（欠缺），而只能说刑法规定不明文化。因此，不真正的非法定目的犯（非法定的断绝结果犯）不具备开放的构成要件之前提——“构成要件规定的不完整性”。

---

① 郦毓贝：《金融诈骗罪需具有非法占有的目的》，载《中国检察官》2006年第8期，第10页。

② 许其勇：《金融诈骗罪的立法重构》，载《中国刑事法杂志》2004年第3期，第38页。

③ 侯国云、陈丽华：《金融诈骗罪认定的几个问题》，载《中国刑事法杂志》2001年第5期，第29页。

④ 张明楷著：《诈骗罪与金融诈骗罪研究》，清华大学出版社2006年版，第408页。

但是，在真正的非法定目的犯（非法定的短缩二行为犯）的场合，情况则不一样。我国刑法中真正的非法定目的犯有：(1) 刑法第170条规定的伪造货币罪（意图行使）；(2) 第172条规定的持有、使用假币罪（意图行使）；(3) 第173条规定的变造假币罪（意图行使）；(4) 第177条规定的伪造、变造金融票证罪（意图行使）；(5) 第178条规定的伪造、变造国家有价证券罪和伪造、变造股票、公司、企业债券罪（意图行使）；(6) 第205条规定的虚开增值税专用发票、用于骗取出口退税、抵扣税款发票罪（以骗取税款为目的）；(7) 第206条规定的伪造、出售伪造的增值税专用发票罪（意图行使）；(8) 第280条第1款规定的伪造、变造、买卖国家机关公文、证件、印章罪（意图行使）；(9) 第280条第2款规定的伪造公司、企业、事业单位、人民团体印章罪（意图行使）；(10) 第280条第3款规定的伪造、变造居民身份证罪（意图行使）；(11) 第375条规定的伪造、变造、买卖武装部队公文、证件、印章罪（意图行使）；(12) 第177条之一规定的妨害信用卡管理罪（以使他人财产上的事务处理出现错误为目的）。

在这些犯罪中，刑法没有明文规定特定目的，也没有隐含规定特定目的。这种目的完全是由法官补充的。这些犯罪中，特定目的的欠缺是真正的。符合开放的构成要件之前提——“构成要件规定的不完整性”。

(二) 非法定目的犯是否具有“违法性判断的非自足性”

违法性判断的非自足性，是指该当构成要件的行为，即使不具有违法阻却事由，也不能够推定其具有违法性。要判断该行为是否具有违法性，还需要进一步考察是否具有其他违法性要素。例如，不救助导致儿童死亡的行为是否构成故意杀人罪，必须考察行为人是否具有救助义务：无救助义务不构成犯罪；有救助义务才构成犯罪。

本书第二章论述了本书立场：断绝的结果犯的目的是直接故意

的内容，短缩的二行为犯的目的是故意之外的独立要素；断绝的结果犯的目的是构成要件要素和责任要素；短缩的二行为犯的目的是主观违法要素。

根据本书的上述立场，不真正的非法定目的犯（非法定的断绝结果犯）之特定目的属于故意的内容，是构成要件要素和责任要素，它并不是主观的违法要素。所以，它并不是法官在判断行为违法性时要考虑的要素。与此相反，真正的非法定目的犯（非法定的短缩二行为犯）之特定目的是故意之外的主观超过要素，是主观违法要素，因此它是法官在判断行为的违法性时需要考察的要素。

所以，不真正的非法定目的犯不具有“违法性判断的非自足性”；真正的非法定目的犯才具有“违法性判断的非自足性”。

综上所述，以开放的构成要件的两个重要特征——“构成要件规定的不完整性”和“违法性判断的非自足性”——为标准来衡量，不真正的非法定目的犯不是开放的构成要件，真正的非法定目的犯是开放的构成要件。

三、德日刑法中目的犯不是开放的构成要件

通过上文的分析，笔者认为只有真正的非法定目的犯才是开放的构成要件，不真正的非法定目的犯不是开放的构成要件。这个结论可以从德日刑法学中无人将目的犯作为开放的构成要件这一现象中得到印证，并解释这一现象的原因。也就是说，中国刑法中存在真正的非法定目的犯，所以应当将真正的非法定目的犯作为开放的构成要件；德日刑法中不存在真正的非法定目的犯，所以无人将目的犯作为开放的构成要件。

（一）日本刑法只有不真正的非法定目的犯（非法定的断绝结果犯），没有真正的非法定目的犯（非法定的短缩二行为犯）

日本刑法典中明文规定了特定目的的犯罪有：

（1）第184条“伪造货币罪”（以行使为目的）；

（2）第149条“伪造外国货币罪”（以行使为目的）；

（3）第150条“取得伪造的货币罪”（以行使为目的）。

（4）第154条“伪造诏书罪”（以行使为目的）；

（5）第155条“伪造公文书罪”（以行使为目的）；

（6）第156条“制作虚伪公文书罪”（以行使为目的）；

（7）第159条“伪造私文书罪”（以行使为目的）；

（8）第161条“不正当制作和提供电磁记录罪”（以使他人的事务处理出现错误为目的）。

（9）第162条“伪造有价证券罪”（以行使为目的）；

（10）第163条之2“支付用磁卡电磁记录的不正当制作罪”（以使他人财产上的事务处理出现错误为目的）；

（11）第163条之3“持有不正当电磁记录的磁卡罪”（以使他人财产上的事务处理出现错误为目的）；

（12）第164条“伪造和不正当使用御玺罪”（以行使为目的）；

（13）第165条“伪造和不正当使用公印罪”（以行使为目的）；

（14）第166条“伪造和不正当使用公务符号罪”（以行使为目的）；

（15）第167条“伪造和不正当使用私印罪”（以行使为目的）；

（16）第33章“掠取和诱拐罪”分别规定了“以营利、猥亵、结婚或者对生命、身体的加害为目的”（第225条）；“利用近亲者或者其他人对被掠取者或者被诱拐者安危的忧虑，以使之交付财物为目的”（第225条之2）；“以移送至所在国外为目的”（第226条）；

（17）第247条“背任罪”（以谋求自己或者第三者的利益或者损害委托人的利益为目的）。

日本刑法典中没有规定特定目的，而理论界通说认为属于目的犯者有：

（18）第235条盗窃罪；

（19）第235条之2侵夺不动产罪；

（20）第236条强盗罪；

（21）第246条诈骗罪；

（22）第246条之2使用电子计算机诈骗罪；

（23）第248条准诈骗罪；

（24）第249条恐吓罪；

（25）第252条侵占罪；

（26）第253条业务侵占罪；

（27）第254条侵占遗失物罪。

虽然日本刑法学界对上述犯罪是否需要“非法占有目的”存在较大争议，但日本判例一直认为这些犯罪需要“非法占有目的”，因而这些犯罪是非法定目的犯。

上述（1）~（16）属于短缩的二行为犯（以后行为为目的的犯罪），日本刑法典对这些犯罪都明文规定了特定的犯罪目的；（17）~（27）属于断绝的结果犯（以结果为目的的犯罪），其中（17）背任罪规定了特定目的，其他财产犯罪都没有规定特定目的。从上述日本刑法典的规定可以看出：短缩的二行为犯都是法定的，所谓的非法定目的犯只限于断绝的结果犯，即日本刑法不存在非法定的短缩二行为犯（真正的非法定目的犯），只存在非法定的断绝结果犯（不真正的非法定目的犯）。

日本刑法学界之所以无人将非法定目的犯作为开放的构成要件，[①] 这是有一定原因的。因为在目的犯场合，所谓开放的构成要件只限于非法定的短缩二行为犯；非法定的断绝结果犯不是开放的构成要件。而在日本刑法典中，短缩的二行为犯都是法定的，不存

① 参见付立庆：《非法定目的犯的甄别与定位》，载《法学评论》2007年第1期，第143页注18。

在非法定的短缩二行为犯，所以日本学者无人认为非法定目的犯是开放的构成要件。

（二）德国刑法不存在非法定目的犯

德国刑法典不仅对短缩的二行为犯，而且对断绝的结果犯都作了明文规定，甚至可以说在德国不存在非法定的目的犯。其理由有以下三个：

第一，从刑法理论来看，德国学者耶赛克认为，“只有当蓄意作为主观的构成要件因素出现时，才特别谈及蓄意问题”。[①] 这里的“出现”显然是指在刑法典分则中出现“蓄意”也就是犯罪目的，都是指 Absicht，只是译法不同。也就是说，只有当刑法典分则中规定有犯罪目的时，才谈及目的犯的问题。

第二，从刑法总则来看，虽然德国现行刑法典总则没有规定犯罪目的，但是 1962 年刑法草案曾对目的犯（意图犯）作了界定：“凡实现了法律以蓄意行为为先决条件的情况的，是意图犯”（有的译为：“有目的的行为，是指实现法律将有目的的行为作为条件规定的情节，对于行为人来说是十分重要的”）。[②] 从这里可以看出，目的犯以刑法规定了目的行为作为先决条件；如果刑法没有规定目的行为就不能够说是目的犯——缺乏目的犯的先决条件。进一步地说，德国刑法中的目的犯只限于法定目的犯，而不存在非法定目的犯。

第三，从刑法分则来看，在有可能影响罪与非罪、此罪与彼罪之处，刑法典都表明了立场：凡是目的犯都规定了特定的目的（当然有极个别明显属于目的犯而无须规定者除外）；凡是没有规定特定目的者都不是目的犯。

---

① ［德］耶赛克、魏根特著：《德国刑法教科书》（总论），徐久生译，中国法制出版社 2001 年版，第 359 页。

② ［德］耶赛克、魏根特著：《德国刑法教科书》（总论），徐久生译，中国法制出版社 2001 年版，第 361 页；［德］克劳斯·罗克辛：《德国刑法学总论》（第 1 卷），王世洲译，法律出版社 2005 年版，第 286 页。

（1）第146条伪造金钱罪规定了“以使其作为真实的东西进入流通或者使这种进入流通成为可能的意图”；

（2）第148条伪造有价票证罪规定了“以使其作为真实的东西而使用或者进入流通或者使这种使用或者进入流通成为可能的意图”；

（3）第152条a伪造支付卡和欧洲支票的样张罪规定了“为在法律交往中进行欺骗或者使这种欺骗成为可能”；

（4）第267条伪造文书罪规定“为在法律交往中进行欺骗”；

（5）第268条技术图样的伪造罪规定“为在法律交往中进行欺骗”；

（6）第269条伪造证明上重要的数据罪规定“为在法律交往中进行欺骗”；

（7）第277条伪造健康证书罪规定“为了欺骗官方机构或者保险公司而使用”；

（8）第242条盗窃罪规定“以使自己或者第三者违法地占有的意图”；

（9）第249条抢劫罪规定“以使自己或者第三者违法地占有的意图”；

（10）第253条勒索罪规定“为了使自己或者第三者不法地获利”；

（11）第263条诈骗罪规定“以使自己或者第三者获得违法的财产利益的意图”。①

其中（1）～（7）属于短缩的二行为犯，（8）～（11）属于断绝的结果犯。可见，德国刑法不仅对于短缩的二行为犯，而且对于断绝的结果犯都明确规定了目的。

这里要注意两个罪名：一是德国刑法第264条规定的补助金诈骗罪，刑法没有规定特定目的，似乎是非法定的目的犯。但是第

① 以上法条内容参见冯军译：《德国刑法典》，中国政法大学出版社2000年版。

264 条的补助金诈骗罪是第 263 条的诈骗罪的一种特别法，既然第 263 条诈骗罪已经规定了“以使自己或者第三者获得违法的财产利益的意图”，为使刑法条文简化，第 264 条补助金诈骗罪就没有必要再规定该目的。这对于定罪丝毫没有影响。

二是第 266 条的背任罪，德国刑法并没有像日本刑法一样规定特殊目的。由于德国刑法没有规定特殊目的，“据此，背任罪不是目的犯”。① 也就是说，虽然日本刑法中的背任罪是目的犯，但是德国刑法中的背任罪不是目的犯。

总之，在德国刑法中，凡是目的犯都以刑法规定有特殊目的为前提，凡是刑法没有规定特殊目的者就不是目的犯。因此，德国刑法中不存在非法定的目的犯。既然不存在非法定的目的犯，也就无从将目的犯作为开放的构成要件。Welzel 认为构成要件的外延中不包括目的犯是有道理的。

第三节 非法定目的犯是否法律漏洞

一、*法律漏洞的概念和种类*

（一）法律漏洞的概念

我国台湾地区学者吴从周认为，法律漏洞是指在一个实证法（包括在可能文义范围内的制定法与习惯法）秩序内，依据现行整体法秩序之标准，“法律有违反计划的不完整性”。也就是说，虽然整体的法秩序要求有一个法律规定存在，但在制定法可能的文义范围内以及习惯法中，并不含有这样的法律规定，便造成了法律漏洞。② 台湾地区学者黄茂荣先生和黄建辉先生均认为，所谓法律漏

① 张明楷著：《外国刑法纲要》，清华大学出版社 2007 年版，第 624 页。

② 参见吴从周：《民法上之法律漏洞、类推适用与目的性限缩》，载《东吴法律学报》2006 年第 2 期，第 113 页。

洞，是指法律体系上违反计划之不圆满状态。王泽鉴先生指出，所谓法律漏洞，是指依现行法规定之基本思想及内在目的，对于某项问题，可期待设有规定，而未设规定之谓。日本学者矶村哲认为，所谓法律漏洞，是指实定法上反于法律意图之法律不完整性。[①]

因此，法律漏洞具有三个特性："其一，现行制定法体系上存在缺陷，即不完全性；其二，因此缺陷的存在影响现行法应有功能；其三，此缺陷之存在违反立法意图。"[②]

（二）法律漏洞的种类

关于法律漏洞，存在较多的分类。[③] 其中最有实际意义的分类是将法律漏洞分为明显的漏洞和隐藏的漏洞。

1. 明显的漏洞

（1）明显漏洞的意义。

所谓明显的漏洞，是指依照制定法的规范意旨，对于某种案型本应加以规范，而竟未有规范。明显漏洞又可以分为授权型漏洞（指立法者或准立法者，关于某种事件任由解释者进行价值判断，而不设任何规定的情形）、消极型漏洞（指关于某种事件，法律未设任何规定，但是立法者或准立法者已有消极的价值判断的情形）、预想外型明显漏洞（是指由于立法者或准立法者对某种事态不知，因而未设任何规定的情形）。[④] 关于明显漏洞，要注意其与相关概念的关系。

首先，要注意"明显漏洞"与"法外空间"的区别。"法外空间"的特征在于，由于这些事项在法律上不具有重要意义，因而法律有意保持沉默，不作规范。例如，信仰、爱情、亲情、思想、

① 梁慧星著：《民法解释学》，中国政法大学出版社1995年版，第251页。

② 梁慧星著：《民法解释学》，中国政法大学出版社1995年版，第251页。

③ 参见梁慧星著：《民法解释学》，中国政法大学出版社1995年版，第256页以下；［德］拉伦茨著：《法学方法论》，陈爱娥译，商务印书馆2003年版，第249页以下。

④ 参见梁慧星著：《民法解释学》，中国政法大学出版社1995年版，第261页。

友谊以及晚辈遇见长辈是否须行礼问候等，这些事项法律没有对之予以规范，从而落入“法外空间”。[①] 但是，我们不能够认为，凡是法律没有规定的事项都属于法外空间。法律没有规定的事项有可能是法外空间，也有可能是法律明显的漏洞。法外空间的事项不会引起任何法律效果；法律明显的漏洞的事项可能产生民事法律效果。因此，恩吉施认为，法外空间“只有在它包含有这一思维，即法律结果‘故意和有意地’不与事实构成有关，使事实构成完全落入法律之外，且没有扯开一个真正的漏洞之时，才有合理性……在制定法中缺乏有关法律结果并不绝对必须地导致法律无涉之空间的存在，相反地可能是，每一个缺失是一个真正的由法官来填补的漏洞，因为排除有关的法律结果，同样不是立法者或者制定法的‘意志’”。[②]

其次，“明显的漏洞”与德沃金的“hard cases”具有相似性。解决 hard cases 问题是德沃金学术建构的原始出发点和终极目标。所谓 hard cases，是指“在法律典籍中，没有清晰的法规加以确凿决断到的案子”，也就是指不被“规则”所涵盖到的案件。[③] 对于 hard cases，虽然没有明显的规则加以规范，德沃金却并不同意将其理解为法律漏洞。德沃金的信念是法律，至少是像美国体系如此发达的法律，是不会有漏洞的。与其说法律有漏洞，不如说是解释者的法律知识有漏洞。hard cases 的字面意思是解释起来比较困难的案件。

德沃金之所以不认为法律有漏洞，是基于其对民权保护的极度关怀。德沃金之所以引人注目，乃是因为他再一次尝试建立一个亘古以来，不分法系，无数法人梦寐以求的理想：让法律成为一个

---

① 参见黄建辉：《法律漏洞·类推适用》，蔚理法律出版社 1988 年版，第 40 页。

② ［德］恩吉施著：《法律思维导论》，郑永流译，法律出版社 2004 年版，第 173 ~174 页。

③ 林立：《法学方法论与德沃金》，中国政法大学出版社 2002 年版，第 12 页。

"封闭完美无漏洞的体系"。借此，在排除掉法官个人武断造法之空间的情况下，法的安定性和民权可以得到完美的保障。对于德沃金来说，保障民权的关键就是能够让在司法审判中的人民，基于既有的法律去要求其法律上给予的权利，并且在判决中也的的确确得到其应得的这个法定权利。也就是说，法官有义务仅仅依据既定的法律来审判，而在任何案件中（包括民事案件）都绝不可跳过既定的法律去擅自造法下决断，否则便是对民权的侵害。[①]

在德沃金看来，如果承认法律有漏洞，而法官又不能够因法律有漏洞而决绝裁判，所以就只好任由法官造法。而法官造法则意味着以事后的法溯及事前的行为。如果这样，人们的权利、义务就不是由其行为时的法律规定的，而是人们的命运决定于法官的喜怒哀乐。

所以，德沃金认为现在的法律体系是无漏洞的封闭完美的体系。那么对于没有法律规则规范的 hard cases 案件，既然不是法律漏洞，又依据什么来判断呢？这就涉及德沃金对法的要素的理解。德沃金认为，法不仅包括规则，而且包括原则。之所以强调法律中除了规则之外还存在原则，就是为了解决 hard cases 的判决问题。德沃金的意思是：hard cases 虽然是规则所没有规范到的案件，但是并不意味着没有法律的规范。因为法律除了规则之外，还包括原则。所以 hard cases 不是法律漏洞，它已经为法律中的"原则"所涵盖了，只要我们找到该原则，就可以"依照"法律（而不是"续造"法律）裁判案件。

德沃金所说的 hard cases 实际上就是大陆法系所说的明显的法律漏洞。

（2）明显漏洞的适用方法。

明显漏洞的解释方法主要是类推适用。所谓类推适用，是指将

① 参见林立：《法学方法论与德沃金》，中国政法大学出版社 2002 年版，序言第 5 页。

法律针对某个构成要件 A 的规则，转用于法律所没有规定而与前述构成要件相类似的构成要件 B。转用的基础在于：两个构成要件——在与法律评价有关的重要观点上——彼此相类，因此对二者应做相同的评价。类推适用的基本原理是“相类似之案件，应为相同之处理”。①

德沃金对于 hard cases 的适用方法——原则立论法，实际就是大陆法系所讲的类推适用方法。德沃金原则立论法的要旨是：从过去属于同一主题的案件判例中归纳出一个原则，再用这个原则来判断未有规则规范的 hard cases。这里所讲的“主题”实际上就是一个类型，其所谓的“原则”就是通过该类型所有案例归纳出来的“规范”，“将该原则适用于未来该主题内的案件”实际上就是将“规范”演绎以适用个别案件。这种从个别案例中“归纳”出规范，再将规范“演绎”适用于个别案件的方法正是欧陆法系中的“类推适用方法”。②

对于刑法而言，绝大多数学者认为在现代社会应该禁止类推适用。因此，根据罪刑法定原则，刑法中的明显漏洞是不能够补充的。非法定目的犯也不是刑法明显的漏洞。

2. 隐藏的漏洞

（1）隐藏的漏洞的意义。

所谓隐藏的漏洞，是指对于应予规范的案型虽有规范，但该规范过宽，而将本应排除的案型也包括在内。也就是说，明显的漏洞，是指一般规定的欠缺；隐藏的漏洞，是指对一般规定之限制规定的欠缺。③ 明显的漏洞与隐藏的漏洞的区别在于：能否由法律获

---

① 参见［德］拉伦茨著：《法学方法论》，陈爱娥译，商务印书馆 2003 年版，第 258 页；杨仁寿：《法学方法论》，中国政法大学出版社 1999 年版，第 194 页。

② 参见［德］恩吉施著：《法律思维导论》，郑永流译，法律出版社 2004 年版，第 178～179 页。

③ 参见梁慧星著：《民法解释学》，中国政法大学出版社 1995 年版，第 257 页。

得一项一般的法条，而欠缺的规则恰是对此法条的限制。[①] 也就是说，对于系争的案件，法律已经有了一项规定，只是该规定过于宽泛，将一些本不该规范的案件也予以规范，则是隐藏的漏洞；如果对于系争的案件，法律规定过于狭窄，缺乏应有的规范，则是明显的漏洞。也就是说，明显的漏洞与隐藏的漏洞是根据“法律规定的字义范围是否太窄或太宽”而作区分。[②]

日本学者石田穰先生又进一步将隐藏的漏洞分为白地规定型漏洞、预想外型隐藏漏洞、冲突型漏洞以及立法趣旨不适合型漏洞。

所谓白地规定型漏洞，是指诚实信用原则、权利滥用之禁止等白地规定。在这种情形下，立法者或准立法者任凭解释者对白地规定的内容进行补充。但或多或少用抽象词语作了规定，因此与根本未设规定的明显漏洞不同。所谓预想外型隐藏漏洞，是指法律条文所使用词语的意义涵盖了本不应该被涵盖的某种事件，而此隐含漏洞之产生是由于该事件超出立法者或准立法者预想之外。其中又分为原始的预想外型隐藏漏洞与嗣后预想外型隐藏漏洞，而以嗣后的预想外型隐藏漏洞最为重要。所谓冲突型漏洞，是指关于某一事实有不同的法律规定，这些不同的法律规定的立法者意思或准立法者意思相互矛盾，而又不能够是“后法优于先法”、“特别法优于普通法”等原则来处理的情形。所谓立法趣旨不适合型漏洞，是指“法律规定的立法者意思或准立法者意思，反于自己设定的立法趣旨的情形”，[③] 也就是说，立法趣旨不适合型漏洞，是指法律条文的字面意思与立法真正要表达的趣旨发生矛盾，法律条文的字面意思包含了立法趣旨本不欲处罚的行为。

---

① ［德］拉伦茨著：《法学方法论》，陈爱娥译，商务印书馆 2003 年版，第 255 页。

② 吴从周：《民法上之法律漏洞、类推适用与目的性限缩》，载《东吴法律学报》2006 年第 2 期，第 115 页。

③ 转引自梁慧星著：《民法解释学》，中国政法大学出版社 1995 年版，第 260 ~ 262 页。

（2）隐藏的漏洞的适用方法。

隐藏的漏洞的适用方法主要是目的性限缩。目的性限缩，是指对法律文义所涵盖的某一类型，由于立法者之疏忽，未将其排除在外，为贯彻规范意旨，乃将该一类型排除在该法律适用范围之外的漏洞补充方法。目的性限缩基本法理系非相类似的事件，应作不同之处理，可将不符合规范目的之部分排除在外，使仅剩的法律意义更为精纯。[①]

就我国刑法而言，同时存在明显的漏洞和隐藏的漏洞。我国学者认为，罪刑法定原则的形式侧面和实质侧面存在两个方面的冲突：“一是成文法的局限性决定了刑法不可能对所有犯罪作出毫无遗漏的规定，即存在实质上值得科处的刑罚，但缺乏形式规定的行为；二是成文法的特点决定了刑法条文可能包含了不值得科处刑罚的行为，即存在符合刑法的文字表述，实质上却不值得处罚的行为。”对于第一个冲突，在坚持形式合理性优先的基础上，可以对刑法作扩大解释；对于第二个冲突，应当坚持实质的犯罪论来克服。[②] 这里，第一个冲突便包含了刑法明显的漏洞（即扩大解释不能解决的冲突）；第二个冲突便是刑法隐藏的漏洞。

例如，拐卖已满14周岁男子的行为（构成非法拘禁、故意伤害等罪的除外），强制猥亵已满14周岁男子的行为（构成侮辱、故意伤害、非法拘禁等罪的除外）。公然猥亵行为，都是应当作为犯罪来处理的行为。但是我国现行刑法没有处罚根据，因而是明显的漏洞。对于刑法中明显的漏洞是不能够通过类推解释来适用的。而像伪造货币罪、虚开增值税专用发票罪等，根据刑法的文字表述，只要是伪造货币、虚开增值税专用发票行为，不论行为人是否具有特定目的，都可以构成犯罪。但是，如果基于实质的犯罪论，

① 参见杨仁寿：《法学方法论》，中国政法大学出版社1999年版，第202页。

② 参见张明楷著：《刑法分则的解释原理》，中国人民大学出版社2004年版，第11～12页。

认为刑法的形式表述包含了不该处罚的行为，则是隐藏的漏洞。对于刑法中的隐藏漏洞，可以通过漏洞补充的方法（目的性限缩）来适用。

二、真正的非法定目的犯属于刑法隐藏的漏洞

具体说来，真正的非法定目的犯属于刑法隐藏的漏洞中的立法趣旨不适合型漏洞。要论证真正的非法定目的犯是隐藏漏洞中的立法趣旨不适合型漏洞，就要证明法律条文的字面意思不符合立法趣旨，从而法律条文的字面意思包含了立法趣旨不欲处罚的行为。例如，对于伪造货币罪，我国刑法第 170 条规定：“伪造货币的，处……”单从字面上看，该条的规定是要处罚所有伪造货币的行为，但立法者趣旨不是这样的——立法者并不过分干涉人们的行动自由（如不处罚为了教学、拍电影而伪造货币的行为）。因此，对于真正的非法定目的犯必须探寻其立法趣旨。我国刑法中真正的非法定目的犯之立法趣旨在于保护个人自由。

首先，从我国新旧刑法的比较可以看出，1997 年刑法倾向于保护个人自由。1979 年刑法第 90 条规定“以推翻无产阶级专政的政权和社会主义制度为目的的、危害中华人民共和国的行为，都是反革命罪”。这一条特别突出了对国家利益的保护。再从具体罪名来看，爆炸、放火、决水、抢劫、投毒、故意杀人、故意伤害等行为，具有反革命目的者构成反革命破坏罪，反革命杀人、伤害罪；不具有反革命目的的则构成普通犯罪，并且对前者的处罚重于后者。这种规定反映了刑法对国家法益和社会法益的保护远远超过了对个人法益的保护。而 1997 刑法则取消了反革命罪的定义，而且对于爆炸、放火、决水、抢劫、投毒、故意杀人、故意伤害等行为，也不再根据是否具有反革命目的而区别为不同的犯罪。这说明在这些犯罪中，个人利益和国家利益、社会利益平等地受到刑法的保护。对于新旧刑法的这种变化，有的学者早就注意到了，并且指出这种变化反映了旧刑法倾向于主观主义，新刑法则转而倾向于客

观主义。[①] 笔者认为，这种主观主义倾向向客观主义倾向的转变，正反映了国家观和立法趣旨的转变：从权威主义向自由主义的转变；从重点保护国家、社会利益向重点保护个人利益的转变。[②]

因为客观主义与主观主义的对立，不仅表现为是重视客观要素还是重视主观要素，更表现为国家观的对立。日本有学者认为，“是客观主义还是主观主义，是坚持还是缓和罪刑法定主义，取决于是否重视刑法乃至国家在社会统制中的作用。重视刑法与国家作用的观点，可以说是权威主义或干涉主义的态度；不重视刑法及国家作用的观点，可以说是自由主义或不干涉主义的态度。”[③] 也就是说，主观主义比较重视刑法与国家的作用，是权威主义的态度；客观主义不太重视刑法及国家的作用，是自由主义的态度。因此，我国 1997 年刑法的客观主义倾向也表明了我国 1997 年刑法的自由主义的倾向。而自由主义倾向的立法旨在保护个人自由。

有的学者甚至明确指出，“当代中国的主流法理话语大致是学术意义上的自由主义传统，即日益强调保护公民生命、自由和财产”，“在这种情况下，个人的生命、自由和财产权至高无上，国家的任务就是保护这种产权”。[④]

其次，从我国刑法与德日刑法的比较可以看出，我国刑法也重视保护个人自由。德国刑法第 146 条、日本刑法第 148 条规定的伪造货币罪都要求有“意图行使”的目的。这种规定反映了德日刑法的立法趣旨：刑法一方面要保护国家货币的公共信用（因此将

---

① 参见张明楷：《新刑法与客观主义》，载《法学研究》1997 第 6 期，第 95 ~ 98 页。

② 关于自由与权威的关系，西方社会存在几种主要的理论学说和政治实践：无政府主义、自由主义、福利主义、权威主义、极权主义。“从左到右，个人自由与社会自主的范围越来越小，而国家与政府的权利越来越大”（张文显：《二十一世纪西方法哲学思潮研究》，法律出版社 2006 年版，第 229 页）。

③ 张明楷著：《刑法的基本立场》，中国法制出版社 2002 年版，第 60 页。

④ 苏力著：《也许正在发生：转型中国的法学》，法律出版社 2004 年版，第 124 ~ 128 页。

伪造货币作为犯罪处理），另一方面又不能处罚一切伪造货币的行为，从而过分干涉国民的行动自由（因此规定“意图行使”目的，以限制处罚范围）。而这种立法趣旨正是德日各国自由主义在刑法中的表现。正如日本学者西原春夫先生所说，“日本现在基本采取的是自由主义、民主主义”，在这种情况下，国家制定刑法的原动力，以及国家刑罚权根据的最深处，是“国民处罚的欲求”，即“平均的国民如果对非行状况和针对它制定刑法的意义、效果具有正确认识的话，就会怀抱的欲求”。而“所谓国家，是仅仅具有保护、育成国民的利益、在国民之间或者与其他国家之间发生了利益冲突时进行调整权限的组织”。①

总之，对我国伪造货币罪等真正的非法定目的犯的解释，也不能够脱离这种自由主义国家观和保护个人自由立法趣旨的大背景。如果认为在旧刑法时代，基于权威主义的国家观，伪造货币罪不需要特殊的行使目的，从而扩大本罪的适用范围，旨在更好地保护国家和社会法益还可以接受的话，那么在自由主义的现代，必须重点考虑保障个人自由，因此将伪造货币罪解释为目的犯，以缩小本罪的适用范围，是符合现行刑法立法趣旨的。

进一步来说，如果同意我国刑法与德日刑法一样，采用的都是“自由主义，民主主义”，那么也就要同意我国刑法与德日刑法对伪造货币罪的立法趣旨是一样的：一方面要保护国家货币的公共信用，另一方面又不能过分干涉国民的行动自由。所不一样的是，德日刑法中伪造货币罪的文义与立法趣旨是相符合的；而我国刑法中伪造货币罪的文义与立法趣旨是相违背的。也就是说，刑法对伪造货币罪的“个别规定与该个别规定的立法趣旨或全体立法趣旨发生矛盾”。而这种矛盾正是日本学者石田穰先生所说的隐藏的漏洞中的“立法趣旨不适合型漏洞”。

---

① ［日］西原春夫：《国家刑罚权的根据》，冯军译，载陈兴良主编：《刑事法评论》（第17卷），中国政法大学出版社2005年版，第297～298页。

因此，既然真正的非法定目的犯是隐藏的法律漏洞，那么我们就只能够适用漏洞补充的方法。正如德国学者魏德士认为，“在漏洞认定的同时，就已经找到了问题的答案。对于司法而言，认定目的性漏洞的行为意味着法官从受到法律严格约束进入了法官自由造法的空间。”①

三、不真正的非法定目的犯不属于刑法漏洞

如前所述，法律漏洞具有三个重要特征：其一，现行制定法体系上存在缺陷，即不完全性；其二，缺陷的存在影响现行法的应有功能；其三，此缺陷之存在违反立法意图。那么，按照这三个特征来衡量，就会发现不真正的非法定目的犯不符合法律漏洞的特征。

第一，不真正的非法定目的犯并不存在法律规定的不完整性。正如本章第二节所述，在不真正的非法定目的犯中，刑法对于特定目的已有隐含规定，不能够说刑法没有规定，因为刑法的规定包括明文规定和隐含规定；既然刑法对特定目的有规定，就不能够说刑法规定不完整（欠缺），而只能说刑法规定不明文化。

第二，在不真正的非法定目的犯中，刑法没有明文规定特定目的并不会影响定罪量刑。例如，我国刑法对于盗窃罪、诈骗罪、金融诈骗罪等并没有规定“非法占有目的”，但是刑法学界和司法实践中，多数学者认为盗窃等财产型犯罪理所当然地包含了“非法占有目的”。即使在日本刑法学界，对“非法占有目的”是否必要仍存在争议，但是对于具体案件的判断，必要说和不要说并没有太大的分歧。

第三，在不真正的非法定目的犯中，刑法没有规定特定目的并不违反立法意图。例如，在金融诈骗罪一节中，只有第 192 条集资诈骗罪、第 193 条贷款诈骗罪和第 196 条恶意透支行为规定了“非

---

① ［德］魏德士著：《法理学》，丁晓春、吴越译，法律出版社 2005 年版，第 365 页。

法占有目的”；而第194条票据诈骗罪、金融凭证诈骗罪，第195条信用证诈骗罪，第196条信用卡诈骗罪（恶意透支除外），第197条有价证券诈骗罪，第198条保险诈骗罪都没有规定“非法占有目的”。这是因为在这些犯罪中，其客观行为就清楚地表明行为人具有非法占有目的，刑法没有必要强调规定。

第四节　目的犯的适用方法

通过上文的论述，可以发现不真正的非法定目的犯和真正的非法定目的犯在构成要件的构造上具有重要的差异。由此导致这两种非法定目的犯的解释方法上的差异。

一、不真正的非法定目的犯的适用方法：限制解释

（一）限制解释的一般原理

限制解释，亦称缩小解释，是指对刑法规定的用语作窄于其字面含义的说明，以体现立法原意。对刑法的用语是否予以限制，限制到何种程度，并非解释者可以随心所欲的，而是应有其内在根据的。限制解释的根据多种多样，主要有以下几种：

第一，根据刑事政策和刑法基本原理对刑法的某些用语进行限制解释。例如，将刑法第234条中的“伤害”解释为不包括轻微伤在内，就是基于我国“扩大教育面，缩小刑法打击面”的刑事政策和严重的社会危害性是犯罪本质的刑法原理作出的限制解释。第二，根据刑法条文所规定的内容的性质对其用语进行限制解释。例如，对刑法第263条抢劫罪中的“暴力”应当按照字面含义来解释，将其解释为包括杀人在内的一切暴力表现形式。而对第236条强奸罪、第277条妨害公务罪、第246条侮辱罪中的“暴力”，则应进行限制解释，而且各自限制的程度不完全相同：对第236条强奸罪的“暴力”限制的程度较小，是指杀人以外的包括重伤在内的各种形式的暴力；对第277条、第246条的“暴力”则要做

进一步的限制，是指除杀人、重伤以外的包括轻伤在内的各种暴力。第三，根据刑法所要保护的社会关系对刑法用语进行限制解释。第四，根据刑法条文的“但书”规定或者其他的专门规定对刑法条文用语进行限制解释。[①]

在这里，要特别注意限制解释和目的性限缩的区别。两种方法的最后结果虽然都是缩小了刑法的适用范围，但是其方法却有较大的区别：

（1）限制解释是狭义的解释方法，其解释的结论没有超出法条文义可能的范围；目的性限缩属于广义的解释方法中的法律内的法的续造。拉伦茨认为，广义的法的续造包括三个阶段：狭义的解释→漏洞补充（法律内的法的续造）→超越法律的法的续造。“狭义的解释的界限是可能的字义范围。超越此等界限，而仍在立法者原本的计划、目的范围内之法的续造，性质上是漏洞填补＝法律内的法的续造。假使法的续造更逾越此等界限，惟仍在整体法秩序的基本原则范围内者，则属超越法律的法的续造。”[②] 对于刑法解释来说，狭义的法律解释和法律内的法律续造都是允许的，但都是超越法律的法的续造则是不允许的。

（2）限制解释与目的性限缩的区别关键在于“对于系争之案型是否为法规范之文义所涵盖这个问题，语意论据（semantiche Argumente）能否提供确定的答案。所谓语意论据，乃是以法规范构成要件所使用之法律概念在日常或专业语言中所具有的意义作为理由的一种论证方式。若基于语意论据能够确定系争之案例事实可被涵摄于法规范的构成要件之下，却因其他理由而仍欲将其排除于该法规范之适用范围之外，即属于法律续造之限缩。反之，限制解

① 参见李希慧：《刑法解释论》，中国人民公安大学出版社 1995 年版，第 113 页以下。

② ［德］拉伦茨著：《法学方法论》，陈爱娥译，商务印书馆 2003 年版，第 246 页。

释的前提在于，构成要件所使用之法律概念在语意上具有不确定性，亦即其具有语意上之游动空间，此时根据语意论据并无法确定案例事实是否能够被法条之文义所涵盖”。[①]

举例来说，对于伪造货币罪（真正的非法定目的犯），不具有行使目的之伪造行为，根据语意论据是完全可以明确地为伪造货币罪的构成要件所涵盖。那么这时将伪造货币罪的处罚范围限于意图行使的伪造，所使用的方法就是目的性限缩。而对于盗窃罪、诈骗罪、侵占罪等财产犯罪（不真正的非法定目的犯）是否需要“非法占有目的”的问题，更多的是一个语意澄清的问题。所有的文献都只是从不同的角度在论述一个问题：盗窃、诈骗、侵占的文义中是否包括“非法占有目的”。如果认为财产罪需要“非法占有目的”，则所使用的方法就是限制解释。

（二）以盗窃罪为模本的个案演绎

盗窃罪，根据我国刑法第 264 条的规定，是指“盗窃公私财物，数额较大或者多次盗窃的”行为。该条并没有规定“非法占有目的”。那么盗窃罪是否需要“非法占有目的”呢？

根据我们前面的分析，盗窃罪并不是开放的构成要件，也不是法律的漏洞，其解释方法是限制解释。限制解释的前提是刑法用语具有多种可能的含义；在多种含义中选择意义较窄的含义，就是限制解释。刑法第 264 条对于盗窃罪，只是规定了“盗窃公私财物”。但是从字面上来理解，盗窃既可能是以非法占有为目的的盗窃，也可能是以毁坏为目的的盗窃，还可能是以一时使用为目的的盗窃。也就是说“盗窃”因其意义宽泛而不具明确性，因此某个案件是否属于刑法规定的“盗窃”，语意论据不能够提供明确的答案。如果将刑法盗窃罪中的“盗窃”只理解为多种可能性中的一种，“以非法占有为目的的盗窃”则是将“盗窃”的意义从其字面上的三种可能性限制为一种可能性，这个方法就是限制解释。

① 王文杰主编：《法学方法论》，清华大学出版社 2004 年版，第 19 页。

在我国刑法学界，对于盗窃罪是否需要“非法占有为目的”存在肯定说和否定说两种不同观点。肯定说认为，盗窃罪需要非法占有为目的。所谓非法占有为目的，是指排除权利人，将他人的财物作为自己的所有物进行支配，并遵从财物的用途进行利用、处分的意思，即非法占有目的由“排除意思”与“利用意思”构成。前者重视的是法的侧面，后者重视的是经济的侧面，两者的机能不同。前者的机能主要是使盗窃罪与一时使用他人财物的不可罚的盗用行为相区别；后者的机能主要是使盗窃罪与故意毁坏财物罪相区别。①

肯定说采取的是限制解释。也就是说，从字面含义来看，盗窃罪的行为、一时盗用的行为、为毁坏而拿走他人财物的行为，都属于“盗窃”文义所包含的范围，从而很难将这些具有不同性质的行为区分开来。于是为了区分这三种不同性质的行为，将盗窃罪的“盗窃”仅限于以非法占有为目的的盗窃。

否定说认为，盗窃罪不需要非法占有目的。所谓的非法占有目的，应该从字面上来理解，“无非是指非法掌握控制财物的目的”，它实际上是盗窃罪故意的内容。这样，从本意上来理解非法占有目的，则行为人出于毁坏目的取出他人财物，或者出于一时使用目的而取出他人财物，“也应该认为有非法占有目的”。所以，非法占有目的不具有区分盗窃罪和一时使用的盗用行为以及盗窃罪与故意毁坏财物罪的功能。②

否定说采取的是文义解释。刑法的文义解释，“是指从词义或语法结构上对刑法规定的含义和内容予以注释阐明的方法。文理解释的特定是：在解释刑法的某一规定时，置一切与该规定相关的其

① 张明楷：《论财产罪的非法占有目的》，载《法商研究》2005年第5期，第76页。

② 参见刘明祥著：《财产罪比较研究》，中国政法大学出版社2001年版，第67～81页。

他要素于不顾，严格按照其词义或语法结构，说明其含义，既不扩大，也不缩小。”[1] 否定说在解释刑法第264条的“盗窃”时，就是置与盗窃相关的要素——非法占有目的、一时使用目的、毁弃目的于不顾，而严格按照盗窃的字面含义来理解盗窃。而且对于非法占有目的也是从字面本来的含义来理解。所以说，否定说所使用的方法是文义解释法。

虽然肯定说和否定说的争议还涉及其他的论据，如非法占有目的与罪刑法定原则的关系、非法占有目的与盗窃罪保护法益的关系、非法占有目的与法条竞合的关系等。由于很多学者对这些争议已经多有论述，不再重复。本书主要从方法论角度来评述肯定说和否定说的利弊。

否定说所采取的文义解释是文理解释；肯定说所采取的限制解释是一种论理解释。论理解释是与文理解释相对而言的，论理解释又分为体系解释（含扩大解释、限制解释、反对解释、当然解释）、法意解释、比较解释、目的解释和合宪解释。一般的法律解释都是先从文义解释开始的，但是仅有文义解释往往不能够明确刑法的真实含义，正如威利姆斯在其名著《语言与法律》中指出的：构成法律条文的语言或多或少总有不明确之处。语言的核心部分，其意义固甚明确，但越趋边缘则越模糊。语言边缘的边缘意义（fringe meaning）一片朦胧，极易引起争执，而其究竟属于该语言之外或之内，亦难确定。[2] 例如，具有非法占有目的的盗窃是“盗窃”的核心意义，不具有非法占有目的的盗窃是“盗窃”的边缘意义，那么对于不具有非法占有目的之边缘意义是否盗窃罪中的盗窃，仅仅使用文义解释不能够达到解释目的。所以，当文义解释的结果仍然不明确时，就要求论理解释——限制解释。当论理解释的结果和文义解释的结果有冲突时，只要论理解释的结果没有超出文

① 李希慧：《刑法解释论》，中国人民公安大学出版社1995年版，第97页。

② 转引自梁慧星著：《民法解释学》，中国政法大学出版社1995年版，第215页.

义的“预测可能性”时，应采取论理解释的结果。①

所以，在上述否定说所采取的文义解释和肯定说所采取的论理解释得出不同的结论时，应采取论理解释的结果。也就是说，盗窃罪中的“盗窃”应限制为具有非法占有目的的盗窃。

二、真正的非法定目的犯的适用方法：目的性限缩

（一）目的性限缩的意义

目的性限缩，是指对法律文义所涵盖的某一类型，由于立法者之疏忽，未将之排除在外，为贯彻规范意旨，乃将该一类型排除在该法律适用范围之外的漏洞补充方法。目的性限缩的基本法理系非相类似的事件，应作不同之处理，可将不符合规范目的之部分排除在外，使仅剩的法律意义更为精纯。目的性限缩的特定有：（1）目的性限缩，系属间接推论的一种。其命题为凡 M 是 P（大前提），M_1 非 M（小前提），故 M_1 非 P（结论），是一种典型的三段论法。（2）目的性限缩的推论，是演绎而非归纳，亦即由一般到特殊。（3）目的性限缩系就法条之规范意旨而为考量，亦即端视法律目的而分其类型，将不符合规范意旨部分予以剔除。（4）目的性限缩，因可贯彻法律目的，并于被告有利，故于刑事案件亦可为之。②

下面以我国刑法第 170 条规定的伪造货币罪为例，来说明目的性限缩的概念。

我国刑法第 170 条规定，“伪造货币的，处……”，从这里的字面表述可以得出一条“规范 N”：“对于任何一个行为 x 来说，若该行为是伪造货币的行为，则处……”。（用符号表示就是，N：（x）（Tx→Rx）。这里，N 表示一条规范；（x）为全称量词：对于

① 杨仁寿：《法学方法论》，中国政法大学出版社 1999 年版，第 139 页。

② 参见杨仁寿：《法学方法论》，中国政法大学出版社 1999 年版，第 202～205 页。

所有的 x 而言；T 表示：……是伪造货币之行为；R 表示：处……）此处得出“规范 N”的根据是语意论据。如前所述，所谓语意论据，是指以法律条文用语通常所具有的意义作为理由的一种论证方式。因此，如果某人的特定行为 a 根据通常的意义，可以认定为“伪造货币行为”，那么依据上述“规范 N”就可以得出结论，对行为 a 处……（以 N：（x）（Tx→Rx）为大前提，以 Ta 为小前提，就可以简单的三段论得出结论 Ra，即 a 处……）

但是，虽然该特定行为 a 从语意论据上可以涵摄在“规范 N”中，但是行为 a 还有另一个重要特征——不具有行使目的。这个特征使得将行为 a 涵摄在“规范 N”所得出的法律效果从实质上看有些不妥。此时，必须将“规范 N”限缩为“规范 N'：对于任何一个行为 x 来说，若该行为是伪造货币的行为，且该行为具有行使目的，则处……”。（用公式表示就是：N'：（x）（Tx∧ ¬ Mx→Rx））

这样一来，就将规范 N 限缩为了规范 N'（即将 N：（x）（Tx→Rx）限缩为 N'：（x）（Tx∧ ¬ Mx→Rx））。规范 N 作为一条实证法规范，只要满足形式的效力标准（例如，其系经立法者或其他有权机关制定），则法律适应者通常不会质疑其正确性，而径行适用。而规范 N'并非由现行实证法所得出之规范，而是“法官造法”的结果，因此规范 N'无法直接诉诸其是立法者所制定这种形式的效力标准，而必须引用其他证据来支持其正确性或妥当性。若证立规范 N'使用的是所谓“目的性证据”，则方法论上通称之为“目的性限缩”。①

可见，目的性限缩是将适用范围较广的规范 N 限缩为适用范围较窄的规范 N'。那么，在这里，目的性限缩所面临的难题就是当语意论据已可确定系争法律问题的答案时，是否仍得基于其他理由而偏离之；亦即当语意论据和其他论据相冲突时，应如何解决？

① 参见王文杰主编：《法学方法论》，清华大学出版社 2004 年版，第 25～26 页。

例如，对于刑法第170条，根据语意论据完全可以得出一条规范N："凡是伪造了货币的行为，不论其是否具有行使意图，都应该处……"；但是法官却基于其他目的性论据，将规范N限缩为N'："只有具有行使意图的伪造货币的行为，处……"。因此，目的性限缩的重点和难点就是要证明"目的性论据"的效力优于"语意论据"。

从这里也可以进一步看出，目的性限缩和限制解释的确有所不同：在限制解释的情况下，语意论据只能指出有多种解释之可能性，却无法确定应该采取何种解释，因而有必要再引入其他论据加以决定。因此限制解释在说理上的问题并非语意论据与其他论据之冲突，而是当语意论据不足以确定法律问题之答案时，为何支持狭义解释之论据优先于支持广义解释之其他论据。① 例如，对于我国刑法第264条规定的"盗窃"行为，根据语意论据可以得出多种解释结论：以非法占有为目的之盗窃；以一时使用为目的之盗窃；以毁坏为目的的盗窃。其所要证明的是为何支持狭义解释（"盗窃"是指要求以非法占有为目的之盗窃）的论据，优先于支持广义解释（"盗窃"是指不要求以非法占有为目的之盗窃）的论据，而不存在目的性限缩中目的性论据优先于语意论据的问题。

（二）以伪造货币罪为模本的个案演绎

对于伪造货币罪来说，目的性限缩外部论证的重点和难点就是证立N'：$(x)(Tx \wedge \neg Mx \rightarrow Rx)$ 的正确性。也就是说，要证立伪造货币罪的成立，除了具有伪造行为外，还要有意图行使目的。这就要求我们仔细分析伪造货币罪的规范目的。

我国学者一般从伪造货币罪的保护法益来论证伪造货币罪意图行使目的之必要性。关于伪造货币罪的保护法益有三种观点：一是货币的公共信用说；二是国家对货币的专有发行权；三是货币的公共信用与货币的发行权择一说。货币公共信用说一般要求行为人出

① 参见王文杰主编：《法学方法论》，清华大学出版社2004年版，第21页。

于行使目的，否则不会侵犯货币的公共信用；货币发行权说则不要求行为人出于特定目的，只要行为人伪造货币，就侵犯了国家的专有货币发行权；择一说也不要求特定目的。①

但是这三种观点谁也不能说服谁，谁的观点也不比他人的观点更加有道理，坚持自己观点的人也不能够证明别人观点不对。这样，论证过程追溯到法益命题就武断地终止了。②

实际上，刑法的目的不只是狭义地保护法益，同时也要保障行为人的自由。换言之，刑法的目的，一方面是保护法益免受个人的侵害，另一方面是保护行为人自由免受国家权力侵害。我们不能够仅考虑狭义的法益保护，而应同时考虑行为人的自由保障。因此，判断解释结论是否合理，要看是否在法益保护与自由保障两方面求得均衡，是否在善良人的大宪章与犯罪人的大宪章之间求得协调。③

如此看来，上述三种观点都是站在狭义的法益保护立场，站在善良人大宪章的角度来探寻刑法目的的，这样得出的刑法目的大同小异——都是为了保护国家或社会法益，而忽略了刑法自由保障的目的。基于这样的刑法“目的性论据”，怎么能够得出伪造货币罪需要“行使目的”呢？因为目的性限缩结论的正确性取决于两个前提：首先，必须有一个法律上所欲保障或实现之目的 Z；其次，将系争法规范 N 限缩为 N'，必须是达成目的 Z 之必要手段，亦即

① 参见张明楷著：《刑法分则的解释原理》，中国人民大学出版社 2004 年版，第 144 ~ 145 页。

② 论证存在一个著名的解释学难题：“明希豪森一三重困境”。该难题指出，论证可能陷入 3 种困境：第一，无限倒退，即 A 命题需要 B 命题支持和证明，B 命题又需要 C 命题支持，C 命题需要 D 命题支持，无限后退。第二，循环论证，即用 B 证明 A，用 C 证明 B，用 A 证明 C，命题之间相互证明。第三，武断地终止论证。在论证的过程中，将某个特殊的理由和依据作为不证自明的东西，断然地终止论证（葛洪义：《试论法律论证的概念、意义与方法》，载《浙江社会科学》2004 年第 2 期，第 60 页。）

③ 参见张明楷著：《刑法分则的解释原理》，中国人民大学出版社 2004 年版，第 35 ~ 36 页。

若不将 N 修正成 N’，则无法实现 Z 这个目的。[①] 而按照上述三种观点，既然刑法第 170 条规定的伪造货币罪是为了保护国家或社会法益，那么将 N 限缩为 N’ 只会导致处罚范围的缩小，从而不仅不能实现上述目的，反而与上述目的背道而驰。实际上，上述伪造货币罪的三种观点都得不出行使的目的，正如有的学者所说，即使“不以使用为目的而伪造货币的行为，也会侵犯货币的公共信用”。[②]

所以，从刑法法益保护目的来论述真正的非法定目的犯中目的之必要性，恰似南辕北辙，缘木求鱼。刑法的法益保护目的并不要求对真正的非法定目的犯进行目的性限缩；要求对真正的非法定目的犯进行目的性限缩的，只能是刑法保障自由的目的。也就是说，对真正的非法定目的犯进行目的性限缩的“目的性论据”不是刑法法益保护的目的，而是刑法自由保障的目的。因为保护法益问题与被害人方面的情况有关，特定目的与行为人方面的情况有关，“两者属于不同的领域”。[③]

那么，为什么该自由保障的“目的性论据”（支持将 N 限缩为 N’）的效力能够优先于刑法第 170 条的“语意论据”（支持 N）呢？也就是说，为什么这时候刑法保障自由的目的是如此重要，“以至于司法者可以而且必须做出一个违反法律的判决？这涉及各个论据背后之法体系基本价值或原则冲突应如何解决的问题，此问题已非单凭方法论之工具所能解答，而更进一步涉及宪政法理学之深层思考”。[④] 如前所述，笔者认为这个问题最终要求助于自由主义的国家观。

---

① 参见王文杰主编：《法学方法论》，清华大学出版社 2004 年版，第 27 页。

② 张明楷著：《刑法学》，法律出版社 2003 年版，第 607 页。

③ 张明楷：《论财产罪的非法占有目的》，载《法商研究》2005 年第 5 期，第 72 页。

④ 王文杰主编：《法学方法论》，清华大学出版社 2004 年版，第 32 页。

主要参考文献

（一）著作类

1. 马克昌著：《比较刑法原理——外国刑法学总论》，武汉大学出版社2002年版。

2. 马克昌主编：《近代西方刑法学说史略》，中国检察出版社1996年版。

3. 张明楷著：《刑法的基本立场》，中国法制出版社2002年版。

4. 张明楷著：《刑法分则的解释原理》，中国人民大学出版社2004年版。

5. 张明楷著：《法益初论》，中国政法大学出版社2000年版。

6. 张明楷著：《未遂犯论》，法律出版社、日本成文堂联合出版1997年版。

7. 张明楷著：《刑法学》，法律出版社2003年版。

8. 张明楷著：《诈骗罪与金融诈骗罪研究》，清华大学出版社2006年版。

9. 张明楷等著：《刑法新问题探究》，清华大学出版社2003年版。

10. 李海东著：《刑法原理入门》，法律出版社1998年版。

11. 李海东主编：《日本刑事法学者》（上、下），法律出版社、日本成文堂联合出版1999年版。

12. 陈兴良著：《刑法哲学》，中国政法大学出版社2000

年版。

13. 陈兴良著：《本体刑法学》，商务印书馆 2001 年版。

14. 陈兴良、周光权著：《刑法学的现代展开》，中国人民大学出版社 2006 年版。

15. 陈兴良主编：《刑法方法论研究》，清华大学出版社 2006 年版。

16. 刘艳红著：《开放的犯罪构成要件理论研究》，中国政法大学出版社 2002 年版。

17. 曲新久著：《刑法的精神与范畴》，中国政法大学出版社 2000 年版。

18. 刘明祥著：《财产罪比较研究》，中国政法大学出版社 2001 年版。

19. 黎宏著：《刑法总论问题思考》，中国人民大学出版社 2007 年版。

20. 高铭暄主编：《刑法学原理（第二卷）》，中国人民大学出版社 1993 年版。

21. 李洁著：《论罪刑法定的实现》，清华大学出版社 2006 年版。

22. 郑军男著：《不能未遂犯研究》，中国检察出版社 2005 年版。

23. 王安异著：《刑法中的行为无价值与结果无价值研究》，中国人民公安大学出版社 2005 年版。

24. 梁慧星著：《民法解释学》，中国政法大学出版社 1995 年版。

25. 张志铭著：《法律解释操作分析》，中国政法大学出版社 1999 年版。

26. 刘士国主编：《法解释的基本问题》，山东人民出版社 2003 年版。

27. 戚渊等著：《法律论证与法学方法》，山东人民出版社

2005 年版。

28. 王文杰主编：《法学方法论》，清华大学出版社 2004 年版。

29. 葛洪义著：《法与实践理性》，中国政法大学出版社 2002 年版。

30. 张文显著：《二十一世纪西方法哲学思潮研究》，法律出版社 2006 年版。

31. 苏力著：《也许正在发生：转型中国的法学》，法律出版社 2004 年版。

32. 何勤华著：《西方法学史》，中国政法大学出版社 1996 年版。

33. 刘放桐等编著：《新编现代西方哲学》，人民出版社 2000 年版。

34. 李强著：《自由主义》，中国社会科学出版社 1998 年版。

35. 邓正来著：《自由主义社会理论》，山东人民出版社 2003 年版。

36. 何信全著：《哈耶克自由主义理论研究》，北京大学出版社 2004 年版。

37. 郑永流著：《法治四章——英德渊源国际标准和中国问题》，中国政法大学出版社 2002 年版。

38. 苏国勋著：《理性化及其限制——韦伯思想引论》，上海人民出版社 1988 年版。

39. 郑戈著：《法律与现代人的命运：马克斯·韦伯法律思想研究导论》，法律出版社 2006 年版。

40. 赵宝云著：《西方五国宪法通论》，中国人民公安大学出版社 2005 年版。

41. 蔡墩铭著：《刑法基本理论研究》，台北汉林出版社 1980 年版。

42. 蔡墩铭著：《现代刑法思潮与刑事立法》，台北汉林出版社 1977 年版。

43. 韩忠谟著:《刑法原理》，中国政法大学出版社 2002 年版。

44. 柯耀程著:《变动中的刑法思想》，中国政法大学出版社 2003 年版。

45. 许玉秀著:《当代刑法思潮》，中国民主法制出版社 2005 年版。

46. 甘添贵、陈子平等著:《共犯与身份》，学林文化事业有限公司 2001 年版。

47. 林立著:《法学方法与德沃金》，中国政法大学出版社 2002 年版。

48. 杨日然教授纪念论文集编辑委员会编:《法理学论丛——纪念杨日然教授》，月旦出版社股份有限公司 1997 年版。

49. 杨仁寿著:《法学方法论》，中国政法大学出版社 1999 年版。

50. 黄茂荣著:《法学方法与现代民法》，中国政法大学出版社 2001 年版。

51. 颜厥安著:《法与实践理性》，中国政法大学出版社 2003 年版。

52. [德] 克劳斯·罗克辛著:《德国刑法学总论》(第 1 卷)，王世洲译，法律出版社 2005 年版。

53. [德] 耶赛克、魏根特著:《德国刑法教科书》(总论)，徐久生译，中国法制出版社 2001 年版。

54. [德] 冈特·施特拉腾韦特、库伦著:《刑法总论 I——犯罪论》，杨萌译，法律出版社 2006 年版。

55. [德] 恩施特·贝林著:《构成要件理论》，王安异译，中国人民公安大学出版社 2006 年版。

56. [德] 考夫曼著:《类推与“事物本质”——兼论类型理论》，吴从周译，学林文化事业有限公司 1999 年版。

57. ［德］拉伦茨著:《法学方法论》，陈爱娥译，商务印书馆2003年版。

58. ［德］魏德士著:《法理学》，丁晓春、吴越译，法律出版社2005年版。

59. ［德］恩吉施著:《法律思维导论》，郑永流译，法律出版社2004年版。

60. ［德］罗伯特·阿列克西著:《法律论证理论》，舒国滢译，中国法制出版社2002年版。

61. ［德］阿图尔·考夫曼等主编:《当代法哲学和法律理论导论》，郑永流译，法律出版社2002年版。

62. ［日］大塚仁著:《刑法概说》（总论），冯军译，中国政法大学出版社2003年版。

63. ［日］大塚仁著:《犯罪论的基本问题》，冯军译，中国政法大学出版社1993年版。

64. ［日］大谷实著:《刑法总论》，黎宏译，法律出版社2003年版。

65. ［日］大谷实著:《刑法各论》，黎宏译，法律出版社2003年版。

66. ［日］前田雅英著:《日本刑法各论》，董璠兴译，五南图书出版公司2001年版。

67. ［日］西田典之著:《日本刑法总论》，刘明祥、王昭武译，中国人民大学出版社2007年版。

68. ［日］西田典之著:《日本刑法各论》，刘明祥、王昭武译，中国人民大学出版社2007年版。

69. ［日］西原春夫著:《犯罪实行行为论》，戴波、江溯译，北京大学出版社2006年版。

70. ［日］西原春夫著:《刑法的根基与哲学》，顾肖荣等译，法律出版社2004年版。

71. ［日］曾根威彦著:《刑法学基础》，黎宏译，法律出版社

2005 年版。

72. ［日］泷川幸辰著:《犯罪论序说》，王泰译，法律出版社 2005 年版。

73. ［日］野村稔著:《刑法总论》，全理其、何力译，法律出版社 2001 年版。

74. ［日］川端博著:《刑法总论二十五讲》，余振华译，中国政法大学出版社 2003 年版。

75. ［日］小野清一郎著:《犯罪构成要件理论》，王泰译，中国人民公安大学出版社 2004 年版。

76. ［法］斯特法尼等著:《法国刑法总论精义》，罗结珍译，中国政法大学出版社 1998 年版。

77. ［意］杜里奥·帕多瓦尼著:《意大利刑法学原理》，陈忠林译，中国人民大学出版社 2004 年版。

78. ［韩］李在祥著:《韩国刑法总论》，［韩］韩相敦译，中国人民大学出版社 2005 年版。

79. ［前苏联］A. H. 特拉伊宁著:《犯罪构成的一般学说》，薛秉忠译，中国人民大学出版社 1958 年版。

80. ［俄］库兹涅佐娃、佳日科娃主编:《俄罗斯刑法教程》（总论），黄道秀译，中国法制出版社 2002 年版。

81. ［英］J. C. 史密斯、B. 霍根著:《英国刑法》，赵秉志等译，法律出版社 2000 年版。

82. ［英］鲁伯特·克罗斯、菲利浦 . A. 琼斯著:《英国刑法导论》，赵秉志等译，中国人民大学出版社 1991 年版。

83. ［英］哈特著:《法律、自由与道德》，支振锋译，法律出版社 2006 年版。

（二）论文类

1. 刘艳红:《走向实质解释的刑法学》，载《中国法学》2006 年第 5 期。

2. 刘艳红:《论非法定目的犯的构成要件构造及其适用》，载

《法律科学》2002 年第 5 期。

3. 李希慧、王彦：《目的犯论纲》，载高铭暄、赵秉志主编：《刑法论丛》（第 5 卷），法律出版社 2002 年版。

4. 段立文：《我国刑法目的犯立法探析》，载《法律科学》1995 年第 3 期。

5. 陈立：《略论我国刑法的目的犯》，载《法学杂志》1989 年第 4 期。

6. 刘明祥：《论目的犯》，载《河北法学》1994 年第 1 期。

7. 刘明祥：《刑法中的非法占有目的》，载《法学研究》2000 年第 2 期。

8. 陈兴良：《目的犯的法理探究》，载《法学研究》2004 年第 3 期。

9. 陈兴良：《刑法教义学方法论》，载《法学研究》2005 年第 2 期。

10. 陈兴良：《主客观相统一原则：价值论与方法论的双重清理》，载《法学研究》2007 年第 5 期。

11. 张文：《"人格不法"刍议》，载《中国刑事法杂志》2007 年第 5 期。

12. 张明楷：《论短缩的二行为犯》，载《中国法学》2004 年第 3 期。

13. 张明楷：《新刑法与客观主义》，载《法学研究》1997 年第 6 期。

14. 彭辅顺：《法定犯罪目的的实质探究》，载《兰州学刊》2004 年第 4 期。

15. 李洪川：《论目的犯目的的本质》，载《中国青年政治学院学报》2004 年第 2 期。

16. 陈立：《略论我国刑法的目的犯》，载《法学杂志》1989 年第 4 期。

17. 付立庆：《中国刑法中的典型的法定目的犯》，载《法学杂志》2006 年第 1 期。

18. 付立庆：《论主观违法要素的地位与范围——以日本刑法理论为依托的展开》，载陈兴良主编：《刑事法评论》（第 17 卷），中国政法大学出版社 2005 年版。

19. 付立庆：《论主观违法要素理论的诞生和发展》，载刘明祥等主编：《刑事法探索》（第 1 卷），中国人民公安大学出版社 2007 年版。

20. 姜先良：《论刑法中的非法占有目的》，陈兴良主编：《刑事法评论》（第 13 卷），中国政法大学出版社 2003 年版。

21. 邵维国等；《论我国刑法中的目的犯》，载《大连海事大学学报》（社会科学版）2004 年第 1 期。

22. ［日］西原春夫：《国家刑罚权的根据》，冯军译，载陈兴良主编：《刑事法评论》（第 17 卷），中国政法大学出版社 2005 年版。

23. 董玉庭：《主观超过要素新论》，载《法学研究》2005 年第 3 期。

24. 刘士国：《类型化与民法解释》，载《法学研究》2006 年第 6 期。

25. 杜宇：《再论刑法上之“类型化”思维》，载《法制与社会发展》2005 年第 6 期。

26. 张文、杜宇：《刑法视域中“类型化”方法的初步考察》，载《中外法学》2002 年第 4 期。

27. 冯军：《刑法的规范化诠释》，载《法商研究》2005 年第 6 期。

28. 吴从周：《论法学上之类型思维》，载《法理学论丛——纪念杨日然教授》，月旦出版社股份有限公司 1997 年版。

29. 吴从周：《民法上之法律漏洞、类推适用与目的性限缩》，载《东吴法律学报》第 18 卷第 2 期。

30. 黄建辉：《法律上类型形成的理论基础》，载《中原财经法学》1997 年第 3 期。

31. 林立:《由 Jakobs“仇敌刑法”之概念反省刑法“规范论”传统对于抵抗国家暴力问题的局限性》, 载《政大法学评论》第 81 期。

32. 侯国云、陈丽华:《金融诈骗罪认定的几个问题》, 载《中国刑事法杂志》2001 年第 5 期。

33. 谢秋凌、高巍:《论贩卖毒品罪之目的》, 载《云南大学学报》(法学版) 2006 年第 1 期。

34. 康瑛:《虚开增值税专用发票罪是否属于目的犯》, 载《法学杂志》2005 年第 6 期。

35. 赵秉志:《论金融诈骗罪的概念和构成特征》, 载《国家检察官学院学报》2001 年第 1 期。

36. 郦毓贝:《金融诈骗罪需具有非法占有的目的》, 载《中国检察官》2006 年第 8 期。

37. 许其勇:《金融诈骗罪的立法重构》, 载《中国刑事法杂志》2004 年第 3 期。

38. 蒋熙辉:《刑法解释限度论》, 载《法学研究》2005 年第 4 期。

39. 葛洪义:《试论法律论证的概念、意义与方法》, 载《浙江社会科学》2004 年第 2 期。

40. 彭辅顺:《目的犯的目的研究》, 载《河北法学》2004 年第 11 期。

后　记

拓荒的日子，时时要对抗洪水猛兽、冰霜雪雨，特别渴望春风煦日；

在学术的园地，坦率而不倦的对话，是让学术幼苗欣欣向荣的春风煦日。

——《春风煦日论坛》题记

本书是在我的博士论文基础上略作修改出版的。本书的出版得到了母校莫洪宪教授和中国人民公安大学出版社法律图书分社的大力支持，对于他（她）们的关爱和支持表示衷心的感谢！

虽然博士论文已经写完，博士学习也已经结束，可是心情却一点也不觉得轻松。刚考取博士时的憧憬与兴奋已经凝结成了莫名的惶恐：在荆棘遍地的学术之路上，浅薄如我者还能够坚持走多远？自从 2001 年攻读硕士开始，就痴迷于刑法学高深的理论，感受着中国刑法学历史性的转型与变革——刑法学知识的去苏俄化，而渐行德日化。这种新旧知识的辩论和交锋，对于初学刑法学的我，是一个难得的学习机会。经过几年的学习和思考，我初步获得了自己认同的刑法立场和刑法思维方式。同时也感受到我国刑法学知识日新月异的发展变化，感受到高手如云、人才辈出的刑法学界的巨大压力。

这篇论文的酝酿和写作历时两年之久，从第三个学期就确定了

《目的犯》作为博士论文题目。之后围绕该题目收集资料、聚焦论点。在论文酝酿和写作过程中，深切地体会到我国几代刑法学人对推动我国刑法学发展所作的努力和贡献。本书的写作正是建立在他们的科研成果基础上；没有他们的贡献，本书的写作难以完成。因此，向一切为推动中国刑法学发展，尤其是推动中国刑法学现代转型作出努力的学者致敬！

在我学习和成长的过程中，对我影响最大的是恩师刘艳红教授和周佑勇教授。从我博士入学到读书再到毕业，刘老师和周老师始终给予我莫大的关怀和帮助。刘老师和周老师的教育使我开阔了视野，增长了知识，提高了自信。刘老师勤奋求真的态度、渊博的知识、创新的能力、豁达的心态不仅仅是我这三年，而且是我永远学习的榜样。正是在刘老师的要求和教育下，我认识了自己的目标，认识到适合自己的道路。博士三年过得很艰难，也许以后的路会更加艰难，但是刘老师和周老师的教育帮助是我事业之旅的灯塔。

在武大法学院的三年，我有幸能够聆听到我国著名刑法学家马克昌先生的教诲。马先生呕心沥血创办和发展起来的刑法学科泽被我等后进晚辈，使我能够在此享受到良好的教育。有先生的庇护，我们从武大刑法学科培养出来的学生，在全国都能够抬起头做人。衷心祝愿先生健康长寿！同时，武大法学院的莫洪宪教授、林亚刚教授、吴振兴教授、许发民教授、康均心教授、皮勇教授、陈家林副教授、何荣功副教授都曾给我不同形式的教育和指导，在此深表感谢！

另外，还应该感谢我的母校中南财经政法大学法学院的齐文远教授和夏勇教授！齐老师是我硕士论文的指导老师，也是我学习刑法学的启蒙者。在我对刑法学一知半解的时候，是齐老师给了我耐心的教育。

在武大法学院的学习期间，能够有幸结识一批同学朋友。感谢杨志琼、周茂玉、张克文、许强、刘雪梅、廖北海、刘箭、张洪成、胡东平、罗永鑫等同门诸君；同门友谊、兄弟情深！感谢朝夕相处的同班同学封志晔、杜辉、秦永峰、李风林、徐光华、詹红星、刘丁炳、肖本山、张蓉、陈珊珊、赵波、张晶、周恒阳等。

最后，要感谢我的家人！在我读硕士和博士的这些年，妻子独自承担起了全部的家庭负担，为我提供了一个良好的学习环境。读硕士时，女儿欧阳心仪降生，这几年我一直很少有时间陪她玩，心感愧疚！年迈的父母过着孤独寂寞的生活，我没有时间陪伴，也没有能力赡养他们。为了我的学业，家人的付出和牺牲太大了！对他们的感激无法用言语表达。

欧阳本祺

2009 年 1 月于南京九龙湖畔